# 重塑政府

## 提升政府治理能力的原则、办法及路径

王 强 /著

厦门大学出版社 国家一级出版社
XIAMEN UNIVERSITY PRESS 全国百佳图书出版单位

**图书在版编目(CIP)数据**

重塑政府:提升政府治理能力的原则、办法及路径/王强著.—厦门:厦门大学出版社,2018.1(2020.6 重印)

ISBN 978-7-5615-6849-1

Ⅰ.①重⋯　Ⅱ.①王⋯　Ⅲ.①国家行政机关-行政管理-研究-中国　Ⅳ.①D630.1

中国版本图书馆 CIP 数据核字(2018)第 000642 号

| | |
|---|---|
| **出 版 人** | 郑文礼 |
| **责任编辑** | 吴兴友 |
| **封面设计** | 蒋卓群 |
| **技术编辑** | 朱　楷 |
| **出版发行** | 厦门大学出版社 |
| **社　　址** | 厦门市软件园二期望海路 39 号 |
| **邮政编码** | 361008 |
| **总 编 办** | 0592-2182177　0592-2181406(传真) |
| **营销中心** | 0592-2184458　0592-2181365 |
| **网　　址** | http://www.xmupress.com |
| **邮　　箱** | xmup@xmupress.com |
| **印　　刷** | 厦门集大印刷厂 |
| **开本** | 787mm×1092mm　1/16 |
| **印张** | 19.5 |
| **插页** | 2 |
| **字数** | 300 千字 |
| **印数** | 2 001~3 500 册 |
| **版次** | 2018 年 1 月第 1 版 |
| **印次** | 2020 年 6 月第 2 次印刷 |
| **定价** | 60.00 元 |

厦门大学出版社
微信二维码

厦门大学出版社
微博二维码

本书如有印装质量问题请直接寄承印厂调换

# 序

　　我不是一名政客，但我依然有义务和权利关心政治，只因为我亦是一位公民。

　　身为一位资深企业顾问，能在众包模式中参与，用另一种方式为政府"治国"提出自己的观点与建议，这是自身的一种提升，也为祖国感到自豪；毕竟，即使在信奉"精英统治"的发达资本主义国家，其公民也难有这样的机会。而身为国家治理者的政府，如果真能听取民众建议，能踏实通过借鉴群众智慧去实现自身的治理改善并进一步优化，这又何尝不是一种境界的提升、一种实力与自信的体现呢？

　　中国在发展，世界在进步，科技与社会的日新月异，持续实现着一个又一个的不可能。当科技发展与社会进步胁迫着资本主义世界迈向开放共享的革命，谁又敢断言，我们今日期盼的、由民众智慧主导的学习型政府，将来不会颠覆和取代今日西方资本主义国家所信奉的"精英统治"？

　　本书从整体思维与局部技巧两个方向启发读者对眼前做思考；无惧创新，与时俱进，群策群力，公共优化——这是本书迈向成功的根本。

　　就应用而言，本书既是一个基点，也是一个起点。在广大中基层公务员及有志民众中催化诱发对政府治理的优化改善，并最终实现政府服务与治理在质的层面的提升，这才是本书的最大功用。感谢王强老师以创新思维令本书成为一个活用民众智慧的鲜活案例，这是它超越书籍本身内容以外的另一重大价值。在各位读者阅读本书时,请不要忽略字里行间未有体现,但用心良苦的亮点——这就是民众智慧的力量。

同时也感谢各位参与本书众筹、众包的朋友,所有支持都是成就本书的基础,所有关注者都是民众智慧献策于政府的先驱者。谢谢你们!

黄伟兴

(广州天万霓昀信息咨询有限公司)

# 自 序

　　政府治理的创新,已经成为我国在 21 世纪的首要任务。只有通过政府治理创新才能真正实现政府职能转变。政府治理创新,就是政府为了提高行政效率和增进公共利益而对自身的管理理念、管理制度、管理流程、管理行为、管理技术、管理文化进行的创造性改革。政府管理创新的过程,就是一个持续不断地对政府部门进行改革和完善的过程。其目标是追求善治——使公共利益最大化。善治的本质,就是政府与公民对公共生活的合作管理,是政治国家与公民社会的一种新型关系,是两者的最佳状态。

　　马克斯·韦伯说,现代政治家需要有三种必不可少的素质:激情、责任感和恰如其分的判断力。政治精英的职责,就是为了全民族的未来做长远的筹划。高明的领导人应该有高瞻远瞩的胸怀、眼光和气魄。要认清社会发展的客观规律,科学把握改革的客观规律,尤其是认清中国发展的方向,明白中国到底要往哪儿去,然后运用自己的权力来推动这个时代的前进。

　　评价一个国家、一个地区的先进、发达程度,主要不是看其自然资源是否丰富,而要看其政府组织发展经济、管理社会、让民众幸福生活的能力。日本、瑞士等国家很发达、很富有,但其自然资源比较贫乏;非洲一些国家自然资源很丰富,但至今很贫困。在一定的意义上,没有落后的国家,只有落后的政府及其管理。

改革开放三十多年来,中国日益走向世界,在全球化背景下深度参与国际政治事务和经济分工,对外开放的任务可以说几近完成。在近年的中央文件和政府工作报告中,"开放"一词出现的频率逐渐降低,而"创新"一词出现的频率不断增高。党的十八大报告明确提出:要建设学习型、服务型、创新型的马克思主义执政党,坚持理论创新、实践创新和制度创新。李克强总理在十二届全国人大二次会议做政府工作报告时强调:要"按照推进国家治理体系和治理能力现代化的要求,加强建设法治政府、创新政府、廉洁政府"。可见,创新已经成为新时期党和政府的一项重要任务,中国正从"改革开放时代"走向"改革创新时代"。伴随着这一转变,各级政府都在大力强调和推动政府管理的创新,政府管理创新、政府重塑也顺势成为公共管理学界的热点研究主题[①]。

与此同时,对政府创新、政府重塑的管理以及培训,不论在实践中还是理论研究、教材编撰上却都没有得到足够的重视。事实上,缺乏有效的引导和规范严重制约着我国地方政府创新的发展和深化[②],政府创新、政府重塑本身作为一种组织行为也需要"自觉"地进行管理。

本书的书名是《重塑政府》,谓语、宾语已经具备,但还缺少一个主语:谁是重塑政府的责任主体?笔者认为,"重塑政府"的主语应该是民众。这是中国的"重塑政府"与西方国家"重塑政府"的最大不同。

推动改革的责任,既在领导人身上,也在人民群众每一个人的身上。当我们看西方国家"重塑政府"的案例故事时,主角是英国的撒切尔夫人、美国的克林顿和戈尔……而在中国,最好的政府重塑的案例故事往往来自民间和基层,邓小平的改革开放政策最早就是从支持安徽凤阳小岗村农民的联产承包责任制开始的。

智慧来自民间。

---

① 陈国权,黄振威.地方政府创新研究的热点主题与理论前瞻[J].浙江大学学报(人文社科版),2010,(4).

② 俞可平.改革开放30年政府创新的若干经验教训[J].国家行政学院学报,2008,(3).

按照马克思和恩格斯所说的合力论,社会发展是无数分力按照平行四边形的对角线原理构成一个总的合力的结果。其中有些分力会比较大,有些分力会比较小;有些分力是正向的,有些分力是逆向的。历史很难仅仅按照某一个人的想法去发展。如果整个社会对某一个方面的认识一致,这种社会的合力就会更大。如果这种认识正确,就有助于社会往正确的方向走;如果这种认识有问题,往错误方向的合力就会比较大;如果没有制约的条件,社会也就可能走弯路。

参与民主理论的核心理念就是"凡生活受到某项决策影响的人,都应该参与那些决策的制定过程"[①]。参与民主理论认为,凡是公民能够自己做的事情,都应该由公民亲自来做,以此实现公民对自己生活方式的控制。在今天这样一个时代,每一个人都有权也有责任关注社会的发展问题,为这样的社会发展和进步作出贡献。社会如何进步、政府应该如何重塑的问题,是需要人们不断研究、不断思考、不断探索的。对此有不同意见也是正常的。除非是根本的利害冲突或者有根本的错误,一般来说,要允许大家思考和探讨。每个人都要善于倾听,也要善于表达,更要善于摆事实、讲道理。坚持用科学的道理让人信服,用真理的力量推动社会前进。必须通过公民之间的广泛协商和心平气和的共同参与,来完善和发展中国特色社会主义制度、推进国家治理体系和治理能力现代化。

笔者认为,有必要借鉴企业创新管理的相关理论,拓展对政府创新管理、政府重塑的研究,构建政府创新管理、政府重塑的理论体系。笔者结合我国的国情,提炼出公共管理理论的精华,吸收我国各级、各地政府及国外政府多年来的政府管理创新经验案例,并且采取互联网思维的众包与众筹的最新做法,吸取民间群体的智慧,整合成这本通俗易懂、在一定程度上体现了民意的、适合政府党政干部学习的培训读物,具有很强的实用价值和现实意义。

本书围绕如何重塑政府的主题,以大量实际案例为基础,以国内外学

---

① [美]约翰·奈斯比特.大趋势——改变我们生活的十个新方向[M].梅艳,译.北京:中国社会科学出版社,1984:161.

者的研究成果为支撑,试图做一个全面的梳理,希望能给公务员朋友一定的启发。如果您有更好的案例、做法,或修改意见,望不吝赐教,以便再版时补充进去,使此书不断完善,成为一个交流学习的平台。

王强

2017 年 8 月

重塑政府

# 目　录

第 $11$ 章

## 面向民众——政府的营销革新

第 $12$ 章

## 整合营销管理模式进入政府

第 $13$ 章

## "大数据＋行动学习"打造智慧政府

第 14 章

## 用政府文化创新打造幸福国家形象

# 第 01 章

## 从公共行政到
## 新公共治理、新公共服务

# 1. 民众对更好生活的向往是政府重塑的动力及压力

政府的公务员要积极、专业、变通和人性，不能无作为：

*就拿小小的马路来说，下水井盖和路面的凹凸不平，导致几乎每天每辆车都要瘸一下地路过每个下水盖。

*各种政府机关单位营业窗口，遇到未遇过的事情没有应变能力，不懂得可以立刻上报领导讨论解决方案，只会说"不行""没有""不知道"等等。如几年前由于工厂要扩大和搬迁所以放弃在台居住权回来；过一年后，要再去台湾时，被告知无户口不能办理，我问我们应该怎么去办理，只说"不知道"，再没人愿理你；只好找熟人、找关系，找到处长才解决。我觉得这是一件普通的事情，只要上报、讨论解决方案，告知我们如何走流程就可以了，可是就是这么难。诸如此类很多。

*再看看台湾地区的处事应变能力。有位朋友因为忙于工作总是把签证时间给忘了。后天0点签证将过期，第二天赶紧买下午机票，当时得从香港转台湾，当晚到桃园机场已经22点半，机场等待过关的人群一大片，等到朋友的时候电脑刚跳过0点，办理人员告诉朋友签证已过期，这时候也不能回去。她们看朋友一个人带着小宝宝，很客气又着急地把她请到一边坐，并边安抚朋友别着急边说她马上去找上司解决，今晚总得让朋友过关吧，不然小宝宝怎么办。过了约半个小时临时加签通过。那种急人所急的态度值得学习。

*需要一个有效的热线让民众来帮政府发现问题、出点子和监督①。

一说到对政府服务流程、服务品质的意见和建议，几乎每个市民都可以说出很多，上面引用了EVA所提意见、建议的六分之一。

西方国家的政府重塑是因为受到民众压力而发动起来的，世界上似乎

---

① 来自网友EVA提供的她对于政府改进工作的建议。

没有多少国家的国民对官僚政府感到满意——即使是在国民民意测验排名中最为靠前、幸福指数最高的几个北欧国家。政府运作的成本高、官僚利益群体偏自身需要的价值取向、不思进取、照章办事、模式僵化、与现代化进程格格不入的管理方式……是各国政府普遍存在的共性问题。

1992年，奥斯本和盖布勒合著的《改革政府——企业家精神如何改革着公共部门》一书在美国公开出版，随后在整个西方国家产生了广泛的影响。公共管理研究领域的学者开始意识到：用企业运作机制和企业家精神理念来改革政府具有非常重要的意义。

我国各级政府也同样面临民众期望改进政府治理能力的民意压力，政府重塑已经从过去这些年在一些地方政府试点着小范围开展，提升到中央政府担负起顶层设计的责任，就要在全国范围展开了。虽然我们所用的提法不像西方国家那样叫作"重塑政府"，但现在这场提升政府治理能力的全局性政府改革的深度和力度，其实已经远远超过了西方的政府重塑。

西方国家因为其体制特点，实行的是"三权分立"，所谓政府并不包括国会和法院。所以西方的政府重塑从一开始就很明确，不涉及"财政体制改革""不意味对政府组织结构框架进行改造""也不是减少浪费、政治欺诈或权力滥用"[①]。我国政治体制与西方完全不同，"政府重塑"中的"政府"在西方人士的眼里就需要看作是广义的政府，必然会涉及财税决策方面人大与狭义政府之间的权力划分、政法系统的全面反腐败，就非常迫切需要通过相应的政府重塑来消除"政治欺诈或权力滥用"。

当我们在看西方作者所写的政府重塑主题的文献时，常会感受到不解渴、不解决问题、隔靴搔痒，可能很大程度上其原因就是西方人士所说的"政府"与我们所说的、头脑里所理解的政府，其实并不完全一致。西方在讨论政府重塑这个话题时，他们不需要关注他们的国会和法院体系，他们认为三权分立体系里的"2/3"运转尚可、没什么太大问题。可以说西方国家政府重塑所遇到的问题，确实是比我们简单得多。这就导致了我们政府的公务员无法从西方政府重塑的现成文献里找到我们所面临问题的答案。我们有必要写一部本土化的《重塑政府》。

---

① ［美］戴维·奥斯本，彼德·普拉斯特里克. 再造政府［M］. 北京：中国人民大学出版社，2010：8.

重塑政府

## 2. 政府重塑的最高境界

对于国家治理、政府治理、社会治理而言，永远会不断冒出新的问题等着解决。

"授之以鱼，不如授之以渔"。

本书最关心的政府重塑课题，是一个"元"课题：如何建立起一个持续改善、自我创新的政府机制，它具有自我改进的内在动力、自我更新的机制、发现问题—分析问题—解决问题的一套技术途径。一旦这个"元创新机制"建立起来，政府就不必被动地在社会外力的推动、驱使下改革创新，而是可以主动地、自发地、持续地创新。

普通医生可以把病人的病治好，庸医可以把病人给治死，而最高境界的良医则可以教人预防疾病，从而不得病。

民众有理由对政府也寄予类似的期待：政府治理机制可以像控制理论中的"自适应控制器"，具有自适应能力，能够应付各种不断出现的新问题；可以像控制理论中的"自学习控制器"，具有人工神经网络那样的学习机能，让自己越来越智能，避免犯重复性错误。

政府重塑的"元目标"就是使政府具备能够应付无法预知的挑战的能力。

这就需要对目前还相对比较原始的公共机制进行根本性的变革。已经有一些作者将政府变革的目标描述为"行动学习型政府""企业化政府""快速反应型政府""互联网＋政府"等，所有这些提法都试图传递着同样的基本信息。

对于"行动学习"有了解的读者知道：一旦学员们掌握了行动学习的规则，起初给每个团队小组配备的"外部促进师"此后其实也就没有存在的价值了。一个组织，一旦真正掌握了行动学习的方法，从理论上讲该组织以后就不再需要请外部培训师、咨询师来做传统意义上的培训和咨询了，因为该组织的成员已经掌握了培训师、咨询师的那套体系，相当于人人都是老师、管理咨询顾问了。所以说,真正学会了"行动学习"并在以后的实际操作中予以贯彻的组织,已经是真正的学习型组织了。

与上述场景相似:政府在真正实现"政府重塑"的"元目标"理想境界之前,还是需要依靠民众、社会的外部压力及智慧这个"外部促进师"来帮助自己完成"行动学习"的。

"摸着石头过河"是一种不断试错式的政府治理创新的学习方式,摸过的石头多了,尝试过的错误也就足够多了。顶层设计则是一种全局性的、系统性的、前瞻性的政府治理创新的设计方式,是对"摸着石头过河"的必要补充,就像新加坡已故前总理李光耀对新加坡公务员的要求——要像直升机那样飞得足够高、看到足够远,可以告诉地面上的民众前进的方向。

顶层设计要取得成功,得到民众的满意,一定不能脱离民众(包括基层公务员)的智慧支持。因为最终去执行、落实设计好的改革政策的是活生生的人。

如果执行的人不理解设计好的政策,就会知其然而不知其所以然,就有可能在执行时跑偏,甚至把好的政策执行坏了。

习主席提出"四个全面"(全面建成小康社会、全面深化改革、全面推进依法治国、全面从严治党)的治国战略布局,其中依法治国和发展市场经济需要政府和市场一起合作实现,这就需要让政府发挥好作用。法治改革的内容也包括吏治,要解决目前官僚不作为的情况。

目前政府强调减少行政审批,下放权力,但很多地方官员"不敢要,不想接",因为所下放的权力"含金量不高",含金量高的还掌握在中央政府手里,结果权力并没有下放到企业,也没下放到地方政府,形成权力被挟持的状态,不利于推动市场经济的活力。

要想取得改革成功,就得找到能够移山填海的"杠杆",必须找到能够引起组织或制度连锁反应的战略,也即牵一发而动全身的"多米诺骨牌"。一句话,必须找到提升政府治理能力的"元战略"、原则、方法和途径。本书将向读者展示为国内外实践所证明最为有效的 6 种原则(目标原则、顾客导向及公民优质服务原则、民众参与政府绩效管理原则、授权社会原则、流程优化原则、从数据到智慧原则),并向读者描述世界上各国成功的政府重塑者们是如何运用这些原则的。

## 3. 老公共行政及衍生的问题——走出传统的稳定观

在过去一二十年中,经济体制的改革有实质性的推进,但政府治理和社会治理方面的改革,推进却比较缓慢。现在社会中的许多事情,实际上是卡在政府治理和社会治理这些问题上。这里所说的不仅仅是狭义的政治体制,也包括利益表达机制的建立,言论的开放和信息公开化,以及权力制衡机制的建立和社会化的反腐败机制的形成等。换句话说,过去一二十年在民众和社会对政府改革的需求和政府自身改革的实际进程之间存在着一个较大反差。

这背后的根本性原因是什么?前些年提出"断裂社会"概念的清华大学社会系教授孙立平在他的著作《重建社会——转型社会的秩序再造》序言《超越稳定,重建秩序》里提出的观点认为,是与政府"对社会矛盾的评估,对社会危机可能性的判断,与我们已经形成的'稳定压倒一切'的思维定式有直接关系。为了不贻误时机地推进改革,也许需要我们认真反思关于稳定问题的这种思维定式"①。

在过去的十几年中,由于对不稳定因素、对危机发生的可能性估计过高,使得我们形成了一种"稳定压倒一切"的思维定式。在这种思维定式中,稳定似乎成了一种终极性的否定因素,一切都要为稳定让路,凡是可能影响稳定的事情都要暂停;社会中哪怕鸡毛蒜皮的冲突和矛盾都要上升到稳定和安定团结的高度;在党和政府工作中,影响稳定成了无法担当的政治责任,在一般民众那里,稳定成为一种无需论证的话语。

结果显而易见:过去十几年经济增长的速度很快,但经济发展中一些重要的结构性矛盾始终得不到解决。如果按照吴敬琏先生的说法,市场经济也有好和坏之分的话,走向坏的市场经济的那些因素不但没有减弱,甚至有

---

① 孙立平.重建社会——转型社会的秩序再造[M].北京:社会科学文献出版社,2009:1.

的方面在强化。更重要的是在经济领域之外,"稳定压倒一切"的思维定式使得整个领导层谨小慎微,畏首畏尾。于是,出于稳定的考虑,政治体制改革始终没有突破性进展,甚至连明确的思路也没有;比之20世纪80年代,思想和言论的活跃程度不但没有进展,甚至有局部倒退,舆论促进社会进步的作用难以充分发挥;由于不能将反腐败的措施诉诸社会,腐败在不断加大的打击力度下似乎更为猖獗;特殊利益集团的发育不能置于社会的监控之下,其对社会财富的掠夺已经达到有恃无恐的程度;"决策失误,民众包底"已经成为"被"常态,官员渎职受罚不过如同游戏关卡重新开始;一般民众利益表达的机制迟迟不能建立……在处理各种社会矛盾的时候,地方政府"反应过度"是比较普遍的现象。可以说,在过去十几年的时间里,经济的发展是迅速的,但经济的发展没有伴随相应的社会进步[①]。

需要特别注意从20世纪90年代中期以来中国社会结构的定型化。就是说,从那个时候起,贫富差距开始固化为一种社会结构,一种基本的利益格局开始定型下来了。在这样的情况下,片面地强调稳定压倒一切,可能会导致这样一种结果,即无法实施会触动基本利益格局的体制变革,在促进社会公平与正义上举步维艰,结果是社会中现有的利益格局日益稳固化。

从政府自身改革创新的角度来看,在传统的稳定思维之下,一些重要的改革举措被延误了。改革中,时机和顺序是一个很重要的问题。现在回头看,很多事情,20世纪80年代做了也就做了。但在80年代的时候,时任政府会找各种理由说很多条件还不具备,能拖就再拖一拖。实际上是拖到了解决这些问题的条件更不好的时候。

现在啃这些骨头,是要付更大的成本,更大的代价,更大的风险和更大的努力的。

经济发展了,人民生活水平提高了,民主和参与的要求就会增强。

2013年世界银行按照人均国民收入把世界经济体分为四大类:低收入国家(年人均收入低于1 035美元),低中等收入国家(年人均收入在1 036美元和4 085美元之间),高中等收入国家(年人均收入在4 086美元和1 2615美元之间),高收入国家(年人均收入超过1 2616美元)。2013年中国

---

① 孙立平.重建社会——转型社会的秩序再造[M].北京:社会科学文献出版社,2009:2.

人均 GDP 已经达到了 6 959 美元,早进入了高中等收入国家行列。中国的下一个目标理所当然是步入高收入国家。可是历史的现实显示:在过去的 50 多年中,世界有 88 个国家处于中等收入国家,但只有 13 个国家脱离中等收入国家,顺利进入了高收入国家。这就是所谓的"中等收入国家陷阱",或者"高收入国家之墙"。现在大家最担心的问题实质是中国会不会坠入"中等收入国家陷阱",或者会不会被"高收入国家之墙"挡在外。

随着经济的腾飞,出生率的下降,农村剩余劳动力逐渐向城市转移完毕,城市化和工业化逐步完成,城市化红利也逐渐丧失。在这个阶段,由于劳动力从剩余向稀缺转变,劳动力工资开始快速上升。这就是所谓"刘易斯拐点"的到来。劳动力相对于资本开始变得稀缺。这标志着"经济发展的一个新阶段"。在这个新阶段,政府必须迅速转变管理方式。

首先,在这个新阶段,伴随着劳动力收入的增加,劳动力的价值开始体现,传统的对劳动力高压榨的产业在不断上升的劳动力工资压力下,逐步升级或被淘汰。在这个新阶段,高技术和高投入是新兴产业的特征。高技术意味着政府对科研人才必须尊重,专利保护制度必须严格实施;他们的收入必须能够维持一个体面的生活。在全球化时代,人才的流动性非常迅速,此处不留人,自有留人处。高投入意味着政府必须是非常清廉的政府。如果政府不够廉洁,企业需要经常承受索贿,其交易成本很高;而且经营风险很大,换一个官员,可能就会导致企业破产。

其次,城市化后的农民也逐步适应了城市的生活方式。他们人生观、世界观、价值观以及自我组织能力也发生了根本性的变化。这是一种城市文明的价值观。他们需要更多的民主和自由的空间。这对政府的治理方式也提出了新的要求。

中国的城市化率在 2013 年已经达到了 53.7%,看上去,中国城市化还有很大的提高空间。但是,由于中国采取了严格的户籍制度,存在 2.6 亿农民工,他们在统计上虽然属于城镇居民,但是他们的家属,尤其是小孩由于不能享受城市教育,一般都留在原籍接受教育。我们完全可以假设这 2.6 亿农民工,还有至少 1.3 亿的家庭成员居住在农村(相当于一个小孩)。如果实现人口自由迁徙,这些家庭成员一般都会随主要劳动力迁徙,中国城市化率马上会达到 65% 以上。这个数字是非常保守的(因为农民工不仅有小孩在农村,还有部分配偶在农村)。所以,中国的实际城市化率可能已经超过了70%。这就意味着中国城市化红利已经基本结束。

中国经济的新常态,不只是一个财政问题,也不只是一个金融问题,更是一个制度问题。这一次的经济下行压力和以往不同,它要求中国采取一种深入的制度改革。马克思说,经济基础决定上层建筑。在一个新的经济结构面前,我们做好了选择的准备吗?

我们现在的社会有许多矛盾和冲突,而且也可以说有些问题和矛盾还是很严重的,如果处理不好也有酿成大的危机的可能性,比如腐败的问题、贫富差距的问题,还有下层群体的生存问题等等,但酿成大的社会危机和社会动荡的可能性并不大。我们强调大的社会动荡的可能性并不大,不是说要对这些问题掉以轻心,而是说我们要准确判断这些事情发生的可能性和概率,不能将危机的存在作为抱残守缺的理由。相反,一定要看到,各种因素现在给我们提供的是一个相对宽松的环境,这样宽松的环境是制度建设非常有利的时期,如果把握不住这个机会,就会贻误历史的机遇。

同时还应当看到,社会矛盾和社会冲突并不总是消极的。美国著名社会学家科塞(Lewis Coser)在《社会冲突的功能》一书中就认为,社会冲突可以起到一种安全阀的作用,就是说可以起到发泄或释放的通道的作用。当然,谁也不会说,在一个社会中,社会矛盾和冲突越多越好,越激烈越好。但适度的社会矛盾和社会冲突,对于一个社会来说,并不完全是坏事,它可以使问题更早地暴露出来,从而为更主动地解决问题赢得时间和机会。矛盾和冲突可以在一时之间被消灭在萌芽状态,但引发矛盾和冲突的问题却不会因此而消失。关键是我们的社会要为解决这些冲突做出制度化的安排,而不是自己吓唬自己。

不要小看自己吓唬自己,因为这会变成一种效应,一种社会心理学上说的"自证预言"的效应。所谓"自证预言"(self-fulfilling prophecy),是指本来是错误的预言,但因为这个预言影响了后来的过程,结果本来是错误的预言最后得到了证实。稳定的问题就是如此。本来社会中有些问题和矛盾并没有那么严重,但由于把这些事情看得过分严重,该采取的有效解决措施不敢采取,使得能够解决的问题得不到及时解决,矛盾和问题日益积累,结果倒真的变得严重起来。

重塑政府

以广州时常面临却又难以根治的难题——闹市"跳桥秀""跳楼秀"为例,这就是维稳过度造成结果极端化的实例。单就在 2014 年中广州两座主要跨江桥梁、交通要道——海珠桥和海印桥,分别发生过 6 次和 4 次"跳桥秀"事件,其中最长一次历时跨度竟然达到 78 小时!尽管层层设防甚至派专人把守,但屡屡由于跳桥者的极端化或群体化行动,事件总是难以避免地反复发生。而几乎每次"跳桥秀"都会造成交通大堵塞,造成实际损失统统可以按百万元起算——当中并未算及实际价值体现更大的,国内外各种对城市、对国家形象的误解和伤害。更令广州民众气愤的是,在这众多的"跳桥秀""跳楼秀"中,绝大多数事件的跳桥者(申诉主体)、申诉事宜、投诉对象、甚至申诉渠道(包括途径和申诉接纳方)全部都与广州无关!而其所造成的无辜损失却要全体广州居民自行承受!

其实,中国这个社会本身具有相当强的弹性。正是这种弹性,使得这个社会能够在面临严重危机的紧急时刻化险为夷。经济体制改革以及与此相伴随的经济迅速增长更进一步增强了这个社会结构的弹性。但在我们的社会当中,过去有一种倾向,对于危机发生的可能性,往往过分地高估,对于我们这个社会本身的弹性往往过分低估。综合下来,矛盾就变得极端化了。

现在我们社会中许多矛盾和冲突的内容本身是很简单的,就是利益的问题,不存在政治或意识形态的因素。在利益时代,利益矛盾、利益冲突、利益博弈是一种正常的社会现象;在现代社会生活中,社会矛盾和冲突将成为我们日常生活的一部分。更重要的是,我们应当认识到,基于利益的冲突是理性的冲突,是可以用谈判、妥协、讨价还价的方式解决的,协商不成还有法律可以依靠,演变成足以造成大规模社会动荡的因素是很少的。因此,我们的任务不是要凭借强势消灭这种现象,而是要为这种现象的发生设立规则,要为这种问题的解决提供制度化的方法。好的制度不是消灭冲突,而是能够容纳冲突和用制度化的方式解决冲突。

在我们的社会中,政府治理创新、重塑政府的问题显得越来越迫切了,这是许多人共同的感觉。因为现在许多事情就卡在这儿。没有政府治理创新、重塑政府,经济体制改革就难以深入,建立一个好的市场经济的目标就难以实现;没有政府治理创新、重塑政府,不解决不同群体表达权和权力均衡的问题,利益关系就理不顺;没有政府治理创新、重塑政府,没有对权力的社会化制约,腐败的问题就难以解决。就是从改革本身看,由于没有政府治理创新、重塑政府的同时推进,其他改革措施也往往走样变形。

许多原本出发点良好的改革最后变为财富掠夺的战争,在这样的情形不断重复之后,改革的共识在破裂,改革的动力在丧失——这也是值得我们去注意的。

# 4. 政府规模扩大的原因

659.7 万、678.9 万、689.4 万、702.1 万、708.9 万——近日,国家公务员局公布的一组数字夺人眼球,从 2008 年至 2012 年底,四年间全国公务员数量增长近 50 万人,达到 708.9 万。

在现有公务员制度下,只进不出,很多人占着编制不干活,或者少干活,就需要越来越多的新人。有句话,"不是干部多,是不干的干部多"。公务员是铁饭碗,砸不掉。

湖北省统计局副局长叶青说:"从我个人的工作体会看,目前公务员的比例仍显偏大,尤其最近四年增长 50 万人,这是个惊人的数字。我认为把公务员的数量压缩四分之一到三分之一,工作也还是能做好。当然,留下来的要是有能力的人,可以把大家的工资提高一点,工作安排得更合理一点。但这个过程会很漫长。与现在的年轻人相比,现有的公务员队伍里,有一大批人确实能力较差。这是历史遗留问题,没有什么太好的办法解决,只有靠时间,等这些人慢慢退休,换来新的血液。公务员考试制度是从 15 年前开始的,我想再过 15 年,公务员系统会有所改观,公务员数量要比现在少,估计可以少四分之一吧。我对公务员招考的建议是,应该对一部分公务员的专业有所限定,参考一下'定向招生'的规则。现在的公务员考试没有专业的区分,但实际工作中,需要许多专业的知识。比如我们统计局,需要你学过统计,但现实中笔试通过三个人,全是学中文、政法的,对数学一窍不通,招进来也不能用,这怎么行?所以说一锅端的考试方式,并不能选出合适的公务

重塑政府

员，我们的筛选制度应该保证专业人员可以进入公务员招考范围，而不仅仅是考试好的学生能够进入。尤其是专业性比较强的岗位，应该有定向优先规则，只要他学过统计，公务员笔试差一些，也应该录取。"

国家行政学院公共行政教研室主任竹立家则认为：

"如果以'官民比'衡量中国的公务员数量，或者用公务员与劳动人口的比例计算，中国公务员的数量都不算高，比如美国的政府雇员，大约在 2 400 万左右，而美国的人口大约是 3 亿。我们的公务员数量是 700 万，即便把事业单位人员、国企的高层都加在里面，就算有 5 000 万人，跟 13 亿一除，比例还是不大，这可能跟老百姓的直观感觉有所差别。

之所以老百姓觉得我们的公务员数量太多，甚至公务员给公众的印象就是'喝茶看报纸'，是因为我们的公务员岗位设置、职能分配合理性差，导致有的公务员不干事，有些事情没人干。

随着社会的发展，社会管理职能的要求提高，公务员人数未来还会呈增长趋势。但这不是公务员数量的问题，而是组织结构的问题。

从现在看，一些公务员划圈子、走路子、看面子，部分一把手胡作非为、贪污腐化，部分招进来的公务员未必有本事，有能力的人未必能进入公务员系统，这已经成为众人皆知的事实，对我们的公务员系统造成了极大的负面影响。

尤其是钱本位、官本位的思想，长期没有得到改善。对于部分普通公务员来说，没有什么好的职业预期，反而是送烟喝酒这一套。如果这种局面得不到改善，讨论公务员如何选，有多少公务员才合适，都没有什么意义。

不对公务员人数实行数量限定，"平庸"的人就会充斥政府机关。举个例子，宁夏西海固地区同心县，曾经以"苦甲天下"而闻名。在同心县大量"超编"人员进入行政机构吃"皇粮"。吃空了财政预算、补贴，就连专项基金也被挪用……在这个仅有 33 万注册人口，劳动人口不足 10 万人的贫困县里，吃"皇粮"者高达 1.1 万人。不仅公务员人数多，还有大批"拿着俸禄不上朝"的"挂职干部"，轮流上班的"轮岗干部"，十来岁的"娃娃干部"，四五岁的"学龄前儿童干部"。县烈士陵园只有 3 座墓碑，但却供养着 20 名管理人员，难怪有人嘲讽是"20 个活人守着 3 个死人"。再例如某市有一个局，"偶然"发现多出了 34 张"嘴"，有 34 名非本局职工，却拥有局职工的工资账户。后经查实,这多出的 34 张"嘴"都是本局干部的亲属。

现在全国每一个县平均有 200 个以上的政府机关,这些机关从城管到计生到管上千种办证许可,他们自己互相制造工作,由于公务员队伍庞大,他们又形成了一个利益诉求的多数群体,时不时传出他们要求提高待遇的"民主"呼声。可见公务员人数众多、绩效产出低微已经成为改革开放的巨大阻力。

## 5. 企业创新的实践及民众的压力推动政府重塑

2008 年深圳市民吴君亮等人以公民的身份要求一些中央部委以及地方政府公开部门预算,在全国范围产生了较大的社会反响。在越来越大的社会压力之下,各级都有一些政府开始公开政府预算。2009 年,广州市政府向社会公开了部门预算,成为国内第一个公开预算的地方政府。2015 年 3 月 5 日在第十二届全国人民代表大会第三次会议国务院总理李克强作的《政府工作报告》中明确提出,"实行全面规范、公开透明的预算管理制度,除法定涉密信息外,中央和地方所有部门预决算都要公开,全面接受社会监督。"这是一个进步的过程,也是民众压力为政府改革铺垫的一件小案例。

管理学大师德鲁克在《创新与企业家精神》一书中提出,"公共服务机构,诸如政府机构、工会组织、教会、大学和中小学、医院、社会组织和慈善组织、专业和行业协会等等,与任何企业组织一样都是需要创新和企业家的。"他认为企业家精神绝不仅限于经济组织中。

德鲁克说:"建立公共服务机构的企业家管理,将是这个时代最主要的政治任务。"企业不是做产品就是在为客户提供服务,要发明创造一个东西,能够为客户解决问题。既然银行可以为客户设想减少排队和等待的时间,征税员又为什么有理由要求我们在那里长时间等待?既然我们可以通过网络轻松注册即时享受到企业的会员福利,为什么在领退休金时还需要办那么多的复杂手续和函件往来?

企业管理中哪些东西是最值得政府来学习的呢？简单地说，至少有 5 个方式值得参考：

竞争背景；

顾客为本（对政府而言，"顾客"就是公民，或者叫百姓）；

成本意识；

绩效导向；

创新意识。

5 个方式背后是各种内外因素事例的交错混杂，我们可以简单做一下分析解读。

竞争无处不在，不仅存在于不同机构之间、地区之间、国家之间，而且存在于不同的组织形态之间，如在现代跨国企业与政府之间。早在 20 世纪 90 年代，新加坡高层政治家就开始使用"新加坡集团"比喻整个国家：政府扮演高层管理的角色，如同跨国公司中的高管；人民（包括在新加坡居住的外国人）是股东；国家的贸易伙伴是客户；而在现代跨国企业的体系当中，完整的层级式决策体系、全球化战略与多样化合作经营早已成为企业文化的基础。现代企业与政府的角力，其实早已成为常事。

因为有了竞争，有了博弈，有了输赢，也有了绩效不同的比较，这样才有了学习的动力，才有了创新的可能。进入 21 世纪，发达国家政府的财政赤字不断膨胀，"降低成本"这一目标已超过了"提升公共服务效率"，成为各个国家政府绩效管理的首要宗旨。而当年英国的撒切尔夫人首先在政府中引入绩效评估工具辅助管理，主要原因就是针对当时英国政府存在的效率太低、浪费严重的问题，希望通过借用企业中的绩效评估工具来审查政府绩效，以提高行政效率和降低开支。其时，英国政府的管理单纯追求符合经济、效率的"过程导向"，也与我国现行的管理方式有所相似。

如果政府过于看重成本和效率，可能会牺牲公共服务的数量和质量。以现今的希腊政府为例，为了解决本国巨额的财政赤字，挽救濒临破产的退休金制度，希望政府采取多项措施来紧缩开支，包括在 2015 年前将男女平均退休年龄由 61 岁延迟到 63 岁，并且禁止自愿提前退休计划。希腊政府的这一举动引起公务员的不满，导致全国大罢工。政府治理的平衡一定程度上关涉到整体社会的平衡，需要谨而慎之。

所以当时,英国的绩效政府改革的指导思想从单纯追求经济、效率的"过程导向"向保证公共服务的"结果导向"转移,力求降低成本与侧重效益并重。作为英国行政改革的重要内容,公共部门绩效评估的侧重点也由经济、效率转向质量和顾客满意度。此举发挥了重要作用,并成功吸引美国、加拿大政府跟进学习。

# 6. 现代企业家从事政府工作的案例启示

在企业里积累了丰富企业经营管理经验的管理者一旦进入政府治理者的行列,所取得的业绩每每令人惊叹。最典型的人物就是韩国前总统李明博,在担任首尔市长前,他做过多年韩国建设的CEO。2002年6月13日,李明博当选为首尔市第32届市长,开始了他城市CEO的政治生涯,将自己经营企业的心得,应用于首尔的经营,铸就了一段新的辉煌。

"在市政中引入企业经营意识,让首尔成为能和世界一流城市齐头并进的城市"[①]。为此,李明博令首尔实现了以下几点:第一是首尔的公共交通改革,使其成为国际一流城市的典范,"伦敦、东京、北京等发达的国外大城市纷纷以我们的交通改革作为楷模"[②]。第二是首尔的电子行政系统(包括交通系统),引领世界城市电子政府系统的潮流。目前,电子政府系统出口到了越南、古巴、俄罗斯,交通系统出口到了土耳其、日本、印度尼西亚、菲律宾等国家。

李明博经常提到"国家经营"和"CEO型领导者"的说法。事实上,"国际上各个领域都在呼吁'CEO型领导'的出现。随着冷战时代的结束,许多国家的领导者开始思考:'如何才能让国民生活得更好?'转变政治统治的观

---

① [韩]李明博.经营未来:李明博自传[M].北京:人民出版社,2008:124.
② 李明博.大家的希望就是首尔之光[M].www.china-korea.org,2005-09-19。

念、为国民提供更积极服务的时代已经到来"①。这里,我们可以参考另一个更具体"企业化"的案例。

2013 年底刚从纽约市长岗位上退下来的布隆伯格,把纽约当成公司来经营,市民成了市长和政府的顾客。他把生意场上的创新意识用于公共部门。尽管受到金融危机打击,但纽约市家庭平均收入依然从 2000 年的 38 293 美元增长到了 2011 年的 49 461 美元;在最近 10 年里,纽约市犯罪率下降了 17.3%。有人说,过去的 12 年,是纽约城市历史上最好的 12 年。《纽约邮报》刊登的一长串数字最能说明问题:12 年间,纽约市常住人口增加 30 万,到访纽约的游客增长 54%,家庭收入平均增长 36%,高科技企业规模增长 11%,犯罪率下降 35%,婴儿死亡率降低 23%,烟民减少 22%……

当上纽约市长后,布隆伯格把纽约当成一家公司,他就是 CEO。《时代周刊》曾评价过,他给纽约市政府带来了前所未有的效率和透明度。布隆伯格在纽约市政厅没有自己的办公室,就坐在工作人员中。原先的大会议室变成一个个小隔间,像是华尔街的交易大厅。不管是副市长、市长助理,还是普通工作人员,不用预约,随时都可以和布隆伯格"切磋"。布隆伯格说:"墙是障碍,我的工作就是移开它们。"

在布隆伯格推动下,2003 年 3 月,纽约正式开通 311 公共服务热线。不管是垃圾要清理、供热有问题,还是路上坑坑洼洼,市民都可以拨打这个 24 小时开通的热线。即使不懂英语也没有关系,因为这个热线已经能提供多种语言服务了。②

由此可见,西方在商业市场中长期历练成长起来的企业,尤其是跨越国际的大型企业,不仅能为政府提供一流的管理人才选择,还能充分提供各种宝贵的经验以供政府治理运营作为参考。

---

① [韩]李明博.经营未来:李明博自传[M].北京:人民出版社,2008:173.

② 陈君.把纽约当公司:史上"最好市长"的治理之道[J].中国新闻周刊,2014-01-13.

## 7. 企业型政府的出现

20 世纪末企业型政府的出现就像 20 世纪初公共官僚体制的确立一样，是符合社会发展规律的。由于全面质量管理和流程再造的普及，政府工作人员如今也开始注重工作的组织方式（即完成任务所使用的流程）。通过持续的细微改进，如全面质量管理（TQM）；通过激进的重新设计，如使用流程再造（BPR）；或通过其他重新设计的方式，都可以变革政府的工作流程。但不管使用什么方法，流程改进都没有行政体制或组织层次上的变革更能推动重塑的进程。"如果不改变付酬与绩效测评的方法，如果你只想改变工作流程，那是远远不够的。"

企业对于管理者有 360 度测评，让每个管理者知道自己在他人心目中的形象，以便作出改进。但是在政府里一般不会看到 360 度测评的使用，原因是"在中国形式总是比内容重要。对面子的追求是中国人最大的行动力"[①]。

亚伯拉罕·马斯洛说："如果你唯一的工具是锤子，你就会把所有问题都看成是钉子。"[②]这句话在政府机构里很适用，很多公务员、党政干部习惯于使用惯常的方法。

党的十八届三中全会把政府管理改成了"治理"，内涵发生了巨大的变化。在传统的管理形态下，主体只有一家就是政府；而在治理形态下，主体多样化，除了政府还有各类社会组织、民间组织。管理是政府居高临下、发号施令，而治理是双向的，政府需要听取民众的呼声，实现双向互动。管理可以是暗箱操作的，而治理必须是公开透明的。传统的政府管理排斥市场行为，治理则可以适当引入市场手段。

---

① ［美］金·伽塔丝.见证:国务卿希拉里·克林顿.北京:中国友谊出版公司,2013,11:178 页.
② 转引自［美］道格拉斯·W.哈伯德.数据化决策[M].广州:中国出版集团世界图书出版广东有限公司,2013:131.

党的十八届四中全会更是明确了"健全依法决策机制,把公众参与、专家论证、风险评估、合法性审查、集体讨论决定确定为重大行政决策法定程序,建立行政机关内部重大决策合法性审查机制,建立重大决策终身责任追究制度及责任倒查机制。[①]"这相当于从组织架构和实施形式上重新定义现行政府运营体系,并逐渐从单纯追求经济、效率的"过程导向"向保证公共服务的"结果导向"转移,力求向降低成本与侧重效益并重的方向改进。这一"顶层设计"无疑从根本上构成了政府改革的动力。

# 8. 需要提高领导政府改革的科学化水平

党的十八届三中全会作出全面深化改革的决定。如果展开来,有336个项目需要落实。这样大范围、大规模的改革,在我国历史上都是很少见的。很多改革举措都是民众期待和希望的。

改革开放作为一项庞大的系统工程,有一整套需要控制和引导的战略策略。要保证改革的成功,就一定要提高领导改革的科学化水平。

马克思说过:"人类始终只提出自己能够解决的任务,因为只要仔细考察就可以发现,任务本身,只有在解决它的物质条件已经存在或者至少是在生成过程中的时候,才会产生。"在一定的时空环境和历史条件下,改革只能提出也只能解决业已成熟并能够完成的任务。一旦超出历史条件的许可,试图解决那些尚未成熟、难以解决的问题,改革就会遇到重重阻碍,出现低潮甚至危机。只有等新的条件成熟了,改革才能在新的层次上继续展开。所以,改革的周期性并不是人为决定的,而是客观的历史条件造成的。

20世纪40年代末、50年代初,南斯拉夫首先改革,然后东欧国家进行改革,苏联进行改革。为什么要改革?是客观环境和条件使然。改革是问题

---

① 参见新华网《十八届四中全会提出全面推进依法治国的总目标和重大任务》,北京,10月23日.

逼出来的。从那时开始到 20 世纪 80 年代末,这些国家的改革先后经历了 3 个周期。第一个周期,从 20 世纪 50 年代初到 60 年代前期,是改革的尝试阶段。第二个周期,从 20 世纪 60 年代中期至 70 年代中期,是改革向纵深发展的阶段。第三个周期,从 20 世纪 70 年代后期至 80 年代末,是改革全面高涨和严重受挫的阶段。

中国在 20 世纪 50 年代做过一些改革的探索。但是中国的发展进程跟这些国家有一个时间差,差不多 30 年。等到他们发现问题的时候,我们还觉得这种体制和模式挺好,问题还没有暴露出来。所以当他们调整政策、实行改革的时候,我们还认为他们是搞修正主义,是复辟资本主义。我们坚定地认为要"反修防修"。

"文化大革命"把我们的问题集中暴露出来了。所以邓小平同志说,如果没有"文化大革命"就不可能有改革。这话看起来好像挺矛盾的,其实很简单,这是辩证法。"文革"让中国几乎所有的人都吃了大苦头,不改革不行!不然哪有那么多领导人会认识到改革的必要性,会支持改革、推动改革?所以,1978 年之后,中国改革基本上成为党和国家的共识,从而在整个社会汇集起改革的浪潮,并逐步深化,形势一度非常好。但到 20 世纪 80 年代末,苏联、东欧出了问题。实际上,我们也遇到了同样的问题,归结起来,就是改革往哪儿去。

改革是一个漫长的历史过程。在这个过程中,会不断遇到问题又不断解决问题。不同的阶段会有不同的难题。十一届三中全会前后,中国要不要进行改革,就是一个天大的难题。以十一届三中全会为标志,包括此后的一段时间,我们党把这个问题解决了。随后的改革开放,一步步深化,也不断地遇到困难和问题。有的问题难度之大,是难以想象的。上世纪 90 年代前期,经济形势非常严峻,甚至连工资发放都很成问题。尤其是怎么搞市场经济,邓小平同志在政治上指明了出路,但到底怎么搞,世界上从来没有实践过,这能说不难吗?但经过 20 多年探索、创造,我们的社会主义市场经济不仅建立了,而且一步步走向完善。这不是巨大的成功吗?

但在新形势下,又遇到了问题,包括贫富差距问题、社会公正问题、腐败问题、环境污染问题等。解决这些问题,同样有一个大思路问题。坚持改革开放,我们就能海阔天空,掀起新的改革大潮。倒退回去,就会陷入改革低谷,加速改革周期性困难的到来。十八大以来,新一届党中央鲜明地表达了改革的决心。十八届三中全会又专门制定了全面深化改革的决定。这对中国的未来是至关紧要的①。

# 9. 学习是创新的起点

这几年的中央领导人,对于企业家,特别是具有创业胆识和创业成果的企业家非常重视。在 2013 年初,马云被当时的总理温家宝请去讲课,大胆分享"把互联网和电子商务上升到国家战略"的观点。2013 年 9 月 30 日,以习近平总书记、李克强总理为首的一众中央领导又在中关村分别向企业家雷军了解"互联网手机模式",向企业家李彦宏了解"大数据在促进信息消费和关注社会民生两个方面表现出重要的价值",同时还分享了互联网改变销售服务的变化。②

这是一个很好的示范,学习是创新的起点,是提高公务员能力、加强政府人力资源能力建设的重要途径,是培养公务员创新精神、开发公务员创新能力的重要手段,是提高整个政府组织绩效的根本途径,是提高政府适应国际竞争变化能力的重要保证。社会经济发展要靠企业家领头推进,而社会政务发展要靠企业型政府改革和优化。

---

① 李忠杰.把握改革规律,推进改革大势.来源:澎湃新闻供稿作者:李忠杰,卢雁/采,2015-03-17,http://www.21ccom.net/articles/china/ggcx/20150317122314.html.
② 韩紫婵.习近平的商界"朋友圈"[J].载博客天下,144.

## 10. 政府创新需要管理——创新管理

政府创新是实现国家治理体系和治理能力现代化的重要路径,推进政府创新需要构建有效的政府创新管理模式。如果说政府改革更加侧重体制性、系统性的话,政府创新则更加侧重解决一些中微观层面的机制性问题,更加注重某一点上的突破。从这个意义上来讲,政府创新无法替代改革,却又在边际上推进政府改革,为改革创造有利条件,是实现国家治理体系和治理能力现代化的重要路径。当前,在中国地方政府的创新实践中,往往会遇到创新动力不足、创新目标偏离和创新绩效不佳的问题。只有解决了这一系列问题,中国地方政府创新才能够有长足的进步。这就需要构建行之有效的政府创新管理模式,在创新的激励设计、目标设定、绩效评估等方面进行系统管理。例如,杭州的政府综合考评原本只是针对政府部门工作绩效进行考核评价,从考评的内容来看注重的是结果,主要指向过去一段时间内的绩效。在综合考评中加入政府创新的内容,使得政府管理和服务的改进得到了足够的关注,其背后反映的更多是未来一段时间内能够持续产生的绩效。综合考评为政府创新管理的进行提供了坚实的基础,而政府创新管理的实施也使得综合考评更为全面、科学。

政府创新管理的核心在于激励与引导政府创新,而履行这一管理职能需要构建一个专业的组织化平台。经济转型和社会转型不断倒逼着政府转型,不论是基于经济社会发展的压力,还是主政官员主动的政绩追求,各级地方政府和部门都有自发进行创新的愿望与冲动,这是非常值得鼓励和肯定的。然而,仅仅依靠这种自发性来推动政府创新在实践中已经产生了种种负面问题。比如各地区和部门常常基于本位主义,各自为政,容易导致重复创新和创新的碎片化,浪费宝贵的行政资源,不利于政府绩效的整体改进。有些地方甚至单纯因为政绩驱动"为创新而创新",出现了许多华而不实、缺乏持续性的"盆景式"创新或"伪创新"。因此,必须将推动政府创新作为一项系统工程,加强对政府自发创新的管理。特别是要从公共利益出发,打破地区和部门利益的藩篱,对政府创新进行战略性的统筹规划,克服本位主义,防止短期行为。履行这样一项全新的管理职能,需要构建一个专业的组织化平台。

### ◇案例：杭州创新管理的主体是杭州市政府的考评办

杭州市考评办既是政府创新管理的制度建构者,又是政府创新管理的主要实施者。

2006年8月,为了更好地推进实施综合考评,杭州市委决定设立考评办,作为杭州市综合考评委员会的常设办事机构,级别为正局级。考评办整合了原先市级机关目标管理办公室、"满意单位不满意单位"评选办公室和机关效能建设工作办公室的相关职能,又于2012年增挂了"杭州市绩效管理委员会办公室"的牌子,成为专门对市直单位及下属县(市、区)进行绩效考核、评价和管理的组织化平台。

从组织发展的逻辑来看,考评办在拓展和完善综合考评的过程中自觉不自觉地进行政府创新管理的探索有其必然性。如果没有这样的一种机构设置,各类考评就无法有效地"综合"起来,也就很难出现系统地对政府创新进行考核与管理的尝试。考评办同时成为政府创新管理的制度建构者和实施者,并且持续获得制度收益,制度的建构与实施之间就能形成良性互动,从而使政府创新管理真正运作起来并不断获得修正完善。

政府创新管理需要引入多元的参与主体,形成组织内外切实有效的信息沟通与反馈机制,实现"政府—市场—社会"三者的良性互动。政府创新对内要解决政府自身管理的问题,对外要重新界定政府与市场、社会的关系。前者仅依靠政府自身无法获得足够的创新动力,后者仅依靠政府也很难解决问题。因而,对于政府创新的管理也必然不是政府一元的管理,需要引入市场主体、社会主体的多元参与。

### ◇案例：杭州政府创新管理——创新目标如何设定

杭州市考评办通过专业化的社会调查方式,收集社会各个层面的评价意见，发现政府各项工作中存在的不足和问题，以此为依据形成各个单位的重点整改目标，引领相关部门进行有针对性的创新。各个单位的整改目标、整改结果都通过报纸和网络向全社会公布，并进行满意度测评，形成有效的反馈机制。

在杭州，四个方面的合力共同作用使得政府创新的目标指向"回应真需求、解决真问题、取得真成效"。

其一，注重公民导向的综合考评，促使政府创新首先需要回应公众需求。在综合考评的实施过程中，每年都有上万名公众被邀请参加对市直单位的社会评价。考评办将那些关注度高、反映集中、影响较大的评价意见整理纳入年度《社会评价意见报告》，并向社会发布。相关责任单位根据评价意见确立整改目标，进行重点整改，并就整改工作作出公开承诺，接受社会各界的监督。这三个环节紧密衔接，为各个部门提供了一个发现和确立创新目标的有效机制。

其二，创新选题目录的编制，为各个政府部门设定创新目标提供了指南。考评办在大量调查研究的基础上，于2012年拟定了《杭州市政府创新指南》，编制了《杭州市政府创新选题目录》。该目录涵盖经济建设、政治建设、文化建设、社会建设、生态文明建设、执政能力建设、社会评价意见整改重点跟踪项目等7个方面，从中观层面提出了方向性的创新项目选题，鼓励各部门结合自身实际进行有针对性的选择。

其三，在提倡原创性创新的同时高度重视继承性创新，鼓励各部门对原有的创新项目进行深化、完善和提升，取得新的突破和成效，为创新的持续性提供了制度保障。

其四，专家对创新目标的事前评审有效地降低了出现无效创新的风险。各个单位申报创新目标时需填写《杭州市市直单位创新创优目标申报表》，写明项目创新点、预期成本投入、受益群体和预期效益等内容，并附具体的实施方案。考评办组织相关专家对项目申报表进行评审。在综合评审得分和专家不同意进入综合评估得票数（半数以上）的基础上，淘汰不少于20%的申报项目。这在很大程度上保证了各个部门的创新项目具有正确的方向和较高的起点，避免了无效创新的出现。

社会多元主体的参与使得政府组织内外的信息沟通更加顺畅，政府创新的指向更加明确。社会监督的强化以及反馈机制的建立,也有助于提高政府创新的回应性,提升治理绩效。

政府创新管理需要更加注重推进政府创新的持续性和制度化。政府创新是为了提高行政效率、改善公共服务、增进公共福利而进行的创造性变革,不是标新立异,更不是"政绩工程"。每一项创新的实施,都需要耗费一定的行政成本和社会资源,创新失败有时难免,但对创新效益最大化的追求应该是一以贯之的。在以往的政府创新实践中,许多创新或者由于缺乏实质内容而死亡,或者由于领导更替而终止,造成了大量浪费①。因而,政府创新管理需要解决的一个重要问题即是怎么让政府创新更具有持续性。一方面要对创新目标进行必要的引导、甄别和筛选,另一方面又要防止创新激励带来的"短期行为",在项目申报中增加改进性和持续性创新的目标。

从杭州的实践来看,政府创新管理就是对政府创新活动的规划、组织、协调、实施、评估、反馈等进行系统管理,以达到营造创新氛围,激发创新动力,引领创新方向,保障创新实施,提高创新绩效的目的。如果政府各部门在自然状态下自发地进行创新,表现将会是一种零散无序的组织行为——对政府创新进行管理,就意味着将政府创新这一组织行为变得系统而有序。政府创新管理的实现必须依靠一系列的绩效考核制度建构,将政府各部门的创新行为置于制度的约束下,从而使得这些创新行为更加符合预期。通过对杭州综合考评中市直单位创新目标绩效考核和区县特色创新目标绩效考核等制度的分析,可以发现:杭州已经逐步构建起了一个较为完整的政府创新管理的制度框架,形成了明确的管理主体、科学的管理目标、有力的管理手段,取得了显著的管理绩效。这是一个可喜的国内案例。

---

① 高新军.地方政府创新缘何难持续——以重庆市开县麻柳乡为例[J].中国改革,2008(5).

# 第 02 章

## 公共利益及目标原则

改革开放以来,我国的经济改革取得了极大的进展,但是政府自身的改革却未有大的起色——改革一直进行,效果不如人意。经历多年社会高速发展,人民群众日常生活及身处社会环境已经剧烈转变,国际事态更是风云变幻,但在国内,政府依然没有转换好职能及工作方式。

# 1. 严峻形势倒逼改革

## (1) 养老基金缺口大

中国人口红利消耗殆尽,中国人口老龄化现象日益严重,使得未来社保基金缺口面临很大的潜在压力。中国财政部最新公布 2016 年全国社会保险基金决算显示,全国社会保险基金收入赢得 8.1％的增长,但中国社保基金总支出增速高出总收入增速 3.3 个百分点。中国养老保险覆盖率偏低,在2012 年 4.8 亿参加城乡居民社会养老保险中,仅 1.3 亿人享受了实际领取待遇。尽管中国政府通过划转部分国有资本充实社会保障基金、提高国有资本收益上缴公共财政比例等做法或措施进行充实,但此举也会降低国有企业等主体的投资扩张步伐和动能,进而使得中国经济成长步伐存在放缓的可能,这反过来也会影响中国应对人口日益老龄化面对的养老基金缺口的巨大压力①。

2014 年底社科院发布的一份《现行统账结合模式下隐形债务预测与测算》的报告称,以 2012 年为基准,社会统筹账户的隐形债务为 83.6 万亿元,个人账户的隐形债务为 2.6 万亿元,合计城镇职工基本养老保险统账结合制度下的隐形债务为 86.2 万亿元,占 2012 年 GDP 的比率为 166％(2013 年 12月,中国社科院副院长李扬的团队作出的资产负债表测算结果则显示,2023年城镇企业职工含机关事业单位基本养老保险将出现收不抵支,2029 年累计结余将耗尽,2050 年累计缺口将达到 802 万亿元,占当年 GDP 的 91％)。

---

① 冯涛.中国政府需摆脱"危机斗士"角色.载 FT 中文网,2013-12-25.

我国社保缴费率偏高,打击了缴费者的积极性。人保部发言人承认:"目前我们国家各项社会保险的总费率超过了40%,用人单位占大头,是30%,总体是偏高的。"而根据公开数据计算,2013年企业退休人员养老金替代率为44.13%。近年来的经济转型及经营环境恶化,相当多实业主体运营企业如制造业、基础社会服务业等早已是岌岌可危;而社会通胀以及高额的社保负担更是令雇佣关系矛盾激化,雇主经营意愿受到制约,外加高校扩招后最大规模新毕业生进入毕业就业年份,表面稳定的就业市场出现了众多潜在风险四伏的险情。

问题根源在于我国养老金所占GDP比例太小。2012年底,时任社保基金理事会理事长的戴相龙表示:"养老金储备占GDP比例最高的是挪威,为83%左右,日本是25%,美国是15%,中国只占到GDP的2%。"[①]养老金比例如此之高,很大程度上在于政府财政的支出。以邻国日本为例,公共养老金由政府强制公民加入,并由政府统一管理运营;而政府财政补贴是公共养老金体系的重要资金来源,中央政府不仅负担国民年金全部的行政管理费用,还负担全部养老金支出的1/2。养老支出占日本社会保障财政支出比例在50%以上,而社保支出又占日本政府总预算的近1/3,导致日本政府保持着巨大的财政赤字。而我国社保支出仅约占财政预算的12%。

解决之道在于优化我国财政支出结构,增加对社保的财政补贴。我国财政支出中社会保障所占比例仅12%左右,远低于西方国家的40%～50%,而我国行政管理费用则最高达到19.38%,近年来虽有下降,但仍在10%以上,远远高出日本的2.38%、英国的4.19%、韩国的5.06%、法国的6.5%、加拿大的7.1%、美国的9.9%。通过压缩"三公支出"省下的财政支出,应更多地投入到民生上来。


### (2) 贫富差距大

税收被公认是调节收入差距最有效的手段之一,如英国的基尼系数在收税和再分配之前大约是0.52,但在经过税收和转移支付以后,基尼系数就只有0.35左右。中国税前和税后的基尼系数差距并不大,甚至税后的基尼

---

① 戴相龙:中国养老金储备占GDP比例仅为2%.中国新闻网,2012年12月17日.

系数比税前还要高。这是因为以增值税等流转税为主体的中国税收制度，实际上是一种累退税，所得税在中国已经沦落为"工薪所得税"。此外，较高的通货膨胀特别是食品价格的上涨，还有城乡二元体制、垄断国有企业不合理的高收入高福利等，都加剧了贫富差距。几种原因叠加，中国的贫富差距带来的民情汹涌程度和对社会稳定的危害程度，就远超美国，成了一个让人忧心忡忡的严重社会问题。

由此观之，中国的贫富差距之所以让人分外担心，是因为贫富差距的背后暗含着巨大的社会不公和腐败。在这种情况下，虽然表面上经济在快速增长，但利益大多归于富人，穷人得到的好处不多。盖洛普的调查报告就举了尼日利亚的例子来说明这种现象：自2006年以来，尼日利亚的年经济增长率在6%以上，但因为6%的富人占有了40%的财富，因此经济增长无法提升就业，减少贫困。从2011年到2012年，有44%的尼日利亚人每天的生活费是1.25美元或以下，而2007年到2008年，这一数字是31%；从2010年到2012年，有全职工作的尼日利亚人从15%下降到9%。

政府自身在切分社会财富蛋糕的时候，给自己留的比例过大。行政成本居高不下。2010年全国8.5万亿的财政预算支出中，一般公共服务支出占到近8 600亿，所占比例达10.18%。2015年两会作政府工作报告中李克强总理指出，"腐败现象的一个共同特征就是权力寻租"——尽管近年来政府一再出台措施限制"三公消费"，一再坚持推进各级政府非保密内容预决算公开，一再高强度"重拳""打虎"，然而"反腐"所揭露的情况令人触目惊心，政府公信力也由此严重透支。

面对贫富差距过大的问题，应让权力退出市场，为人民创造平等的受教育机会，平等的竞争机会，平等的法律和政治环境，平等的税收，平等的医疗和社会保障，让人们在大致公平的基础上进行竞争。这些措施也许不见得能立竿见影地遏止贫富差距扩大的趋势，但一定能改变人们对此的接受程度和看法，从而缓和社会矛盾。

## 2. 仇和落马，意味着改革的"绿林时代"终结了

仇和要解决城市发展资金项目等问题，让干部统统出去招商引资，完不成招商引资任务，就等于自动辞职。但"全员招商"背后，是对官僚体系功能分区的一次破坏，说得难听点，就是"不务正业"，同时，不同部门本身掌握的资源不一，为了完成招商任务，难免挖空心思"降格以求"，把自己手头上的权力和资源用足、用尽，极易产生恶性竞争和权力寻租。往往是无底线的优惠政策、低价出让土地在前，低水平的项目、烂了尾的工程在后。这种只顾眼前，甚至只顾一任官员政绩的发展，显然并不符合科学发展的理念。

2008年3月，北京大学中国经济研究中心教授姚洋在一个论坛上对"仇和招商模式"表示担忧，批评昆明片面追求GDP的做法，言辞激烈。后来仇和请姚洋去昆明考察，姚洋送仇和两本书：《国家的视角——那些试图改善人类状况的项目是如何失败的》和《美国大城市的死与生》。一年多后，姚洋接受媒体采访时说："现在看来，这两本书没有起到什么作用。"

这种做法跟"大跃进"时期鼓动群众"大炼钢铁"如出一辙。用意上可能是为了让所有的干部都动起来，但实际的效果却是破坏性的。这种做法看似热闹，实际违背了基本的管理原则，是非常粗放的治理模式。一如他在主政昆明之后，向全社会公布领导干部电话。当所有的诉求都可以越级找更高层的官员时，整个政府体系的运行逻辑就被打乱了。这个在舆论看来是对体系的宣战，但实际上，是在破坏基本的办事规矩，只能带来更大的混乱。

而这种鲁莽的改革，持续下去的唯一动力，只是来自一位不知疲倦而偏执的书记仇和。人一走，立马就歇菜。所谓"人亡政息"，有些改革失败的原因，只是因为不尊重基本的规律。

权力就像一把双刃剑一样，你赋予它更多的自由，带来的可能是推动社会的变革，但也很可能带来的是尾大不掉的恶瘤。

这个现象在仇和等官员身上也是如影随形。任性的权力让他们变成了

重塑政府

"改革先锋",也堕落成了偏执的权力盲从者。所以,在全面深化改革的阶段,约束权力的任性,让权力在法治的轨道上顺畅运行迫在眉睫。

正如李克强总理在记者招待会上坦言的,"要依法治国。法律面前人人平等,不论是谁都不能在法外用权……让权力在阳光下运行,受到社会的监督。在这个过程中,我们既要惩治乱作为,也反对不作为,庸政懒政是不允许的。"改革和法治并非对立者,而是必须要统一前行。在法治的框架下推进改革,也要在改革的过程中完善法治。这是全面深化改革的新时期,改革者必须戴上的紧箍儿。

从这个意义上说,新时期的改革更需要清醒的建设者,而不是任性的莽夫。


# 3. 新公共服务与公共利益


实际上,不光是我国政府面临政府管理创新的压力,世界各国政府"都面临着同样的变革压力,包括全球经济问题、日益不满的市民和财政危机"(1996 年经合组织部长级会议总结报告),所有这一切都使得高度集权、自上而下的官僚体制显得过于反应迟钝,在变革和创新方面显得无能为力。

英国 1979 年的"效率评审计划"(efficiency scrutinizes),几乎是现代化大企业所普遍采用的效率评审技术在政府机关中的翻版。当时英国的政府消费占 GDP 的 44%,通货膨胀率不断加剧,公共税收停滞不前,公共支出不断增加,GDP 一落千丈,而公共服务质量却日益下降。撒切尔夫人上任后第4 天就任命著名的零售公司马克斯和斯潘塞的总裁德雷克·雷纳爵士发起一场反对浪费和低效率的改革运动,对政府既定的目标和过程进行效率审计,目的就是精简业务程序和减少浪费,尽量把能够转移出去的政府部门职能交由非政府机构或私人企业承担。结果在雷纳"效率小组"的监控下,政府在前 3 年进行了 223 次效率评审,精简了 1.2 万个职位,经常性开支每年节约 1.8 亿英镑。

但 1982 年,效率小组与一位叫迈克尔·赫塞尔廷的部长发动一场新的财政管理创新运动,产生的影响却令人失望。这次运动要求政府各部门为所有的管理者设置绩效目标,即期望达成的目标、何时达成和以何等成本达成。但是,因为它无法从根本上改变政府组织的动力机制,对公务员的影响微乎其微。1986 年,撒切尔夫人命令罗宾·伊布斯对这项方案进行评估并提出下一步行动方案。经过调查,效率小组得出结论:问题不在于公务员,而在于这种体制。要解决政府管理问题,就必须把服务提供和执行职能从掌管它们的集中决策部门中分离出来(即把掌舵与划桨分离开来);必须给予服务提供和执行机构更大的灵活性和自主性;必须通过与这些机构签订绩效合同使其对服务结果负责。最大执行机构之一的就业服务局在这样的原则下开始进行绩效评估,并公布了属下 9 个行政区办公室工作绩效的比较数据,以促进工作质量的改进;后来又将这种绩效比较方法推广到地方一级的办事机构,并要求每个部门公布其绩效记录和其他 6 个邻近地方办事处的绩效记录;尔后还开始对顾客进行定期调查和顾客典型调查,制定了顾客服务标准。整个执行机构减少了一级管理层,并重构了其人事制度,包括薪酬、分类和员工招募。顾客调查显示,执行机构的服务质量普遍取得了改进,在没有增加资源的情况下,就业率增加了 40%,津贴支出的准确性逐步提高,机构运作效率以每年 2% 的速度递增。改革带来了内部管理绩效改进并提高了效率,但它们并没有改进公共服务的效能(公共服务的质量)。为此,1991 年英国政府推出"市民宪章"运动,要求所有的公共组织都将建立顾客服务标准,吸收来自顾客的输入,并承诺予以满足,使政府行政工作更适应公众的愿望和需要。

能取得如此成绩,充分发挥公务员的积极性是英国各政府部门成功开展绩效评估的重要原因之一。在地方政府层次上,随着分权化改革与地方政府自主权的扩大,新工党政府在实施绩效评估时继续强调公务员的积极性——新工党政府只提出最优价值方法的基本原则,而对于最优价值的具体含义、如何着手测定以及如何向利益相关者证明最优价值等问题则由各地方政府自行决定。英国的经验是:"起始阶段注意绩效评估的自愿性——政府高层鼓励进行绩效评估,但没有选择试点强制实行,也没有规定这方面的指标和时间表,而是由各部视自己的情况安排,部内试点单位的选择也以自愿为基础;绩效评估主要采用自我评估的方式——财政部、首相效率小组及有关方面的专家主要起政策协调和技术指导作用,而不是以居高临下的姿态检查下属的工作。"20世纪80年代以后,英国、美国、新西兰等西方国家先后进行了大规模的政府改革,放权分权、政府服务外包、政府组织内的企业化改革,"政府重塑"成为世界各国的热门话题。

# 4. 社会弹性越来越大给政府重塑创造了好的环境

中国社会弹性的来源是多方面的。

第一,三七开或四六开的城乡人口结构,使得这个社会有一个很大的处理社会代价的空间。这也是20世纪60年代初的大饥荒没有造成社会的严重动荡的原因之一。这个因素现在也仍然存在。一个社会农村人口还占大多数的时候,是社会弹性比较大,有利于进行关键性制度建设的时期,我们不应当放弃这个机会,一些事情要抢在人口基本实现城市化之前做。

第二,市场经济体制的确立,有一种将矛盾或危机分散化的效应。过去各种矛盾都是直接面对政府,现在不一样了,劳资冲突是面对资方的,小区维权是面对开发商或物业公司的,即使涉及政府,也往往是地方政府,在多数情况下连省一级的地方政府都涉及不到。在矛盾焦点分散化的情况下,社会矛盾的共振效应是比较低的。

第三,经济的发展为解决和缓解许多问题提供了条件。快速的经济增长,不仅增加了民众的收入,提高了民众的生活水平,也增多了机会。这些机会的增加,增强了社会自愈的能力。在这种情况下,处理一些哪怕是棘手的问题,余地和空间也要大得多。无论如何,一些事情的解决不能拖到经济不景气的时期,或放到经济不景气的时期来做。

第四,政府掌握和运用资源的能力。起码就目前的情况来说,政府的手中还拥有相当的资源,政府也具有调动和运用这些资源的能力。这种掌握和运用资源的能力,使得政府在社会危机发生的时候,能够将这些用来救急,用来化解或缓解社会矛盾。

第五,在20世纪90年代之后,中国社会结构进一步分化,不同社会群体的追求也呈现更大的差异。在这种情况下,人们在社会生活中注意力也大大分散了。这样也就降低了整个社会采取一致行动的可能性。而且,我们要特别注意到的是,在市场化的过程中,民众的理性化程度在提高,整个社会的理性化程度在增强。

第六,精英的联盟及其定型社会力量的形成。整个20世纪90年代,发生的一个重要变化,就是体制对社会精英进行了成功的吸纳。社会精英之间较稳定的联盟,使其具有一种定型社会的力量。尽管这种联盟会起到强化现有利益格局的作用,但其对社会稳定的作用也是不可忽视的。可以想见,在这样的一种结构背景下,大规模的社会动荡是很难发生的。

第七,"市场主义话语"的形成。在这种市场主义话语中,金钱和财富被视为最终的价值和标准,并将是否能够获得金钱与财富看作是个人能力的结果。在这样一种话语环境中,尽管一些人感受到社会的不公,但多将自己所处的不利境遇,看作是自己能力不济的结果。这样一种话语环境无疑可以有效地消解社会不满和抗拒意识。

第八,改革开放的30多年中,政府在处理各种危机和矛盾上积累了比较丰富的经验,虽然这个经验不能过分地高估,但政府在处理一些问题上还是积累了很多经验。这一点我们尤其不能忽视。

从这几个方面看,我们对于这个社会的稳定有足够的信心。矛盾和问题是存在的,但有两点,一是绝大多数问题不是威胁全局性稳定的问题,二是中国社会中应对这些问题的条件还是不错的[1]。

---

① 孙立平.重建社会——转型社会的秩序重塑[M].北京:社会科学文献出版社,2009:10-12.

## 5. 国家公共管理向公共服务转化

　　作为欧洲最早推行政府管理改革的国家,丹麦于 1980 年代初就开始流行"回应性国家"的概念。"回应性国家要求国家把公民当作消费者、顾客、委托人等来看待,而不是把公民当作选民来看待。"于是,"评估国家"出现。其中最具代表性的成功案例为美国的"全国绩效评鉴委员会"(National Performance Review, NPR)。

　　组建美国的全国绩效评鉴委员会原为克林顿总统在 1992 年大选时的政治承诺;翌年 3 月 3 日该委员会正式成立,由副总统戈尔主持,首要的目标为:塑造"降低成本、提升效能的政府"。全国绩效评鉴委员会系以企业型政府的特质为基础,揭示四大原则作为政府重塑的行动方向。这四大原则分别为:(1)顾客至上、民众优先;(2)删减法规、简化程序;(3)授权员工、追求成果;(4)降低成本、提高效能。全国绩效评鉴委员会的重塑政府运动,展现其迥异于以往革新运动的措施与成果(例如出版美国有史以来第一本政府服务标准手册),没有将事情仅仅停留在理论状态,而是给出了颇具操作性的行动建议,为行政革新树立了一种典型。在美国,39 个州声称采取了质量管理,29 个州至少尝试过绩效评估,28 个州声称正在跟踪顾客反馈,30 个州简化其人事制度。

　　为了降低财政赤字,委员会最后提出的报告提出:一年要进行两次预算;员工的绩效不再按工作时间来计算,而要依据活动成本来评价;允许机关回收其内部节约而带来的收益。它还建议下放人事管理权力,包括逐步废除联邦人事管理手册,以部门为单位进行人员录用和考核,建立简单的等级制度和更为便捷的任期终止程序。另外,对采购程序应给予原则性的引导,而不要使其局限于烦琐的规则,以便让机关能够亲自去考察市场。该报告还呼吁各部门在 3 年的时间内废除 50% 的内部制度规定。

　　根据顾客导向原则,副总统戈尔提议在任何可能的地方破除政府的垄断地位(如机关打印办公室),以提高政府机关的竞争能力。为加强员工的执行权,报告建议扩大管理者的控制范围,并给予其更多的培训机会和信息技术支持,提供靠近其居家的工作地点选择,废除工作时间记录卡制度,对每一个员工进行素质培训。

美国政府以极大的热情接受了"政府重塑"这种思路,开始了"政府绩效评估"运动——克林顿和戈尔于1992年开始了重塑运动,一些市长也加入了支持者的行列。政府邀请了《改革政府——企业家精神如何改革着公共部门》一书的作者之一戴维·奥斯本参与领导了"国家绩效评估",效果显著。奥斯本与盖布勒认为,企业型政府应该具有下列10项特质:(1)领航催化;(2)授能社区;(3)效率竞争;(4)任务导向;(5)成果导向;(6)顾客导向;(7)积极开源;(8)前瞻预防;(9)分权参与;(10)市场导向。美国的全国绩效评鉴委员会则将这10项特质整合为4项原则,这4项原则分别是:(1)顾客至上、民众优先;(2)删减法规、简化程序;(3)授权员工、追求成果;(4)降低成本、提高效能。该案例对我国公共管理的研究者和实践者来说有很大启发。

另外,使公共服务提供者对他们的顾客需要作出灵敏反应的最好办法是把资源放在顾客手中让其挑选,因此,要实现顾客主权,必须由顾客自己掌握资源的选择权,确定路线和目的地,把顾客放在驾驶员的座位上。一句话,顾客第一主义就是要实现公民"用脚投票"(voting by foot)的权利。1993年美国戈尔报告在其第二章"顾客至上"中提出的第一个建议就是"倾听顾客的声音——让顾客作出选择"。《改革政府——企业家精神如何改革着公共部门》一书对此作了总结并努力使其更加通俗化。美国的"政府重塑运动"则是一次为了"挽救"政府部门、复兴社会福利而作的理想的努力,它在承认政府有失效记录的前提下,创造性地提出了一系列能够用于改进其绩效的方法。其实现方式包括:

(1)公平竞争,包括客户竞争和内部市场。前者旨在打破垄断性的集中配置、划片服务及客户分割,实行公共服务的分散化,给客户以自由选择的现实权利,迫使公共部门为赢得客户而不得不展开竞争。以前只有靠政府才能解决的问题,公民和其他社会组织也能解决。现在公民的素质提高了,政府能办的事老百姓也能办,甚至能办得更好。

(2)公共服务小规模化或适度规模化。这主要是为了给顾客提供更多的"用脚投票"即自由选择公共服务部门的机会。在精简政府成为各国共识的当代,要使公众多一个选择即多一个机构,就必须缩小政府的规模。小到何种程度?世界银行1996年度报告指出:"各类国家政府的规模直接取决于为政府规定的作用和功能的大小,这归根到底依然是一个社会选择的问题。"公共选择学派进一步给出了4个标准:便于控制、利于提高效率、政治代表性和体现地方自治[①]。

而从1993年3月至1996年9月,全国绩效评鉴委员会共计提出7本主要的绩效报告书,以及数十本相关的建议书及资料,也都是值得参考的。这7本主要的绩效报告书依序为:

(1)1993年9月,《从繁文缛节至具体成果:创造降低成本、提升效能的政府》(From Red Tape to Results:Creating A Government That Works Better and Costs Less);

(2)1994年9月,《第一年执行成果报告书》(Status Report);

(3)1994年9月,《顾客至上:服务美国民众的标准》(Putting Customers First:Standards for Serving the American People);

(4)1995年9月,《全民政府:降低成本、提升效能》(Common Sense Government:Works Better and Costs Less);

(5)1995年12月,《顾客至上:95服务美国民众的标准》(Putting Customers First:'95 Standards for Serving the American People);

(6)1996年3月,《政府重塑的续阶:均衡预算下之治理》(Reinventions Next Steps:Governing in a Balanced Budget World);

(7)1996年9月,《政府的优势秘密》(The Best Kept Secrets in Government)。

2008年的全球金融危机之后,提振经济、实现经济复苏是西方国家政府的中心任务。西方国家政府都将公共管理的重点放到提高公共服务质量和效率方面,试图通过增加公共服务投资的办法,提振经济,创造更多的就业岗位。美国奥巴马政府选择以教育和医疗为突破点,实施公共管理改革。

---

① 黄仁宗.当代西方市场化行政改革述评.天府论坛,www.028cn.com,2001-08-13.

奥巴马政府在 2009 年提出"攀登顶峰计划"（Race to the Top），推进基础教育改革，提升基础教育质量。在医疗公共服务方面，2010 年，奥巴马正式签署医保改革法案，朝着建立全民医保体系迈出重要步伐。德国默克尔政府上台后，面对居高不下的失业率，也在社会公共服务领域频繁推动改革，例如分步实施延迟退休、以每小时 8.5 欧元在德国设立最低工资标准等[①]。

为克服危机导致财政收支紧张困局，公共服务从原有的规模扩张转向适度削减、质量提升。金融危机前，一些西方国家实施的原有高福利政策已经导致政府过度举债、财政负担过重。后危机时代，要化解政府债务危机，必须减少公共服务支出。欧洲许多国家都通过制定延长退休年龄的政策，节省政府养老保障支出，这些国家包括德国、捷克、爱尔兰、希腊、意大利和荷兰等。同时，由于社会福利存在内在刚性的特征，一些西方国家政府公共服务改革还是首先从减少支出浪费、提高服务质量等方面出发，避免公民对削减福利的不满。

# 6. 思考要具有战略性，行动要具有民主性——如何选择政府重塑突破口？

重塑政府是一件复杂而又困难的事情。对这样的改革采取慎重的态度是完全必要的，但慎重不等于不改革。在目前这样相对有利的时机下，稳妥而坚决地推进政府治理改革是非常必要的。重塑政府关键是要选对突破口。重塑政府突破口的选择至少要考虑这样几点：第一，不敏感；第二，上下有动力；第三点，有潜力。

从这样一个角度考虑，可以将解决暗箱操作问题作为重塑政府的突破口。重塑政府改革的核心问题是如何规范权力。暗箱操作与政府重塑的这

---

① 　赖先进.当前西方国家政府改革的新理念[J].学习时报,战略管理.2015-01-05(A6).

个核心问题是密切相关的。可以说,暗箱操作是现在我们行政体制的"癌症"。这个看起来不起眼的词汇,可能在很大程度上集中了我们体制当中的很多弊端。对中央政府权威的削弱,对政府有效性的损害,对老百姓利益的侵犯,我们仔细去分析,几乎没有一个不是和暗箱操作相联系的。

在现实生活中,暗箱操作已经成为我们权力相当普遍的非正式运作方式。比如国企改革有暗箱操作,干部提拔有暗箱操作,征地拆迁有暗箱操作,司法行政有暗箱操作,招生录用有暗箱操作,甚至转移支付有暗箱操作,公共资源的使用与管理有暗箱操作。上海社保基金案,重庆所谓"唱红打黑",前些年的国企改革,还有许多腐败大案要案,一个很重要的因素就是暗箱操作。所谓暗箱操作,就是对权力的不公开行使。原来这个问题还简单一点,进入到利益时代事情就不一样了。在当今的情况下,权力的行使在许多情况下是与利益联系在一起的,因而我们似乎就可以说,涉及的利益越是重大,人们不公开使用权力的愿望就越强烈,所带来的后果也就会越严重。

将解决暗箱操作问题作为重塑政府改革的突破口,好处在于上下都有动力。从上边来看,无数个下级机构,每个人都在那儿捣鼓暗箱操作,政府不可能政令畅通。从下边看,群众也要获得公平的机会。上下有动力,合到一块有合力。而且,近些年来,我们在解决暗箱操作上已经有了明显的推进。中央在大力推进政务公开、信息公开。2006年底,全国政务公开领导小组办公室有关负责人表示,政府信息公开制度的理念是"以公开为原则、以不公开为例外"。《政府信息公开条例》规定,政府机关如果拒绝公开信息,公民可以直接提起行政诉讼。可以想象,政务的公开,信息的透明化,将会从根本上压缩暗箱操作的制度空间。在实践中我们可以看到,有关的试点工作在一些地方正在取得实质性的进展。

近些年来,一些地方也在制定种种措施。比如,从2005年开始,河北省以省商务厅、省国土资源厅、邯郸市政府为试点,大力推进行政权力公开透明运行改革,依法清理行政权力项目,公开政务运作流程。在这项意义重大的改革中,一个人们以前闻所未闻的名词是"清理权力",甚至公布市长权力清单,公开政务运行环节。一些地方已经在搞公示制度。比如武汉,一个机构上边来了人,吃多少、喝多少,有一套手续,费用要有一个清单,贴在局里的大厅里,贴7天。7天之后,内部互联网上挂着。当然这当中会有很多漏洞,但这无疑展示了我们未来体制建设的方向。

但是,在解决暗箱操作的问题上,在政务公开、信息透明的问题上,我们还有很长的路要走。尤其重要的是,没有相对自由的言论,真正的政务公开和信息透明是不可能的。应当说,建立一种正常的言论和舆论生态,是重塑政府的一项重要内容。举例来说,腐败问题是我们社会面对的一个严峻的问题,近些年来我们也处理了一些大案要案。但我们可以分析一下,有哪些大案要案是我们的媒体揭露出来的? 相反,都是结案之后才开始在媒体上加以披露。如果有点蛛丝马迹媒体就能穷追不舍,一些大案要案可能就没有发生的机会,一些腐败分子也就不会走到后来的地步。这说明我们的舆论生态是不健全的,结果是我们社会的肌体缺少一种不可缺少的免疫力。

重塑政府

# 第 03 章

**从顾客导向
到公民优质服务**

韩国前总统李明博说："就像换眼镜一样,有时候我们的观念、想法也需要改革。"(见其回忆录的第165页)这句"像换眼镜一样",非常贴切地说明了观念变革的自然性和必要性。因为有怎样的观念,才必定会有怎样的行为或习惯;不良的习惯,以及导致不良习惯的观念,就需要变革。对于观念的变革,无论是对于公务员还是市民,李明博主要采用引导法——例如在首尔林功能的认知上,通过改变人们"怎么玩"的观念,引导市民建立新的生活观念。

同理可得,只有全面创新中国政府的理念,才有可能为创新中国政府的管理体制、管理行为、管理方法和管理技术,提供一个正确的价值导向和巨大的创新动力。


# 1. 顾客期望的服务质量标准


正像消费者对商品有质量要求一样,公民对政府提供的管理和服务也同样应当有质量要求,甚至是更高的质量要求。一个良好的政府必须为公民提供优质的公共产品、公共服务和公共管理。政府应当成为优质服务的模范,对政府的各项工作都应当有明确的质量要求和质量标准。善政要求我们有一个"优质政府"——既是市场产品质量和社会服务质量的管理者,也是高质量公共管理服务提供者。

对政府的质量要求主要体现在3个方面。其一,政府所制定的政策和法规应当科学合理,具有可持续性,而不是短期行为。其二,政府在提供公共服务和公共管理时必须诚信可靠,公平公正,合理合法。其三,政府为社会所提供的各种公共产品应当比市场产品有更加严格的质量要求。另外,政府为社会提供的公共产品和为公民提供的服务,也应当本着节约的原则,以最少的成本取得最大的效益。

政府不是企业,不应当有获利的动机,但政府也应当像企业一样遵循低成本、高效益的行为准则。一个与社会主义市场经济相适应的现代政府,应当是一个高效的政府——一方面,政府应当有很高的行政效率,包括行政管理机构设置合理,管理程序科学,管理活动有效;另一方面,政府应当最大限度地降低管理成本。

政府应当成为优质服务的模范,对政府的各项工作都应当有明确的质量要求;同时,政府应当想方设法为公民提供更多的公共利益,但同时必须杜绝铺张浪费,杜绝所谓的"政绩工程"、"形象工程"——"低成本政府"理念,对于像我们这样的发展中国家来说尤其重要。而实现优质政府的关键是,必须有一支在道德、文化和专业能力等方面都具备极高素质的政府工作人员队伍。

1991年英国政府推出"市民宪章"运动,要求所有的公共组织都建立顾客服务标准,吸收来自顾客的意见,并承诺予以满足,使政府行政工作更适应公众的愿望和需要。如果达不到服务标准,就鼓励他们做出补救,并建立专门处理顾客投诉的制度。政府还要求对地方公共服务、学校、医院等进行审计和监督,并公布其服务绩效的比较数据一览表。如果公共组织成功地达到了9项宪章标准(包括顾客选择、服务质量标准、绩效独立认证、持续改进服务质量和顾客满意程度等),就可以申请使用"宪章"标志。每隔3年就要重新申请,公共组织必须证明其绩效是处于持续改进之中,方能再次赢得这种荣誉。

一些组织通过使用服务标准取得了显著的服务改进,如国家保健局将原来长达两个小时的候诊时间缩短为最多30分钟;急需施行手术的等待时间也予以缩短;英国铁路公司也在许多线路上提高了服务绩效;护照办公室将等待领取护照的时间由原来的长达95天减少为最多15个工作日。

## 2. 顾客满意度调查

李明博眼里的首尔市民,是他的"股东",是首尔这个大企业的"顾客";也因此,李明博特别重视市民的诉求。在首尔广场建设中,李明博明确提出并回答了一个问题:"什么是企业意识? 不就是顾客第一吗? 只要市民们需要这个开放空间,我们就有理由朝着这个方向走下去。"在建设遇到困难时,李明博坚持:"市民们希望有这么一个广场。如果仅仅因为可能存在的交通问题就放弃这个计划,等于就是无视'顾客'的要求。"还有在改革美术馆开放时间时,李明博认为"即使有一位市民感到不便,我们也应该努力去改正"。

李明博为什么如此重视"顾客"呢? 2005 年,李明博在清华大学演讲时,曾有过很好的表述:"对从事企业的人来讲,最重要的,就是对顾客亲切,并且堂堂正正地面对顾客来解决问题。"换言之,对于从事城市经营的人来说,最重要的就是市民("顾客")——以人为本,就是要把人民的利益作为一切工作的出发点和落脚点,不断满足人们的多方面需求和促进人的全面发展。因此,李明博坚定一个信念:在城市经营中,"引导市民参与是最重要的"。同理可得,李明博经营的品牌,就是他所钟情的"首尔株式会社"。现代的政府活动也已由最早的公共产品和服务的生产导向(供应顾客),经由第二阶段的公共产品或服务的市场导向(争夺顾客),进入公共产品或服务的顾客导向(创造顾客)①。顾客导向的政府在进行管理创新时,必须立足于顾客。及时了解顾客需求并设法去满足,常常给政府带来创新与发展的机会。

政府培养自己的忠诚顾客的最有效的方法是尽力将顾客成本降低为,并接近零。顾客成本就是顾客在使用公共产品和服务过程中的费用和付

---

① 政府权力从本质上讲是一种公共权力,政府权力有主体,这种主体就是人民。从严格意义上说,人民是政府的"所有者"而不是政府的"顾客"。

出,表现为顾客所支付的货币成本与在整个过程中所消耗的时间、体力、精力等非货币成本的总和。首先要对顾客的关键需求进行评估,制定、公布和实施政府的顾客服务标准和申诉处理标准,然后开始改革政府的行政流程,设定服务绩效的标杆与绩效衡量指标,设法消除使用公共产品和服务过程中影响最大的顾客成本,避免诸如官僚主义、层次繁多、相互推诿、手续烦琐、公文旅行和乱摊派、乱收费等问题的出现。政务公开、现场办公、集中办公、社会承诺制度、上门服务、电子政务等产品和服务受到欢迎,正是追求零顾客成本的结果。企业在管理创新的过程中挖掘出很多值得借鉴的做法。

桂格燕麦食品公司通过"顾客之声评估技巧"创新了新的产品。[①] 该公司的顾客中大部分是孩子的母亲。通过与这些母亲交谈,公司了解到其中许多人都忙于工作,但仍然希望在早上给孩子准备出热腾腾的早饭。倾听顾客的声音使该公司生产出可以用微波炉烹调的燕麦片,按单人量包装。忙碌的母亲可以把这一小包燕麦放进微波炉,很快为孩子做好早餐。如果这家公司只是问顾客"您喜欢燕麦食品吗?"它永远也不会发现并生产这种产品。

"顾客之声评估技巧"就是在全面质量管理活动中在私人企业里发展起来的。这些方法技巧可以用于了解顾客的需要和期望。在进行顾客需求评估的时候,常使用"无限制问题"。限制性问题通常只能简单回答"是"或"不是",无限制问题让回答问题的人有较大的自由。无限制问题可以是"您对我们的服务满意程度如何?"限制性问题是"您是否喜欢我们的服务?"显然,第一个问题使你可以理解你的顾客,并且可以获得用于改进工作的信息,后者只能告诉你顾客是否满意。

可以看出,要想使政府成为顾客导向的企业型、创新型政府,关键的环节是要有效地吸取顾客的意见和建议。而有助于顾客导向的改革做法,其实还有很多样:

(1)提供小规模化的公共服务,打破传统划片服务的办法,给顾客提供更多的自由选择的机会和领域。

(2)引入市场竞争机制,通过"顾客主权"对公共服务机构施加压力。

---

① 　[美]马克·G.波波维奇:创建高绩效政府组织.中国人民大学出版社,2002:78 页.

重塑政府

（3）推行公民参与管理，并可以借助市场上常用的顾客满意度调查的方法，定期反馈公民对服务质量的满意程度。

（4）推行全面质量管理。戴明极力主张各个组织需要经常询问他们的顾客想要什么，然后使全部服务和生产过程调整为生产顾客想要的东西。

最后，归根到底，企业型、创新型政府最基本的理念和精神特征是顾客至上——"一切从人民出发"，这是最关键、最不能忘记的一点。

## 3. 以"管家"的意识打造符合我国实际的"低成本政府"

目前我国政府，特别是基层政府公共管理的成本过高，收益太低。因为政府管理活动具有不以直接营利为目的的公共性，无法通过明确的价格交换从供给对象手中直接获取费用，而是运用公共权力通过税收手段集聚财力。政府没有成本的自律意识，缺乏降低成本的机制和动力，只是一味关注预算最大化，这成为传统官僚政府的典型特征。与此相反，企业家们的行为动机是尽可能地减少和节约投资支出，力求以最少的成本获得最大的收益。企业特质对企业家具有特有的激励约束机制，这与传统政府形成了鲜明的反差。

要改变现状，就要求中国政府一方面构筑一个分工合作、互补协调、合理布局、相互制衡的政府体制，特别应重新合理划分各级政府的事权范围，因地制宜地合理调整县（市）乡（镇）结构，建议取消某些地区的乡（镇）政府，强化县级政府，切实减轻基层组织和公民的财政负担；另一方面在政府运作时讲究"成本—收益分析"，使每级政府、每个部门和每个人员的职、责、权、利高度统一，加强政府公共财产的管理，进一步扩大政府采购制度的领域和范围，从而达到"投入—产出"的高效能。当然，要建设社会主义的低成本政府，应该而且首先必须立足本国国情。考虑到政府的行政管理中还包含着某些不涉及基本社会制度的纯技术因素，因此，我们完全可以大胆地借鉴别国政府的有益经验，以"拿来主义"为我所用。

美国政府为了精简政府人员和机构以提高效率,专门成立了编制预算局(简称 OMB),该局直接对总统负责,具有很大的独立性和权威性。美国政府多次人员和机构精简都是由 OMB 精心策划而取得重大成果的。英国政府在撒切尔夫人任首相期间,为了提高政府效率、减少行政开支,设立政府效率办公室(简称 EV),直接对首相负责,其作用与美国的 OMB 相仿。EV 共有 23 人,由一个深谙企业成本核算之道的服装公司董事长兼任主任,为首相提供周密的改革方案,产生了很大影响。首相撒切尔夫人则大刀阔斧,下大决心进行改革,并不惜因此冒政治上的风险。相比之下,日本是资本主义发达国家中行政效率较高,而行政开支占国民生产总值比例最低的国家。日本政府为了节省开支,削减编制,通过持续不断的改革逐步形成了有日本特色的定员制度,并于 1969 年 5 月公布了《关于行政机关职员定员的法律》,即总定员法,从宏观上进行强有力的控制。在 1969 年至 1981 年间先后 5 次推行政府定员削减计划,总计削减政府人员编制 143297 人。日本前首相中曾根康弘时任日本政府的行政管理厅长官,长期致力于提高政府效率,削减政府开支的改革,被日本人称为"行政改革迷"。

纵观他国经验,必须运用企业家精神改造政府的传统预算和补偿办法,把成本与收益、投入与效果联系起来,按照业绩和结果来付费——这是一个必需而且有效的方法。例如,主持培训者的报酬,不再根据登记参加职业培训的人数,而是根据受训者的就业人数;市政园林局负责绿化的管理者的业绩评估,不是根据树木花草的种植数量,而是根据现有的存活率;警察的考核依据是犯罪率、侦破率和财产损失率的高低等。

总之,如果不能有效地测量业绩,不能有效地判定成功或失败,就无法看到管理服务的真实效果。只有以"企业家"的精神开展改革,才能打造出低耗高效,更适合我国实际的"低成本政府"。

# 4. 以透明化管理提高公民参与效率

每一个公民都有权获得与自己的利益相关的政府政策的信息,包括立法活动、政策制定、法律条款、政策实施、行政预算、公共开支和其他有关的政治信息,每个选民都有权获得由自己选举产生的政府官员的相关信息。善政要求我们有一个"透明政府"——透明政府要求上述这些政治信息能够及时通过各种传媒为公民所知,以便公民能够有效地参与公共决策过程和政治选举过程,并且对公共管理过程和政府官员实施有效的监督。透明政府的实质是政府信息的公开性和公民的政治知情权。政府的透明程度直接关系到政府决策的科学化和民主化,关系到公民的有序政治参与,关系到公民对政府官员的有效制约,关系到政府自身的廉洁——一个社会如果缺乏信息自由,将导致腐败的盛行,众多的暗箱操作只是为维护统治集团的利益;而具有判断力的市民通过对信息的自由获得从而获取相关知识以参与到公共事务中去,协助政府决定公共开销的优先次序,确保法律的公平、公正,并监督政府官员的行为——这是实现民主的支柱之一。当然,市民自由获取信息还必须与充分保护个人隐私和详细规定的国家利益达到平衡。

信息自由的法律和法案通过并实施,已经在世界各国,尤其是发展中国家渐成一种趋势。一般而言,发达国家的政府比较注重通过立法保证政府信息公开,实现依法行政,而且在这方面做得比较好。而发展中国家由于缺乏相应的政治、经济条件作保障,而且民主观念发展较晚,往往需要一个非常开明、强硬的领导人,或是借助外部的力量实现政府信息的完全公开。20世纪90年代,世界上约有50个国家通过了此类立法,但西半球的各国在信息自由方面的发展极不平衡。国际金融援助组织也日益意识到此类立法的重要性,并且逐渐将批准此相关立法作为借贷或国际救济的前提之一。

美国1966年通过《信息自由法》并于1967年起实施;该法在1970年代初期经历了一些重要修订后,最终于1996年被修正为《电子信息自由法》。

美国国内任何个人和组织,无论国籍和种族,都可要求联邦政府及其机构公开记录信息,除非信息为国会、法庭、总统在白宫内的直接助手及国家安全委员会所有。相关机构被要求在 20 个工作日内答复。2003 年财政年度,有超过 320 万个要求政府公开信息的案例,比上一年增长 36%,并且是历史上增长最多的一年。

而在我国,也有"政府公开"的尝试案例。蔡奇在他担任杭州市长期间,首开市政府常务会议对外开放的先例,允许市民、人大代表坐堂旁听,或者参与网络视频直播。蔡奇说过:"公民的知情权是民主参与基本前提,人们只有了解和熟悉事实真相,才谈得上参与和建言。"他在 2010 年 5 月开通了腾讯微博,与粉丝积极互动,经常针对公车改革、财产公开等热点话题发表见解,发表微博近 8500 条,粉丝突破千万。作为第十一届全国人大代表,他在去北京开会之前还通过微博进行议案的"微征集"。

要服务于并服务好国内和国际公民社会,政府就应当有"政务公开"的理念,社会进步下,这已经逐渐成为人民的一种常识。

# 5. 用专业兑现公民的尊敬

政府管理是一种专门活动,它有自身的内在规律,需要专门的知识,应当由具备相应的专业素质的人员从事政府管理。所以,在一些特殊的领域,所谓的专家政治——由相关的专业人士去承担特殊的政府管理职责,仍然是必要的。这样的专业政府,其意义在于三方面:

其一,从整体上说,政府管理是一个日益专业化的行业,应当由处理政府日常公务的专家——一支相对稳定的、训练有素的公务员队伍来担任,这是保障政府稳定、优质高效服务的基础,他们不应当随政府主要官员的进退而变动。

其二,国家应当培养和拥有一批具有战略眼光、领导能力和政治道德的职业政治家,他们善于治国,精于行政,把政治管理当作主要的职业。这对国家发展是相当必要和重要的。

其三,由于现代政府的管理活动涉及许多极其专门化的特殊领域。从事特殊的专门领域,具备必要的专业知识是履行科学决策和有效管理的前提。这些都需要时间与资源培养。无法一蹴而就的宝贵人力资源,是一种会持续增值的国家财富。

政府管理服务从业者的专业性一般体现在两个方面:一方面是对专业知识、专业技术的掌握程度,以及对相关岗位行业的阅历、经验的积累。两者之间是相辅相成,缺一不可的。这也从侧面反映了政府管理服务岗位对人才需求的稳定性与长期性。实际上,只要具备良好的激励机制以及全面、公平的绩效考核制度,政府管理服务从业者职位资深化与低流动性将会更有利于政府管理与服务工作的开展,专业化更高,更具效率,效果更理想。

除了通过从自身公务员团队选拔专业人才,从商业、企业、专业科学领域等吸收专家学者,又或是以合理合法、公平公正方式引用、调用专业人才都是稳定保障政府团队高专业度的有效方式。同时,专业人才的合理利用也是一个重要环节,"大材小用"同样也是一种浪费。

# 6. 政府与社会组织在提供服务方面是伙伴关系

党的十八届三中全会明确提出,"推广政府购买服务,凡属事务性管理服务,原则上都要引入竞争机制,通过合同、委托等方式向社会购买"。这是新一届中央政府加快转变政府职能,推进基本公共服务均等化,实现国家治理体系和治理能力现代化的一项重大变革,有利于满足人民群众的多元需求,维护社会的公平正义与和谐稳定。政府购买服务产生于西方发达国家,总结其经验,对推动我国政府购买服务具有重要的启示意义。

政府与社会组织在提供服务方面是伙伴关系,两者不能互相替代,但可以互补短长,弥补对方的缺陷。西方发达国家各类社会机构都可能成为公共服务的提供者,这些机构通常被称为非政府组织、非营利组织、第三部门或私营部门,我们统称为社会组织。实践证明,政府不是万能的,不应包揽所有事务,政府可以通过引入市场竞争机制,让更多的社会组织参与提供公共服务,这已经成为世界范围内公认的发展趋势。目前,西方发达国家与社会组织的合作伙伴关系持续加深,实现制度化、模式化和常态化,合作领域几乎涵盖政府所有的服务项目,这样既节约了成本,又提高了服务效率,满足了公众的多元需求。当前,为了有效缓解不断扩大的社会需求,以及公共服务开支的急速膨胀与政府服务低效之间的矛盾,我国要积极确立政府与社会组织的合作伙伴关系,切实转变观念,改变传统的一元治理思想,树立社会多元治理的理念,通过大力推广政府购买服务,鼓励和支持社会组织参与公共服务供给,适合由社会组织提供的公共服务,可以交由社会组织承担,建立公共服务的多元供给模式。

通过"购买服务"这一制度安排,把一些公共服务交由社会组织承办,有利于政府责任的分解和下放,但并不是简单的简政放权,也并不是要弱化政府的管理和责任。西方发达国家在推进政府购买服务过程中,实现了政府职能从"划桨"向"掌舵"的转变。它们把管理和具体操作区分开来,政府的主要职责是制定决策而不是执行决策,政府由传统的服务生产者变为服务委托者,政府是制度的设计者、经费的支付者、公共服务的监督管理者,还是购买对象(社会组织)的积极培育者。应该说,在对公共服务供给的合法性、正当性、实施效果等承担责任的基础上,政府的角色定位更加合理化,管理手段日趋多样化,服务内容愈加明细化。因此,政府向社会组织购买服务,并不是政府责任的转移,而是把公共服务的具体生产过程让渡给社会组织,政府所要做的是制定和监督提供服务的标准和质量,详细设计采购合同,协调发挥好社会组织的作用。这就给政府管理和服务提出了一个更高的要求,各级政府要全面正确履行好自身职能,明确和细化责任,加强规划、政策、标准等制定和实施,切实向服务型政府转变。

政府向社会组织购买公共服务要以硬性制度约束为基本保障,因此,一定要加强顶层设计。从西方发达国家的实践来看,首先要在立法层面给社会组织赋予权限,明确其可以参与提供公共服务;其次是对政府购买服务的范围和标准、购买原则与内容,以及对承接服务的社会组织资质认证办法等进行明确的规定;最后要对购买方式和程序、购买服务的招投标办法、资金的审核与管理办法、政府购买服务的绩效评估办法等进行详细的规划。需要指出的是,采用何种方式把公共服务交由社会组织是政府购买服务的一个核心问题,这也是目前要着力解决的问题。借鉴西方发达国家的经验,大致可分为两类:一是生产方补助,通过给服务生产方提供资助,再由他们将服务提供给受益人,具体包括直接赠予、契约购买、分类资助、整笔资助、整笔拨款,还包括一些间接的实物资助,例如政府为社会组织提供免费办公场地和设备等;二是消费方补助,通过服务消费券、税收优惠、贷款担保等形式支付或报销直接提供给受益人,这种方式的好处是受益人可以自行选择提供方。

为了使既定的公共服务目标得以实现,必须对社会组织进行动态管理与动态监督。西方发达国家对社会组织的监管和评估始终贯穿于委托合作的全过程。首先,服务项目的申请、评审、立项、招标、订约、实施、调整、结项、评估、反馈等一系列环节都有相应的管理办法和监督部门。其次,评估监督的主体除了政府,又引入了第三方专业的监督评估机构,还包括直接接受服务的社会公众和媒体的监督。最后,对提供服务的绩效评估原则,逐渐由重视费用使用情况向关注结果转变,强调服务效果的评估和能否满足顾客的需求,坚持结果导向和顾客导向。目前,我国政府购买服务的制度体系不健全,而公共服务项目本身又具有非量化性、绩效滞后等特点。因此,一方面要在健全机制和量化指标的基础上,以实际效果和顾客满意与否作为评判标准,对委托合作的各个环节进行监管,规范工作流程,解决"如何监督"的问题;另一方面又要积极引入独立的第三方专业评估机制,建立由政府、公众和第三方构成的综合性、立体式的监督评审机制,解决"谁来监督"的问题。

社会组织通过政府购买服务过程,建立和完善了与其他社会主体的良性互动关系,有利于化解公共危机,加强社会治理,维护社会稳定,但要使其成为提供政府各种服务体系的重要载体,发挥出应有的作用,必须加强其能力建设。西方发达国家社会组织的能力建设主要通过两种途径来实现:一是充分发挥政府的作用,政府在员工培训、技术改善、设施建设、战略制定、政策规范等方面进行投资,帮助社会组织提升承接服务的能力;二是依靠社会组织内在生存和发展动力实现自身发展,通过不断完善组织结构,健全规章制度,规范内部管理,优化自律机制提高竞争力。目前,我国社会组织面临着总体数量偏少、规模偏小、能力偏弱、专业性不足、缺乏独立性和运作不规范等诸多问题,因此,政府要加强对社会组织的能力建设。一要降低社会组织注册门槛,通过提供资金支持或者税收减免等方式扶持快速发展;二要加快实施政社分开,通过完善和健全管理体制使其规范运行、健康发展;三要加强人力资源开发,通过开展社会工作者人才队伍的教育培训带动专业化发展。

# 7. 用竞争刺激政府实现自我成长

中共十八届三中全会通过的《中共中央关于经济体制改革的决定》有两条来论述社会方面的改革,包括"社会事业改革创新"和"创新社会治理体制"。"社会事业"包括了教育、创业、收入分配、社会保障、医药卫生。这些就是平常所说的"公共服务"。"创新社会治理体制"包括"改进社会治理方式"、"激发社会组织活力"、"创新有效预防和化解社会矛盾体制"和"健全公共安全体系"。在社会治理的内容中,强调了政府要培植和扶持社会组织,尤其是在行会和社会服务等领域①。

未来经济改革是否成功,经济发展是否可以持续,在很大程度上取决于社会改革。例如,没有社会改革,就不会有消费社会的制度基础。消费社会建立不起来,经济的可持续发展就会成为问题。再者,没有社会改革,社会的稳定就没有基础。

竞争可以最大限度地降低公共服务的成本,迫使各服务主体少投入多

---

① 有学者对治理理论比较悲观,称"这一理论充其量只是一种理想追求,是脱离了任何国家的政府与社会关系实际的空想描绘,在现实中无法实施"。这也可以体现我国政府创新实践的速度远远超出学术界理论研究的速度,现在治理理论已经成为官方的理论体系了。见 沈荣华,钟伟军.中国地方政府体制创新路径研究[M].北京:中国社会科学出版社,2009:72.

产出；竞争可以迫使政府更加贴近民众，对公共需求及时快速地做出反应；竞争有利于减少寻租的领域，从"本"上遏制腐败；竞争有利于激励包括国企、私企、NGO在内的各类组织的创新精神，避免官僚主义政府的僵化；竞争可以给顾客提供更多的选择机会，满足个性化的需求；竞争有助于提高政府公务员的自尊心和士气，增强危机意识，改变不良的官僚主义作风。

持续激励，持续改进，持续成长，这就是"竞争"背后给政府带来的最大意义。

# 8. 用"多元主体合作管理"理念打破垄断风险

随着社会、经济和政治的发展，民主发展也经历了不同的阶段。民主发展除了需要具备制度、人员、环境的条件之外，技术和创新文化也是重要因素。

最初的民主形式是直接民主，是一种人们直接投票决定政府政策的制度，决策的权力直接由公民行使，如古希腊城邦。随着人口的增加，疆域的扩展和社会事务复杂性的增加，直接民主不可避免地让位于选举性的代议制民主，即公民通过选举自己的代表来行使各种政治职能。20世纪80年代以来，协商民主成为西方学术界的理论研究热点，它主张全体公民可以平等地参与，在协商讨论中表达自己的观点[1]，倾听不同观点，并促进偏好转化[2]，在政治互动中达成共识[3]，反映多元价值和偏好，鼓励参与和对话，促进共识形成[4]。互联网、电话技术的发展为协商民主的公众参与过程中的沟通与对话提供了技术支撑。维基等新一代信息技术工具在大众协作中的广泛应用

---

① Jon Elster. Deliberative Democracy[M]. Oxford city：Cambridge University Press，1998：63.

② Maeve Cooke. Five Arguments for Deliberative Democracy.Political Studies，2000(48).

③ 邱家军.选举民主与协商民主：技术路线的沿革及协同[J].人大研究，2008(3).

④ 陈家刚. 协商民主：概念、要素与价值[J].中共天津市委党校学报，2005(3).

及其引发的生活实验室(Living Lab)、创客、开源、众包等创新 2.0 模式的兴起,引发人们对民主的新思考,创新 2.0 时代的合作民主概念应运而生。所谓合作民主是指通过信息技术的应用和创新的制度设计来引导民众的全程深度参与协作,有效吸纳集体智慧,形成群体智能,实现政府、公众、社会组织等多元主体合作共治①。

不同于许多国家的多党竞争制,我国国情实际决定我国的政府管理必须以打破垄断风险为前提,"多元合作"为我们提供了参考思路。"多元主体合作管理"理念并不是要建立多个政府来竞争管理,而是充分运用第三方资源优势参与到管理当中来,如前一节对专业人才的选拔利用途径提及所述,通过邀请专业领域企业或学术机构为决策提供专业意见,或通过采购由企业、事业单位、NGO(非营利缓缓)等提供的社会公共服务,又或利用多渠道公开征询群众,采纳民间意见意向,通过征集社会资源改善或优化公共管理效果等。

第三方的参与有助于避免政府"一饰多角"、"一言独断"的尴尬,更有利于提升政府治理效果;而更多的社会参与,也能令社会发展更符合实际要求,从而更能满足人民的实际需要。要实现"多元主体合作管理"理念的运用,最大的困难在于理念的根本转变而非合作形式的实现。"多元主体合作管理"理念必须基于政府治理观念创新体现出成效并得到人民的认可与信任的大前提下,这并不是一件能轻松实现的事。

就像是呼应李明博总统的"换眼镜"改革观念,在 2015 年 3 月 16 日两会结束,总理答中外记者问上,李克强总理回答彭博社记者提问时这样说:"简政放权是政府的自我革命,削权是要触动利益的,它不是剪指甲,是割腕,忍痛也得下刀。"我们不妨拭目以待,政府重塑可以带来多少改变。

---

① [美]贝丝·西蒙·诺维克.维基政府:运用互联网技术提高政府管理能力[M].李忠军,丁卉芹,译.北京:新华出版社,2010:209.

# 第 04 章

**民众参与：**
**政府治理创新的第一步**

# 1. 激发社会活力 推动民众参与

政府改革离不开群众参与,群众的参与可以通过多种形式实现。长期以来,仅靠政府内部自身发动的改革成果往往难以成功,其原因就在于缺少群众的参与。只有推动民众参与,强调民众导向,才能使改革成果落地开花。这就要求政府改革应当多听取民众意见,推进民众参与治理,必要职能由社会组织提供。同时加强政府末端与社区之间的联系,理顺政府与社会的关系。

我们不妨回顾世界历史,东西方改革成功的国家,往往是王权与市民形成联盟,逐步形成市民参加国家政事的相应组织形式,从而击败既得利益集团,比如封建割据势力。再比如日本明治天皇就是利用由武士分化出来的新阶层组成官僚机构(例如日本启蒙思想家福泽谕吉),使得维新政策得以推行,日本完成了由封建主义向资本主义的过渡。彼得大帝也是依靠到西欧留学的小贵族、新知识分子,在农奴制的俄国发展资本主义的。

其实,国际上许多著名的奖项,无论从其设立的初衷还是从其结果来看,都是为了重奖创新者,鼓励人们的大胆创新。一个单位如果想进行管理创新,首先就要建立起鼓励创新的制度性激励机制。创新就意味着发现现在管理模式的缺陷和问题。作为某一个机关单位的领导来说,一般都不喜欢下属提出自己单位的缺点。作为公务员,尤其是基层公务员不愿意主动积极参与政府管理创新,可以理解。创新意味着以新的制度、秩序、技术、学说、方法替代旧的东西,有可能与现存的秩序和制度相冲突,有可能触动一些人的既得利益,有可能使一些人不适应。创新要承担一定的风险,有可能最终失败,有可能得不偿失,有可能效益不大。对风险的顾虑以及自身保护不足,是制约公务员参与的另一大负面因素。在目前机制下大多数公务员一心求稳的心态,更是政府管理创新的一大屏障。

而民众的不参与,则更多在于无法找到可参与的机会。现行的政府管理机制并没有太多预留民众参与表达意见的机会,而具体操作中种种流于形式的表现或结果更是严重打击了民众的信心与积极性。著名学者金观涛、刘青峰经过研究发现了"变法效果递减律",其原因在于"封建大国只能用一体化调节力量来控制调节社会,只能用官僚机构来进行改革。除此,它不能拥有别的调节力量。社会结构中无组织力量越大,一体化调节能力越弱,变法成功的可能性就越小。"中国几千年的封建社会历史告诉我们:最重要的是积极的创造精神,开明的态度。关键在于我们对新因素的萌芽应采取一种扶持爱护的态度。

"压制创造性的协调会造成长久的僵化,依靠强控制得来的暂时繁荣会造成长期的停滞;在小农经济上组织起来的官僚网带来了毁灭性的动乱;以扼杀个性为代价实现了个人、家庭与国家之间、人与自然之间的和谐的思想,虽抵制了宗教的滋生,却可以变为保守的思想体系。"①

参考国外,在美国加州的圣何塞市,改革是由市政府内部少数具有创新意识的人发起的。最后,这些主动的行为影响到很多人,引起市政执行官的注意。在这些行动的基础上,市政执行官根据高绩效的原则开始制定组织发展战略规划。

首先,圣何塞市领导力图制造出一种气氛,从而把改革的消息传遍政府;他们集中精力于顾客服务,由自我管理的雇员小组来推动这一过程;然后,他们在所有部门集中进行基于数据的绩效测量,并改进工作流程和周期;接着,他们还贯彻执行了雇员提出的简化工作的建议,对一些城市部门和服务组织进行合并,例如该市认为自己的顾客最终是其居民点,所以就设立了社区服务部。②

社会组织需要具有足够的弹性。如果社会组织是高度的一体化,用政治结构与意识形态结构相结合的强大调节能力去控制一切领域,这样的强控制的结果必然是可悲的。因为它在社会稳定时期有效地遏制了新因素的萌芽。这样的结构是不利于社会进步的。

---

① 金观涛、刘曹峰.兴盛与危机.法律出版社,2011.
② [美]马克·G.波波维奇.创建高绩效政府组织.中国人民大学出版社,2002:3.

## ◇案例：深圳福田改革成果亮点纷呈①

深圳福田区以"民生微实事项目"为支点,加快推进社区自治创新。"民生微实事"是全国首创,该项目由区财政拿出 3000 万,每个街道 300 万,项目 100％由"居民提、居民议、居民决",快速有效解决老百姓身边的小事、急事、难事,实现社区服务由"政府配菜"向"百姓点菜"、从"为民做主"向"以民为主"、"政府单一供给"向"社会多元参与"的转变,充分调动居民参与社区事务的热情,走出一条"自我管理、自我服务、自我教育、自我监督"的社区自治新路子。目前共征集项目 841 个,正在组织实施和已经完成的项目 632 个,投入财政资金 3210 万元,撬动社会资金 1285 万元,群众满意率达 100％。

以"理顺社区组织架构"为支点,加快推进基层治理模式创新。针对社区民主议事、决策、监督不够、行政管理链条过长等问题,大力开展社区治理模式改革。一是在南园街道试点"一站两委三平台"社区管理服务新模式,明确社区工作站、社区综合党委、居委会职能,实现定员定岗,理顺了社区权责,有效解决了街道、社区职能交叉重叠、推诿扯皮等问题,提高了社区服务效能;形成了决策、执行、监督三个平台运行制度,提高了社区治理的透明度,推动了基层民主的发展。二是香蜜湖侨香社区实行"党居社"共同推进模式,不设工作站,把社区管理服务事务委托物业公司及社会组织负责,解决了行政管理链条过长、社区工作站任务繁重、工作人员积极性不高、行政运行成本居高不下等种种问题,改革后侨香社区减少人员 26 人、节约人员经费 120 多万元。

在推进公共服务多元投入机制方面突出社会参与。针对公共事业建设和运营过于依赖政府资金投入,运营质量和效益不佳等问题,通过公建民办、BOT、冠名等多种模式,大力推进公共服务多元投入机制创新,努力撬动社会资本服务民生。比如,2013 年新建的明德实验学校,由腾讯公益慈善基金会出资 5000 万与福田区共同兴办,成为学校"增量"改革的新样板。又比如,以 BOT 模式建设福涛幼儿园、福田餐厨垃圾综合处理厂的项目,共引入社会投资约 2 亿元,推动国企融资规模超过 10 亿元。再比如,利用民间资本投资 2000 多万元,建成全国首家"3H 颐养复康中心"旗舰店。此外,2014 年

---

① 凌杰.深圳福田改革成果亮点纷呈[N].学习时报,2015-02-09(A8):特别专题.

又推出"民生微实事",通过共同出资、个人认领等各种形式撬动社会资金达 1200 多万元。

随着公共管理面临问题的日益复杂化,政府必须贴近社会、贴近现实、贴近基层、贴近民众,否则其决策就会成为无源之水,无本之木。只有及时回应社会呼声,主动进行政策创新,才能更好地为民众服务、才能赢得民众的支持、才能提高政府的公信力。因此,政府改革不能回避民众的需求,特别需要在民众中建立起沟通的渠道。

以"社区居民需求"为支点,建立"两代表一委员"进社区服务机制,构建服务联系群众新模式。全区 707 名"两代表一委员"每周都深入基层一线,及时了解最真实的民意,解决问题,拓宽民意诉求渠道,充分发挥党委、人大、政协的作用和合力,受到群众一致好评。代表委员"坐诊"值班 282 次,接待群众 943 人次,收集民意 227 件,认领 103 件社情民意、50 个公益项目和 60 场次公益活动。打通了民众和政府的联系,使得政府可以集思广益,同时获得了民众的充分支持和信任。

以"社会组织总部基地"为支点,加快推进政府与社会组织的合作。以社会组织总部基地为载体,整合政府、社会、市场三方资源,引导社会组织参与公共服务,激发社会组织活力,目前有 34 家社会组织入驻总部基地。一是探索建立合作机制,建立"企业社会责任联盟",目前已有壹基金、深圳恩派等 54 家企业加盟,7 家联盟发起单位捐资 230 万元成立"梦想公益基金";开展"公益下午茶"系列活动,撬动社会资金 15 万元。二是探索建立对接机制,定期发布区政府职能转移、向社会组织购买服务相关信息,在总部基地完成项目招标、项目监管和评估。已发布 21 项政府可转移服务事项,向社会组织购买服务 132 项,涉及资金近 2 亿元。三是探索建立扶持机制,安排 2000 万元社会建设专项资金,用于扶持资助社会组织实施的公共服务、公益服务等社会建设项目,开展社会领域优秀组织、项目、人才等评选,引导社会组织健康发展。

没有鼓励创新的制度性激励机制和足够的创新容错保护制度,就没有民众与公务员的主动积极参与,更不可能有创新改革的成功——参与就是存在,态度决定一切。

## 2. 政府创新在于打破旧有固化观念

不先寻找改进的对象，创新就无从谈起。创新能否成功，与这个创新主体领导的心胸有很大关系。无论是技术创新还是制度创新，其前提都是新的观念、新的思想和新的理论的产生。要突破旧观念、旧思想和旧理论的束缚，就必须真正做到解放思想，敢于思考。

"二战"后美国《退伍军人权利法案》的实施是政府创新的成功范例。当时的国会面对着大批的退伍军人，却没有提供资金建立美国士兵大学，而是让每个退伍军人选择一所他所认可的大学、学院或技校，然后出资让他们上大学——这就使得美国大学之间为争取学员和资金而展开激烈的竞争，其结果自然是令人激动和鼓舞的——数百万饱受战争创伤的年轻人，没有成为社会的负担和不安定因素，反而成为受良好教育，持续承继30年经济繁荣的精英骨干、社会的栋梁，还间接促进了美国大学的发展与水平提升。

又如，1992年，英国政府开始把原来拨给医院的大部分款项转给家庭医生，医生的手术和住院服务明码标价，形成医疗服务的内部市场。同时家庭医生和病人共同协商选择医院，然后从自己的预算中向医院交付就医费用。这一改革不仅彻底改变了医院效率越高越容易亏损的局面，而且迫使各医院提高质量，降低价格，为吸引更多的"顾客"而展开激烈的竞争。

内部市场机制的核心措施在于引入新的内部核算机制和价格机制，推动公共服务部门之间的竞争。奥斯本与盖布勒提出，政府重塑需要遵守10项原则[①]：

（1）政府要起领航、催化的作用（政策和规则制定），而不是"划桨"（服务提供和执行）。可以使用公共组织之外的许多不同方法（合同、代金券、补助、税收激励等）来完成目标，选择其中最能满足效率、效能、平等、责任和灵

---

① 若需了解详细内容，可参见《改革政府——企业家精神如何改革着公共部门》一书。

活性等需求的方式。

（2）授权、社区拥有。把服务控制权从官僚手里夺过来，放到社区手里。通过对社区进行拨款和授权来解决自身问题，以减少其依附性。

（3）将竞争机制注入提供服务中去。要求服务提供者在绩效和价格的基础上对业务展开竞争。竞争被看成是促使公共组织改进质量而别无选择的基本力量。

（4）有使命感。政府进行内部放松管制，废除大量内部规章制度，从根本上简化行政制度，如预算、人事和采购。要求各机构明确各自的使命，然后，让管理者在法律的范围内自由寻找完成使命的最好方式。

（5）成果导向，按结果而不是按投入进行拨款。结果导向型的政府将责任从投入转移到产出或结果，并测量公共机构的绩效、制定组织目标、奖励那些达到或超过目标的机构，以及利用预算明确规定：在愿意支付代价的基础上，立法机构期望能得到的绩效标准。

（6）顾客导向，满足顾客而不是官僚制度的需要。利用调查和焦点小组调查等方式来倾听顾客的心声，制定顾客服务标准并提供保证，一旦可能就让顾客来选择服务提供者。为了这些投入和激励，通过重新设计组织，从而为顾客提供最大的价值。

（7）积极开源，投资要求得到回报。通过使用企业基金、共同收益和创新基金等激励手段来鼓励管理者在花钱的同时也关注挣钱。

（8）前瞻预防。通过使用战略规划、未来愿景及其他手段，为政府提供更好的预见能力。

（9）分权参与。通过组织或体制将权力下放，鼓励那些直接面对顾客的人更好地利用自己的决策。进行组织创新，将控制权从"职能部门"（如采购办公室和维护部门）转移到一线雇员。

（10）市场导向，通过市场力量进行变革。开发财政激励手段（如收入税、绿色税收和税收刺激），迫使私人组织和个人重视社会问题的解决。

如此全面而系统的创新改革，没有由上而下的参与——尤其是上层的取舍与把控，是绝对难以开展的。

# 3. 民众参与共建民意政府

于建嵘教授在思考"如何真正建立民意表达机制,也即怎么让中国的民众自己来表达公平正义,如何建立各种利益的博弈机制"①这个问题时,所想到的可行办法是让农民建立农会,让工会真正维护工人利益。但是笔者认为,于建嵘教授所设想的做法不符合当前实际需要。

笔者在 2002 年的《学习型政府》一书里最早提出民众考核政府的方案——"由国民来设计政府的考核指标、来对政府考核评分"。明显地,这更容易接受,也更符合实际,更能解决当前问题。笔者认为,民众参与到政府的绩效评估中去,由民众来制定政府的考核指标体系并由民众来评价打分(将在后文中详细探讨)——民众参与共建民意政府——是政府治理创新的理想方式和切入机会。

外国的实践经验已经验证了民众参与的可行性与效果。政府自身是必须对其所属部门的绩效进行科学的、客观的评估,并据此对政府部门及政府官员进行奖励、表彰、宣传,或进行处罚、批评、惩戒的;但是仅有自我评价是不够的,政府的活动及其绩效还应当接受公众的评价,并且由第三方而不是由公共权力机关自己来组织这样的评价。在这方面,有资质同时拥有丰富实践机会支持的学术机构由于其非营利性和专业性,将在从事政府行为评估方面有其不可替代的独特优势——不仅有利于评估活动的科学性、客观性和公正性,还有助于消除评估过程中容易产生的腐败和不公正,更重要的是能够促进政府不断完善自身的制度和行为,增强公民对政府的认同和信任,推动学术界对政府行政改革进行学术研究和对策研究。这样的组织方式是比较理想的。

---

① 　于建嵘.父亲的江湖[M].北京:中国广播电视出版社,2013(7):86.

# 4. 吸收更多的公民参与立法

基于社会管理的现实需要,中国绝大部分行政立法(包括政府部门制定的行政法规和其他规范性文件)是部门立法和地方立法。这些部门和地方行政机关在立法涉及本部门或地方利益时,不可避免地会出现"部门利益化"和"地方利益化"的本位主义倾向。特别是,由于缺乏对行政立法的有效监督制约机制,个别地区和部门在制定行政法规时,往往以本部门或本地区利益来操控立法,甚至意图通过立法扩大权力范围,将行政立法作为本部门和地方争夺利益的工具。这不仅违背了法治的精神,不符合依法治国的基本要求,而且侵害了民众的合法权益,容易引发社会不满。因此,要全面贯彻依法治国方略,落实依法行政,加强和完善对行政立法的监督制约是关键一步①。

一是要切实增强行政立法的民主化与透明度。虽然《立法法》规定了行政法规、规章的制定程序,但由于缺少明确、完备的公众参与和利益协调机制,政府部门关门立法的现象很常见。因此,强化对行政立法行为监督的第一步是开门立法,扩大公众对行政立法的参与权,尽可能吸收更多的公民参与立法活动,充分重视参与者就行政立法事项提出的意见和观点。同时,还要畅通渠道,把公正、公平、公开原则贯穿行政立法全过程,完善法规征求意见、听证机制,使相关社会成员的诉求得到充分反映,民众权益得以保障。

二是要切实落实和强化立法监督审查机制。根据我国宪法和地方组织法的规定,国家权力机关是对立法监督的主体。全国人大常委会有权撤销国务院制定的同宪法和法律相抵触的决定、命令,县级以上地方各级人大及其常委会有权撤销本级政府不适当的决定和命令。但是,由于缺乏具体的制度措施加以落实,立法监督还只是停留于纸面,没能起到实际的作用。因

---

① 亦林.制约行政立法中的本位主义倾向[M].学习时报,2015-03-02(A12):参考文摘.

此,要尽快落实和强化立法监督审查机制,在各级人大常委会设立专门的备案审查机构,完善行政法规、规章和规定的备案审查机制。明确立法审查的具体内容、法律后果,对违反规定的行政立法依法予以撤销,并追究相关责任人的责任。

三是探索建立行政立法行为的司法审查机制。2014 年底修订的《行政诉讼法》扩大了行政诉讼的受理范围,但仍然没有明确规定对行政立法这类抽象行政行为可以提起行政诉讼,法院也不能受理。实际上,一个错误的行政立法行为,其负面影响和危害要远远大于针对特定相对人的具体行政行为,如果行政立法违法,则必然带来具体行政行为的错误。如果法院只是撤销具体的行政行为,对行政立法本身无权处理,就意味着该行政立法还将继续有效存在,行政机关还可依据同一规定对其他相对人作出同样错误的具体行政行为。这显然是不合理的。

对行政立法行为的司法审查既是权力相互制衡的需要,也是司法保障民权的一项重要内容。因此,必须建立对行政立法行为的司法审查机制。一方面,要进一步扩大行政诉讼的受案范围,对于涉及公民个人、企业等单位权益的行政立法行为,相关人员提起诉讼的,法院应当受理。当行政立法违法,没有相对人和利害关系人提起诉讼的,检察院有权建议相关权力机关予以撤销。另一方面,赋予法院审理行政诉讼案件时审查涉及的行政规范合法性、正当性的职能。对于违法的行政立法行为,司法机关在判决撤销具体行政行为的同时有权建议相关权力机关予以撤销。

# 5. 第一步要给予公民知情权和参与权

实现人民对美好生活的向往是政府最重要的发展目标。

政府的政策体系和政府创新,都需要围绕着"实现人民对美好生活的向往展开,努力建设一个以人为本、以人的全面发展为本的发展体系"。

政府重塑的主体是民众,地方政府有责任培育社会参与的意识与能力。

由社会参与带来的市民的主体性和归属感,是社会建设的最重要因素。在参与的过程中形成的协商与合作能力,则是现代社会转型的关键。

给予民众知情权和参与权,往往是成功的政府重塑的第一步。杭州市政府这些年的改革给我们提供了一个很好的案例。

## ◇案例:杭州开放式决策[①]

在杭州,党委政府出台重要的决策,包括决策事项的酝酿、调研、起草、论证,直至政府常务会议讨论、决策,以及决策的实施、执行,直至部门绩效的考评和整改,都要通过互联网等各种形式,向市民、媒体开放,邀请市民参与政府决策的过程并开展监督。

在过去,列席党委政府的工作会议是"级别"和"待遇"的象征。而在杭州,市长办公会议或市政府常务会议在互联网上进行实时视频直播互动,网民都可以通过网络收看,甚至和市长及有关部门领导直接对话。

按照"开放式决策"标准化流程规范,会议先由有关部门介绍即将出台的政策或举措,人大代表、政协委员和市民代表受邀出席,对政策进行讨论、质询,然后会议通过互联网接入视频,一些网民代表直接和会议上的市领导交流看法,提出意见和建议。

随后,市政府秘书长向会议报告视频直播中网民在论坛发帖提交的主要意见,与会者进行讨论、答复。会后,市民相关意见被汇总提交有关单位研究,限定一周内给出答复意见,经审定后在政府门户网站上公布。

在这种开放式的政府决策会议上,与会党政干部的决策能力和决策过程都在群众的眼皮底下,还要当场回答市民代表和网民的提问。

2007年市政府常务会议第一次进行网络视频直播时,不少干部都绷紧了弦。"开放式决策"促进了决策的科学性。当时任杭州市市长的蔡奇,是这一"开放式决策"的倡导者,他阐述自己的理念说,政府信息应是"以公开为原则,不公开为例外",涉及老百姓的事都应该公开,百姓有权知道政府在干什么。

"开放式决策"真正"让民意领跑政府",把民意表达这一民主政治发展

---

①　方益波.管理创新:杭州开放式决策效应[J].瞭望,2012-04-09.

的必然要求，变成政府决策不可或缺的重要环节，将"自上而下"的精神贯彻与"自下而上"的民情诉求相结合，这是扩大公民有序政治参与，增强政治生活透明度和公众参与度的重要创新。

"开放式决策"不仅是一种形式，还已经成为一种政府公共管理的理念，其内容也不断得到丰富。譬如，开两会之前，市政府将政府工作报告草案在网上公示，征求市民群众意见，将收到的各类意见择其精华吸收写进政府工作报告，其余意见由市政府办公厅转交40多个部门和区、县（市）政府研究处理。

从传统的自上而下"单向式"管理走向"互动式"治理公共事务，杭州市经历了一个思考的过程。

和很多城市一样，杭州在近年发展的过程中，实施了大量惠及民生的工程和政策，却出现了很多抱怨。这是因为，涉及的利益关系越来越复杂，利益也越来越大，不同群体有不同的诉求，现在表达渠道又丰富，政府在各种舆论场中容易处于动辄得咎的境地。于是，杭州的干部们开始思索一个具有普遍性的问题——为什么改革开放这么多年，"拿起筷子吃肉，放下筷子骂娘"的问题始终无法解决，而且政府干得越来越努力，百姓"骂娘"却不减反增？成了"不做不错，多做多错"，一些干部甚至因此出现了"避事"的"懒政"思想。

由此，市委市政府提出，发展难题不能再像过去那样由党政一家说了算，而要认识到利益相关各方都是主人翁，要各尽所能，广泛参与，做到公平和效率兼顾。同时，要进一步加强公民意识教育，提高市民群众民主参政意识和能力，推动政府职能转变，最终实现"大社会、小政府"。

蔡奇认为，以往的"精英决策"模式，容易忽视或不完全吸收民意，甚至导致好心办坏事。杭州原市委书记王国平在任上时再三强调，在民生工程中要坚持"四问四权"：问情于民、问需于民、问计于民、问绩于民，落实人民群众的知情权、参与权、选择权、监督权。"'干不干'让百姓定，'干什么'让百姓选，'怎么干'让百姓提，'干得好与坏'让百姓评。"王国平说。

在杭州热闹的延安路上，有一幢老建筑"红楼"，每一项重大城市建设工程都放在这里进行公示。如今，不少市民群众已经把"到红楼提意见"当成生活中的一个常备内容。投资巨大的杭州西湖综合保护、西溪综合保护、运河综合保护等重大项目都是按照这种方式修改工程计划,获得了百姓的广泛认可。

2007年,西湖边炸掉79米高、有西湖第一高楼之称的原浙江医科大学教学楼后,新的建设计划在红楼公示。由于新楼设计高85米,引发群众热议,政府根据市民提出的意见,要求企业重新调整设计,后来改成56米,再次公示后又改成48米。原板式设计改成错落有致的点式设计,保护了西湖东岸的天际线。开发商嘉里建设杭州公司总裁助理黄宏称,感受到"杭州市民参与城市建设决策的热情、能力和专业水平"。

杭州从2009年起推行重大事项稳定风险评估机制,通过走访群众、发放问卷、开座谈会等方式,两年来对200余个重点项目进行了评估,暂缓实施或调整的有8个,停止实施的有3个。余杭区曾计划修建杭州市工业固体废物处置中心专用运输通道建设项目,经评估后发现容易引发稳定风险,马上喊停。

如今,每次面临社会热点、难点的重大改革举措,党委政府就启动这一决策思路。不仅如此,杭州市还通过建设"公民导向"的新型政府考评机制,助推"开放式决策"。

每年市直机关的考评工作,均由社会各界群众对市直单位进行"满意不满意单位"考评,并通过媒体,定期将"社会评价意见"和"整改目标"及结果公之于众,形成"评判——整改——再评判——再整改"的工作机制。

排名靠后、被群众评为"不满意单位"的机关,将面临处罚,连续两年被评为"不满意单位",单位领导班子就要调整,杭州市药监局的有关负责人就因此被调离局领导岗位。这一评选结果由于公众广泛参与,"哪个局这次会垫底"每年都成为杭州全城众口纷纭的竞猜话题。

杭州紫荆花北路,西面紧邻浙江大学,沿路有文鼎苑、望月公寓等数个大型住宅小区,过去每天傍晚至次日凌晨,有数十家烧烤摊贩沿街设摊,油烟、噪声带来的污染严重影响了附近小区居民的生活。城管执法,效果不佳。

由执法队伍、社区工作人员、志愿者和周围居民联合组成的强大"劝说团",对烧烤摊贩展开"攻心战",最终35名摊贩全都进入了新设的"疏导点"营业。在西湖区,自从开展"劝说团"和"疏导点"工作以后,当地未发生过一起因市容整治而产生的暴力抗法事件，群众来电投诉率也降到了近10年来的最低点。

"靠人民说服人民"，这是杭州在"开放式决策"理念下出现的新型社会管理方式。市民群众对于自己参与制定的政策，具有很强的认同感和责任心，积极参与政府的落实和执行工作。

上羊市街社区成立了"民主自治复合主体"——社区公共管理委员会，由街道办事处、社区党委、社区居委会、社区公共服务站和辖区内企业、院校、社会组织等组成。下面再设立"大管家协会"等居民自助组织。一件件原本会引发千家万户不同阶层诸多矛盾的大事小事，都在协调中解决于基层。管委会还联系社区内的企业免费培训残疾人等困难群众，增加就业提高收入。响水坝小剪刀弄的"大管家协会"组长周炎珍说："我们现在有了自己的社管会，能自己解决的事情就不需要再麻烦政府了。"

发展上了一个台阶之后，群众素质普遍提高，面对难以解决的民生难题，政府没有必要把责任和后果都往自己身上大包大揽，可以把发展面临的问题交给群众，政府和市民一起讨论，政府强化"执行机构"的角色，按照百姓集思广益产生的最佳方案办，办成办不成都容易获得群众的理解。由此，有利于减少社会矛盾的产生，巩固党的执政基础。


杭州多年来坚持对市直单位进行综合考评，每年随机抽样选出10 000多名市民参与考评，引导职能部门眼睛向"下"、注重民意；在背街小巷等多个民生工程中探索出"四问四权"机制，努力做到杭州的事大家来办，老百姓的事老百姓自己拿意见；通过"良渚文化村村民公约""湖滨晴雨工作室""德加社区居民网站"等基层实践，把社区的居民自治落到了实处。市委、市政府把社会复合主体作为城市公共治理的重要平台，多年来，持续培育出"我们圆桌会""民主民生互动平台""杭网议事厅""城市品牌网群""律师进社区""网络律师团""生活品质总点评和行业点评系统"等有代表性的复合主体，市民参与的广度和深度有很大提升。城市品牌网群等复合体还率先探索出"相关方评议机制"、"会议纪要决策机制"等协商民主的具体机制，进一步将复合主体模式推广到城市治理更多领域打下了基础。

从杭州"共建美丽杭州、共享美好生活"的实践中，可以看到这几展的逻辑：一是把实现人民对美好生活的向往作为最重要的发展目标。二是发展政社之间的合作共治。政府不再是唯一的主导和建设主体，而是通过搭建各方参与的平台和组织，与社会各界原本分工明确、互不联系的各类主体形成复合共建的网络关系。社会力量在和政府一起参与、协商、互动和达成共识的过程中，成为一种建设性力量，并逐渐在各个领域发挥出主体性作用。三是注重城市的人文构建。通过党政界、知识界、媒体界和行业界"四界联动"，对社会文化提出引领性的追求，并通过各种公共平台、文化活动扩大到更多的市民阶层，从而把人文情怀渗入到普通百姓的生活，把人文追求变成所有人的共识和集体行动，让这个社会积累更多的正能量[①]。

# 6. 第二步要给民众决策选择权和监督权

杭州市发明的"四问四权"机制，对于保障市民的决策选择权和监督权可谓落到了实处。这里举一个杭州江干区人大推进庭院改善工程的案例。通过案例是最容易学习到先进理念和做法的。

◇案例：杭州江干区人大督造四问四权机制 推进庭院改善工程[②]

一、"问情于民"落实知情权，"项目上不上"由民主机制定夺

在庭院改善工程第一道关口"工程立项"时建立民主机制。要不要改实行"问情于民"：一是实行全覆盖调查制度。确定庭院改善项目前，对居民的改善意愿进行问卷调查，调查要求全覆盖，同时2/3以上住户有改善要求的庭院，方可列入改善计划，期间发放调查表1500份。二是实行多数人同意可以更改设计方案制度。三是实行解决居民意见分歧票决制度。南肖埠社区

---

[①] 孙颖.共建美丽杭州 共享美好生活[N].杭州日报,2014-08-07.

[②] 吴宏昌.杭州江干区人大督造四问四权机制 推进庭院改善工程.http://www.hzrd.gov.cn/zxzx/qxrd/jgq/201103/t20110314_245745.html.

得知市区政府要实施老旧小区改善工程,即多次打电话要求纳入改善,社区自发组织了千余名居民,将改善的迫切意愿、要求改善的具体内容等以联名信的形式送到了区改善办。该小区原本可以暂缓改善,由于社区千余名居民迫切要求,经专家组和市、区、街道工作人员现场踏勘,提出"南肖埠社区庭院改善可向精品化方向发展,打造闹中取静小院落"的理念,居民得知后欢呼雀跃。

二、"问需于民"落实选择权,"项目改什么"靠民主机制解决

对列入改善计划的项目,通过政府网站、设置社区公告栏、开通热线电话、发放居民需求调查表等形式,让居民选择改善内容。一是实行"应改尽改"。对属 24 项之内的项目,只要居民有需求,都予以改善。二是设计方案征求民意。工程施工前,设计方案必须经过"三会一公示一会审"(调研会、听证会、设计座谈会、设计方案公示、会审)征求民意,解决与居民意愿不够吻合的地方。三是实行多数人决定制度。对 24 项以外的项目,按照尊重多数人意见与顾及少数人诉求的要求,有 50% 以上住户要求改善的可列入设计,并组织专家、居民代表现场听证、座谈,现场完善设计。四是实行"跨一步带一把"。对居民私人的一些设施改善需求,在资金、材料居民出,改善条件允许的情况下,"跨一步带一把",帮助改善。

三、"问计于民"落实参与权,"项目怎样改"用民主机制确定

项目"上不上"、"改什么"解决了民生的需求问题,实行问计于民明确"项目怎样改",落实群众参与权,成为提高市民满意度的重要保证。一是各方代表内审。即在居民听证、方案公示、专家会审"三位一体"审查基础上,再增设设计内审关,邀请市、区、街道的人大和居民代表,重点对设计中敏感部位、关注焦点、棘手问题进行探讨和修改,最大限度地实现多方互利共赢。二是专家"问诊搭脉"。邀请专家全过程参与前期论证,施工过程邀请专家检查点评。三是强化市民意见处置。建立专项专人信访处置制度,每个意见层层溯源、层层落实,特别注重第一时间主动沟通,尽量解决,耐心解释,定期汇总分类研究解决复杂问题,实现落实一个意见带动一类问题解决,期间共处理百姓反映问题 265 个,使信访满意率达到 100%。四是编发指导手册。为了使居民明了改善工作的设想,广发《庭院改善指导手册》800 份,内容涉及工程目标、机构分布、属地原则、改善内容、工程类别、单体工程实施

小知识等,使居民群众心中有底并可通过手册与政府沟通。

四、"问绩于民"落实监督权,改善结果用民主机制评判

在庭院改善中,广泛落实"问绩于民",让市民来评判改善效果,把"改善成果让市民共享、由市民检验"作为以民主促民生理念的终极体现。在解决好各节点共性与个性矛盾问题的前提下,更加注重居民对工程全过程的绩效评价。一是公开各类信息。公开工程信息让居民了解家门口工程进度,公开联系方式方便居民联系、沟通,公开建材规格随时接受监督和检验。通过限制施工时间、加强民主监督、增加防范措施、提高服务水平,减少了施工过程中的扰民问题。二是工程效果回头看。在工程即将结束,施工队未撤离、脚手架未卸下前,对改善项目涉及的住户发放《征求意见表》,征求百姓对施工质量、效果等方面的意见,在改善庭院内定点设置咨询服务台,接受百姓对改善工程的咨询、建议、投诉。庭院改善的组织单位、施工单位和监理单位对"问绩于民"活动收集到的建议和意见进行分析梳理,做好查漏补缺和落实整改工作。三是居民满意才验收。未开展"问绩于民"回头看活动、市民意见未整改和市民不满意的工程不得进入工程验收程序,竣工验收邀请庭院代表参加。

杭州江干区自 2007 年开始庭院改善,截至目前共实施 198 项 752 幢房屋,总投资 44 865 万元。通过系统改善、整体提升,使老旧庭院改变了原先的落后面貌。改善后的庭院实现了基础设施更新配套、环境整洁舒适、服务功能升级、长效管理到位、历史文化延续,居民生活品质得到了较大的提高。庭院改善工程也让老百姓再次感受到了政府的真切关怀,使"生活品质之城"的阳光真正洒向了每个庭院、每个家庭。

除了杭州市,其他一些地方政府也发明出各具特色的"赋权民众"的创新举措。例如,在厦门市政府搞的"美丽厦门·共同缔造"社会治理创新项目中,按照"共谋、共建、共管、共评、共享"的理念思路来操作,核心在共同,基础在社区,关键在群众参与,根本在培育精神①。探索多种管理"套餐",让居民走出来、说出来、做起来、管起来。

---

① 蒋升阳.厦门试点减负放权,创新基层治理[M].人民日报,2014-01-20(11).

厦门先推进试点社区减负放权。思明区制定《进一步推进试点社区减负放权工作意见》，赋予社区资源调配权、经费支配权、监督评议权等职权；减除12项、合并30项事务性工作，简化13项便民服务项目，减除20大类133小项的党建检查台账；全面清理试点社区挂牌，严格工作准入，切实减轻社区负担。

社区领导有了权，并不能自己独断，而是要把社区发展的决策权交给居民。社区发展计划、涉及全体居民利益的重大事务，由居民决定。针对各社区地理区域特点，厦门探索多种社区治理的模式。

在老城区无物业小区，建立由居委会牵头、居民群众自助互助的"无物业小区自治小组"，设置楼长、宣传员、卫生员、调解员等，负责单元楼的自我管理，推进楼幢自治建设；在新城区物业小区，建立三方定期联席会议制度，形成居民委员会的社区管理、物业公司的专业管理、业主委员会的自治管理相结合的共治局面；在"城中村"，成立公共议事理事会，协商决定社区大事；在农村社区，立足于"自强"，培育村民理事会等村民自治组织，激发群众参与热情；在外来人口集中的社区，构建群众自治参与体系。

海沧区兴旺社区成立社区居民民智议事厅，建立居民议事会制度，通过民声倾听室、民情调查队、民心服务站等载体，让居民参与社区公共事务，自己拍板决定身边事。"兴旺社区的下水道经常堵塞，应尽快解决。""应在金茗花园添加健身器材。"议事会上，不少居民代表提出的问题和建议当场得到解决。

合理的制度设计让居民走出来、说出来、做起来、管起来。

海城花园小区门前的废弃空地摇身一变成为街心公园。起初用的是石凳，天气变冷后，坐在石凳上感觉太凉了。在居民的热心认捐下，冷冰冰的石凳就换成了凝聚爱心的木椅，上面还刻有捐赠者的名字。

创新社区治理模式，让厦门市民的主人翁意识增强了，大家都为缔造美丽厦门献计出力。如今，个人认捐认管公物在厦门已蔚然成风，社区公共设施、公共绿化、公共活动等，都可由居民个人、家庭、企事业单位、社会团体来认捐认管。小学社区沿街27家商户还自发组成商家自律联盟，认管门前公共设施、公共绿地。

"其实，居民对共同缔造的理解很朴素，就是大家一起来参与，有钱出钱,有力出力。"曾厝垵社区党委书记黄清杰说。该社区五街十八巷改造工程进行以来,居民十分支持,拥湖宫戏台改造影响了几家店面,为配合工程,业主主动收回店面,还自掏腰包赔偿商户。

振兴社区石亭小区近日出现了一道"民意墙",辖区居民在这里"晒"自己对社区的意见或者建议。"希望石亭小区能有一个休闲公园,配套桌椅、健身器材等供居民休闲和健身。""振兴新村信报箱老化,报纸投递很不便,社区能不能统一为大家更换。"……墙上的 LED 显示屏依次滚动着居民建议。这些建议管不管用? 当然管用。编号 01 的"石亭小区建休闲公园"的建议被采纳,"闲地利用",两个新建的民心公园已经投入使用。

在政府的引导下,各种社会组织也积极参与社区治理,城市义工协会、蓝天救援队、同心慈善会等社会组织活跃在大街小巷、社区家庭。全国知名的专业公益组织"担当者行动",在外来务工人员子女集中的公办学校——定安小学开展"班班有个图书角"助学项目,为外来务工人员子女提供专业、规范、系统、先进的课外阅读体验。思明区城市义工协会每周六定期开展志愿服务,吸引越来越多的亲子团、学生群、姐妹帮、朋友圈组团参与。

# 7. 政府在治理创新中的角色与作用

民众参与是政府治理创新的理想方式和切入机会,但这并不意味着政府在这个过程不需作为;相反,正由于是由第三方组织民众参与为政府制定目标和作出评价,政府必须有想法会权衡,既做政府创新管理的制度建构者,又做政府创新管理的主要实施者。如果没有这样的一种认知和设置,各类意见和考评就无法有效地"综合"起来,也就很难出现对政府创新系统地进行管理建设与考核的尝试。政府,尤其是政府管理高层或官员,同时成为政府创新管理的制度建构者和实施者,并且持续获得制度收益,制度的建构与实施之间就能形成良性互动,从而使政府创新管理真正运作起来并不断获得修正完善。

2006 年 8 月,为了更好地推进实施综合考评,杭州市委决定设立考评办,作为杭州市综合考评委员会的常设办事机构,级别为正局级。考评办整合了原先市级机关目标管理办公室、"满意单位不满意单位"评选办公室和机关效能建设工作办公室的相关职能,又于 2012 年增挂了"杭州市绩效管理委员会办公室"的牌子,成为专门对市直单位及下属县(市、区)进行绩效考核、评价和管理的组织化平台。

杭州市考评办通过专业化的社会调查方式,收集社会各个层面的评价意见,发现政府各项工作中存在的不足和问题,以此为依据形成各个单位的重点整改目标,引领相关部门进行有针对性的创新。各个单位的整改目标、整改结果都通过报纸和网络向全社会公布,并进行满意度测评,形成有效的反馈机制。当中,四个方面的合力共同作用使得政府创新的目标指向"回应真需求、解决真问题、取得真成效"。

其一,注重公民导向的综合考评促使政府创新首先需要回应公众需求。在综合考评的实施过程中,每年都有上万名公众被邀请参加对市直单位的社会评价。考评办将那些关注度高、反映集中、影响较大的评价意见整理纳入年度《社会评价意见报告》,并向社会发布。相关责任单位根据评价意见确立整改目标,进行重点整改,并就整改工作作出公开承诺,接受社会各界的监督。这三个环节紧密衔接,为各个部门提供了一个发现和确立创新目标的有效机制。

其二,创新选题目录的编制为各个政府部门设定创新目标提供了指南。考评办在大量调查研究的基础上,于 2012 年拟定了《杭州市政府创新指南》,编制了《杭州市政府创新选题目录》。该目录涵盖经济建设、政治建设、文化建设、社会建设、生态文明建设、执政能力建设、社会评价意见整改重点跟踪项目等七个方面,从中观层面提出了方向性的创新项目选题,鼓励各部门结合自身实际进行有针对性的选择。

其三,在提倡原创性创新的同时高度重视继承性创新,鼓励各部门对原有的创新项目进行深化、完善和提升,取得新的突破和成效,为创新的持续性提供了制度保障。

其四,专家对创新目标的事前评审有效地降低了出现无效创新的风险。各个单位申报创新目标时需填写《杭州市市直单位创新创优目标申报表》,

写明项目创新点、预期成本投入、受益群体和预期效益等内容,并附具体的实施方案。考评办组织相关专家对项目申报表进行评审。在综合评审得分和专家不同意进入综合评估得票数(半数以上)的基础上,淘汰不少于20%的申报项目。这在很大程度上保证了各个部门的创新项目具有正确的方向和较高的起点,避免了无效创新的出现。

社会多元主体的参与使得政府组织内外的信息沟通更加顺畅,政府创新的指向更加明确。社会监督的强化以及反馈机制的建立,也有助于提高政府创新的回应性,提升治理绩效。

### ◇案例:杭州政府创新管理自身是如何持续改善的

(一)基础奠定阶段(2000—2005年)

2000年,杭州开始探索对市直单位的服务质量、办事效率等进行社会评价,据此评选出"满意单位和不满意单位",并对每个单位的得分和排名情况进行公布。这项评选活动是综合考评的前身,当时在国内产生了较大的影响,也对参与评选的各个市直单位形成了较好的导向和激励作用。然而这项评选在实践中也出现了一些负面效应,评选的科学性和公平性也受到了不少质疑,迫切需要加以调整和完善。为了更加准确和全面地反映和评价市直单位的工作实绩,从2005年开始在原有社会评价的基础上加入了目标考核和领导考评两块内容,形成了综合考评"三位一体"的基本框架(在100分的总分中,三者权重分别为50%、45%和5%)。

(二)探索形成阶段(2006—2012年)

综合考评在很大程度上修正了"满意单位和不满意单位"评选的缺陷,考评的结果更具科学性,也更加容易为被考评单位所接受。但是综合考评的结果(单位得分和排名)更多的是一种"压力机制",即督促被考评单位及时回应和改进考评过程中社会公众、上级领导等发现和提出的矛盾和问题。这一压力机制固然对部分"后进"单位改进工作起到很大的推动作用,但对一些"先进"单位来说影响有限。而且,由于信息不对称的存在以及外部评价者关注点的不同,工作应该如何改进和提升更加需要调动被考评单位内在的积极性和主动性。基于上述考虑,考评办于2006年在综合考评中增加了"创新目标",对各个市直单位探索创新性的发展理念、工作方法、体制机制等情况进行绩效考核,该项得分(满分为 3 分)作为加分纳入综合考评的总得分。2007 年,考评办进一步将创新与创优结合起来,将那些取得突出业绩、获得国家级、省部级表彰奖励的工作也纳入到加分项目中,实施"创新创优目标绩效考核"。2009 年,为了激励各个单位主动破解公众反响强烈的"老大难"问题,以及新形势下面临的热点、难点问题,考评办又将"克难攻坚"的工作纳入到加分项目。同年,区、县(市)的综合考评中也增加了"特色创新目标绩效考核",激励各区、县(市)发挥积极性、主动性和创造性,因地制宜地进行改革和创新。

(三)发展完善阶段(2013 年至今)

实践表明,创新创优(特色创新)目标绩效考核对于推动各市直单位和区县创新创优发挥了卓有成效的作用,形成了一大批具有重要实践价值和广泛影响力的创新项目。然而,每年创新项目申报数量的增长和项目整体质量的提升并不平衡,一些单位出现了创新潜力枯竭、"为创新而创新"的现象。不仅如此,由于各个单位对创新加分的重视以及创新加分制度设计的不足,原本期望出现的多单位、跨部门的联合创新、协同创新在实践中较少看到,这对打破行政壁垒解决一些较为复杂的问题和矛盾十分不利。针对以上问题,考评办于 2013 年开始探索对创新创优项目实行"竞赛制+淘汰制"的办法,即根据绩效评估结果,分别按年度创新创优申报项目总数各15%、不超过 10 项,评出创新奖、创新提名奖和创新鼓励奖项目,在综合考评中分别给予 0.8、0.5、0.3 分的加分激励,而不是对每一个申报项目都给予加分。这就让一些"可报可不报"的单位知难而退,有效避免了"伪创新"的出现。此外,新的考核办法更加注重协同导向,对联合申报项目选自《中共中央关于全面深化改革若干重大问题的决定》或《杭州市政府创新选题目录》的,牵头单位、配合单位均按实际评估结果全额赋分,激励各单位围绕中心工作和难点问题开展联合创新,形成"1+1>2"的创新效应。经过 10 余年的发展历程,目前杭州政府创新管理的制度框架已经比较完善,制度的运行也比较成熟。

## 讨论话题

1. 你认为目前政府对治理创新的态度与步伐如何？

2. 你认为目前民众对治理创新的热情如何？原因在哪里？如何改变？

3. 你认为目前有什么可以开展尝试的试点？

4. 你认为目前有什么其他案例可以借鉴到政府治理创新实践应用当中？

重塑政府

# 第 05 章

**精简机构：**
**政府人力资源管理创新**

# 1. 西方许多国家实施精简机构式政府改革，减少财政支出

在日益增长的政府财政支出压力下，精简机构、进行机构撤并是许多西方国家政府推行改革的共同选项。尤其是对于欧洲福利国家而言，精简机构既可以大规模减少政府开支，也能避免公民对直接削减公共福利的反对情绪。

撤销非政府公共机构，以公共服务外包填补"公共服务缺失"。2010年，英国保守党重新执政后，卡梅伦政府面对金融危机后巨额的财政赤字，倡导"大社会"(big society)理念，撤销大量非政府部门公共机构、缩减福利项目。在英国地方政府层面，由于面临削减开支和提供公共服务的双重压力，地方政府选择公共服务外包作为自己的应对方案。2013年，西班牙政府通过取消500多家服务机构，缩减政府开支。澳大利亚政府设定了到2017年消灭预算赤字的承诺，为完成这个目标，联邦政府积极进行机构重组，通过裁撤、合并、私营化等方式精简大量政府机构。其中，一些公共机构将被卖给私营部门，从而为联邦政府日常运行筹集财政资金。

减少地方行政机构，节省政府机构的整体开支。对于政府层级较多的西方国家(如法国和意大利)，从地方行政机构着手，减少地方行政机构，也是政府改革的一条有效思路。法国奥朗德政府意图选择大区一级政府，计划加速合并行政省份，减少一半的行政大区，推进地方行政改革，精简行政机构，从而减少政府整体的行政支出。相关资料显示，按计划到2017年现有的22个行政大区将减少到11个或12个。意大利政府也把财政减支的重点放到地方政府层面。意大利政府层级和法国类似，有20个一级行政区(regione)、110个省、8092个市(镇)。地方政府在政府财政总体支出中占据

主体,精简地方机构能大幅缩减政府财政支出①。

同时,实施精简机构式政府改革,可以令政府专注于公共管理,同时盘活并充分发挥社会民间力量,实现共同合作的公共服务最优化。通过与社会民间力量的合作,不但可以解决政府资源紧张和社会就业、公共服务响应等众多眼前社会问题,还可以实现社会良性氛围的延续循环,一举数得。

## 2. 当下政府需要如何吸引优秀人才

公务员作为国家公职人员,让许多民众认为那就是铁饭碗,并且在"外行"看来,这些公职人员在薪酬待遇上一定优于私企从业人员。然而,吸引优秀人才到政府工作是一件困难的事情。与企业的薪水相比,政府机关的薪水过于一成不变而且过低;同时政府的负面形象也成为一个障碍。对于那些最优秀和最聪明的年轻人来说,在政府机关任职并不时尚。于是,这种"外热内冷"为政府人力资源管理工作倍添阻滞。

对于真正想在政府任职的优秀人才来说,薪水并不是他们的目标。他们需要实现自己的抱负和人生价值。

根据刘值荣的《世界工资研究报告与借鉴》,中国公务员平均工资是我国最低工资的 6 倍,这个倍数是世界各国最高,世界其他国家平均来看公务员工资是最低工资的 2 倍。对此听到最多的解释为"高薪养廉",仿效新加坡的先进经验。现实真的是这样吗?

新加坡"高薪养廉"某种意义上说是个传说②。其实新加坡给公务员并不过高的薪水之前,就已经廉了。新加坡卓有成效的廉政努力,始于李光耀领导的人民行动党 1959 年上台,那年内阁成员宣誓就职,没按惯例穿西服而

---

① 赖先进.当前西方国家政府改革的新理念[N].学习时报,2015-01-05(A6):战略管理.
② 陈济朋.新加坡"高薪养廉"差不多是传说[N].新华每日电讯,http://www.zaobao.com/wencui/politic/story20140111-298322.

以白衣白裤示廉政的决心。在此后一段时间里,反腐取得进展:一方面修法降低反腐法律实施的难度,提高对腐败的惩罚,雷厉风行地查案,维持压力;另一方面则减少行政审批,压缩基层执法人员便宜行事的权力,减少灰色空间。

但查记录资料可得,在1972年之前,高薪尚未出现——当时的新加坡面临内外挑战,财政也有赤字,高级公务员反而甚至一度减薪;直到1972年,公务员的薪水才向市场水平看齐;1993年新加坡整体经济已经足够宽裕,政府任命的职位和公务员体系才开始因应实际生活水平大幅度提薪,部长的年薪水平算是与律师、医生等私营业界收入最高的极少数人挂钩,并逐步达到如今以百万美元计的水平。在很大程度上,这成就了"高薪养廉"的传说。

但现实是,新加坡部长的高薪,不是为了"养廉",而是揽才。在新加坡这个高度商业化的城市国家,经济腾飞和人才竞争的国际化使得企业高管的薪水迅速飙升,政界人才流失严重,给新加坡坚持的精英治国理念造成了严峻挑战。公务员是一种职业,与其他行业一样,进出自由,高级别的公务员也可从市场选聘,好处是稳定一点,但约束也更多。更何况,新加坡如今也并非所有公务员都高薪。公务员队伍也包括教师和一些技工,有些工种的低级别公务员月薪仅约1 000美元,而且人数并不少。

新加坡"高薪养廉"传说准确的说法,或许该称为薪酬市场化或合理化,薪酬与其技能和劳动付出匹配,与私营业界持平。正因如此,新加坡没有热门的公务员招聘考试,政府为了"预订"潜力人才还发奖学金。部长有高薪,却非热门。部长中有不少原来是资深的律师或医生,找他们出来竞选不容易。当地人说,对这些人来说,部长有什么好当的,拿的钱不如原来多,还要"挨骂"。

新加坡的公务员薪资还有另一原则:"裸薪"。总理没有专机,部长也没有分房、没有专车,使用公车要详细到报备每一段行程。甚至,公务员一般连政府负担的退休金也没有。李光耀曾说,他是东南亚薪水最高的总理,但也是最穷的总理之一。

有学者说,薪酬合理化可以减少腐败的诱因,只不过要与推进"看得见的廉洁"的进展配合同步进行。仅靠高薪,也未必就能养廉。新加坡最近也有高官贪小便宜被控上法庭的案例。新加坡当初的风气转变,公众逐步树立对反腐的信心,靠的是修法和执法的决心;维持廉洁靠的亦是决心与坚持,依法查处每一个案件,不管涉案者是谁。或许正是如此,在新加坡,给公务员调薪水没那么惹人讨厌。

另一个熟悉的邻国——日本,其公务员薪酬制度同样值得我们参考借鉴[1]。在日本,公务员与公有企业人员的服务者形象一直很深入人心。日本公务员与公有企业人员主要分为三大群体:国家公务员、独立行政法人(政府各部门管辖的管理机构人员,如国立公文馆)、特殊法人(政府设立的公共事业公有企业人员,如株式会社)。这三个人群又有着不同的薪酬管理规定。

在国家公务员方面,日本政府采用"人事院劝告"的方式来制定或修改公务员工资水平,人事院每年定期进行生活费与工资调查,并与民间企业员工比较,在这个变化基础上调整并参照民间企业工资水平增减幅度,直接向政府提出报告,批准后实施。

在独立行政法人方面,制定《独立行政法人整合合理化计划》等法规,约束和制定这部分人群薪酬待遇。对于高于国家公务员薪酬标准的那部分人,要求将其原因公之于众,并要得到官民认可,如不认可则必须要控制在社会能够接受的水平;并且,独立行政法人工资要与业绩挂钩起来,作为考核基准;同时,还要由监事进行监察,由评价委员会进行事后评价,作为调整依据。

对于特殊法人,由于他们采取的是与民间企业一样的企业形态,虽然经营上和薪酬水平上能够自主掌握,但是必须要受到政府制约和规制,被规定只能略高于独立行政法人的水平,如有需要,以此作为参考依据及时修改。

在体制上日本政府或许相对简单,但是针对不同的人群制定不同的方针,并且公之于众,既保证了各机构的运作、人员安排和合理化,更得到了国民的有力支持和响应。

综上所述,要招募优秀人才成为政府公务员,其吸引力并不在于高薪特

---

① 摘自中人网-国际视野栏目文章《日本怎样控制公务员与公企业薪酬》,文章来源:凤凰博客,作者:刘昌黎,发表日期:2010-07-23,文章链接 http://www.chinahrd.net/news/international-news/2010/0723/71966.html.

权,而是要依靠合理的薪酬市场化、严谨的反腐法治监管、公平公正公开的能力展现与持续激励机制三位一体的高效制度。这正是政府人力资源管理的重点所在。

# 3. 当下政府需要如何选拔优秀人才

有了相应的吸引力,自然可以招来自愿参与者,同时也需要应对另一半的问题——如何选拔优秀人才,排除各式各样不利于政府治理的欲望者和搅局人,也包括现有公务员团队中可能已存在的势力群体。

按照演化论的观点,生物界遵循的是优胜劣汰的规则。如果将这一观点运用到人类社会,那么,社会发展应该使得低素质的人所占比例越来越小,高素质的人所占比例越来越大,这样,人们的平均素质也会越来越高。但是,如果社会中低素质的人所占比例越来越大,那么社会就会出现“人口逆淘汰”问题——通常社会中高素质人群的生育率要远比低素质的人低,结果,素质较低的人的后代在总人口中所占的比例反而越来越大,这是符合现实的。基于少数服从多数的通用原则,从长期来看,会被淘汰出局的不是素质低的人,反而是素质高的人,这就影响了人口总体素质的提高。这其实和经济学中的“劣币驱逐良币”原理(也叫格雷欣定律)是相同的。在一些发达国家,如美国,就已经出现了人口逆淘汰的趋势。

而在政府公务员机制里,“逆淘汰”或叫精英淘汰,是指具有真才实学和道德操守高尚者,遭到冷遇、排挤和打击、压制乃至被最先淘汰出局的现象;而与之伴生的现象是,一些缺乏才具、能力平庸、境界低下、道德品质较差乃至恶劣的庸人甚至坏人,反而因为善于投机钻营和趋炎附势,而成为官场竞争的胜利者顽强地生存下来。中国宋代的苏辙曾形象地将这一现象称为中国官场的“君子斗不过小人”现象——这正是本节所需要讨论解决的内容。

从人的本身深究其原因,“逆淘汰”的机制其实深藏于人的天性之中。因为人人都喜欢听悦耳的话,喜欢被别人奉承和拍马屁。而精英们往往仗着自己的才气和清高不屑于投机钻营,庸人们则不靠拍马逢迎无以生存。这就决定了后者必然会把自己的全部才智用在迎合上级、笼络上级上。在以人身依附为特点的官场格局中,做长官的十有八九显然更欣赏后者的表现。这就毫无疑问为那些把才智和精力用于迎合上级、笼络上级的平庸者们提供了更多的升迁机会。如此这般逐级淘汰的结果,必然是庸人们大获全胜。

一般而言,政府公务员机制里会出现的逆淘汰现象主要有以下几种:

①官场逆淘汰。改革就是要建立一种激励领导干部既开拓创新、勇于承担又清正廉洁的机制。但是由于经济体制转轨的复杂性和行政体制改革不到位等,造成官场风气存在问题,出现一些岗位上领导干部感到坚持原则难,甚至做廉洁干部难的现象,表现出了"逆淘汰"。

②行政逆淘汰。公共管理的改革方向是更加法治化和高效率,而且要有必要的民主程序制约。但是这些年来,媒体报道的不少改革者,往往还是一个人拍脑袋现场决策、一声令下独断专行的形象,从上大项目到大拆大建、城市过度亮化和无摊贩化管理等等,改革者给人的都不是法治化和民主化的形象。这又表现出"逆淘汰"的趋势。

③机构逆淘汰。精简机构是改革初期就提出的问题,而且曾经提出并尝试过一系列办法,但是总体来看机构及其人员仍呈增长趋势,精简之后往往迅速反弹。网民曾经关注到有的市县设十几个甚至二十几个政府副秘书长的现象。机构臃肿、人浮于事、效率偏低是一种比较常见的情况,也说明真正人员精干、效率较高的机构缺少必要的存在环境,呈"逆淘汰"之势。

④改革逆淘汰。改革的一个重要内容是变革管理体制和管理方式,某种程度上说是革管理机构的命,但是中国目前是由党政各个部门来自我推行改革。这种部门自我负责的改革,很难做到各个部门自我革命,而是几乎不可避免地会出现权力、利益进一步向本部门倾斜,这也是机构越改越多、官越改越多、权力越改越大、浪费越改越严重、问题越改越得不到解决的一个重要原因。这样的改革会导致真正的改革本身被淘汰,而逆向"改革"频频出现。

"逆淘汰"现象虽然不普遍,但在当今社会中确实存在,甚至在一些地方成为"正常"现象。这种现象背后就是"汰优择劣"机制在起作用,整体上看这种机制并不占主导地位,但却在一定范围、一定程度上在联结、强化,成为社会发展的阻力。它一方面消解着"择优汰劣"的良性机制和改革取得的巨大成果,造成社会进一步分化与不和谐;另一方面毁坏了改革和改革者的名誉。因此必须通过深化改革,及时地加以控制和破解。

要解决"逆淘汰"的问题,就要做好机制设计:一方面需要保障公平和法治,尤其是在政府公务员的人才招募、选拔与考核管理方面;另一方面是坚持灵活、持续激励的用人机制,令整个公务员群体全员动起来;同时,还需要适当地保护创新、保障改革,令政府实现持续积极改进的状态,避免重蹈苏联的覆辙[①]。在后几节的内容中将会对此有更详细的论述。

# 4. 为公务员建立岗位胜任素质模型

企业为了招聘到适合的职工,其人力资源管理工作者一般会在开始招聘前着手建立岗位胜任素质模型;其实,政府里的党政干部、公务员也同样需要。

由于建立岗位胜任素质模型内容广泛,本书限于篇幅,无法一一展开,笔者仅提出一个人格特质的因素:自爱,也即本着对自己的爱惜,将公平正义以个人荣誉感的方式体现出来。国民并不需要党政干部"爱人民超过爱自己",恰恰相反,只需要具有"自爱"人格特质的人。自爱的人会觉得保持自尊远比受到他人拥戴重要,他们赢得或保持政治与勇气名声的愿望远远强烈于维持自己官位的愿望,他们更加在意自己良心的判断,在意个人道德标准、正义感。而那些明哲保身的政客,其实对自己的"自爱"很有限,恰恰是因为他们不够自爱,对自己的期许不够,才无法有足够的勇气走上一条良心之路[②]。

---

① 黄苇町.苏共亡党二十年祭[M].南昌:江西高校出版社,2013:262-266.
② [美]约翰·F.肯尼迪.肯尼迪:信仰在风中飘扬[M].北京:北京大学出版社,2013:7-8.

评判绩效的过程是管理的中心工作,需要持续地进行。如果你对你的员工的优点和缺点没有一种直觉的感知,则说明你没有充分注意管理你的员工的工作。最简单直接的做法就是:与你的下属谈话;去发现他们怎样花费时间和他们正在做哪些工作;让他们与你讨论他们在完成所分派的任务上存在的问题;获悉他们的态度和能力;教他们怎样表现得更好,或者找其他人教他们你所不能教的。这就是管理。

对现有人员的技能、优势和缺点予以评估。应采取确切的、可以量化的方式来完成,要关注其成绩。列出你所在的组织中的关键性人员,并搞清楚在过去的 100 天里他们做了些什么。将这些成绩与你已经建立的目标和你觉得你的组织有责任完成的任务相对比。

　　＊现有职员需要什么技能才能达到目标要求?

　　＊需要什么额外的技能来满足工作的要求?

　　＊你是在寻找不同类型的专才,还是仅仅需要更多的同种类型的人员?

　　……

在这里还推荐读者阅读肯尼迪总统的著作《肯尼迪:信仰在风中飘扬》。此书作为 20 世纪美国非虚构文学中的一部经典之作,新加坡前总理李光耀曾大力推荐它,甚至美国前总统奥巴马在自己的《勇往直前:重拾美国梦》一书中也提到肯尼迪的这本著作。

# 5. 活用激励机制提高政府的用人水平

对于现行政府体系来讲,完善晋升机制似乎是实现政府革新,尤其是政府人力资源管理革新的重中之重。第一,必须保证去除官本位待遇,例如那些非官职,但也能得到官职高水平待遇的政府内部单纯技术人员;第二,要建立严格的任职标准,不能仅以领导的标准为准;第三,以行为和实施为依据,严格绩效考核,并以之为晋升依据;第四,形成竞争机制,坚持不进则退,保证质量和效率;第五,责、权、利、能四位一体,确保做实事者的个人利益。

这五点中的每一点都是"牵一发而动全身",可见其实施难度之大。

其实随着社会的发展及人力资源管理的持续改进,作为公共服务与公共管理组织者角色的政府有着相当丰富的可活用资源,去支撑激励机制化的人力资源运用,并不需要单纯依靠改进复杂而局限的内部晋升机制。而且,通过合理利用与培养公共服务及公共管理执行支持组织或团队,能更有利于优化政府公务员体系的规模、效率与人力资源管理,便于政府职能架构更趋于扁平化,更有助于人员(包括政府公务员和公共服务及公共管理执行支持成员)的事业发展。在公共服务与公共管理组织者角色上的政府,需要不仅有执行见识经验,还有丰富管理能力的人才充当公务员角色,而且愈往上层岗位对管理能力的要求愈高。有充分丰富的相应专业领域提供足够多对口的精英人才供选择竞争,并有能充分提供能力体现证明的绩效考核空间去发挥竞技,这样的晋升机制才会有足够的吸引力及选拔意义。

在华为公司,人才能脱颖而出的关键在于华为的岗位晋升线和能力晋升线是两条线。华为的人力资源[①]分三个系统进行:一是企业职业通道,即使单做技术,也能有好待遇;二是建立一套严格的任职标准;三是一套严格的以行为和事实为依据的任职资格认证。在华为,竞争上岗的基本条件是任职资格,这就导致了任何一个岗位都会有3到4个达到任职资格的人等在这个地方;而要想参加任职资格培训,有一个前提条件,绩效考核一共15分,必须达到12分以上,这就避免有的人一味参加能力晋升,但是业绩做不出来。

另外,除了选拔晋升的激励外,任职岗位本身的长期激励也是必不可少的。通常,政府组织能为雇员提供的激励因素是受到限制的,但这并不意味着给工作人员提供激励因素并不可行。相反,在政府,虽然物质性激励困难,但是非物质性激励因素是相当可行的——前提是你必须有创造力。企业的成功实践已证明:尊重对于组织成员是非常重要的,组织成员会从所在组织的制度安排中感受到组织的尊重,比如世界500强企业、著名品牌——星巴克。

以组织使命为基础的激励是政府组织最有效的岗位激励因素之一。另

---

① http://www.cs360.cn/dbnews/2129070.html.

外一种典型的激励因素是增加一个职员的责任范围——政府组织可以给予它的雇员在处理重要计划和大规模资源上的权力,让低层的公务员行使他们所从事的规划中的重要权力———一种表现出信任的态度,要能够创造出令人愉快的社会环境,并给成员提供参与组织决策的机会。

例如,在美国华盛顿州有一个"头脑风暴"的奖励制度[①],州劳工部依据它设计出自己的奖励计划——全明星服务奖金、"团队奖"和"树立榜样奖"。头脑风暴不单成为一项物质奖励的途径——目的在于对那些提出提高效率、节约成本建议的人给予10%的奖励,还在过去的 7 年时间里,因为雇员建议获得接纳而令华盛顿州节省了 1500 万美元。

其中,全明星服务奖金是给全部雇员中1%最优秀的人的,这些雇员对达到部门目标作出了重要的贡献。"团队奖"是奖赏整个组织中为提高服务作出了显著贡献的雇员小组。在科室层面,那些坚持不懈和达到小组目标方面发挥重要作用的雇员被授予"树立榜样奖"。一项内部评估表明,60%的雇员觉得这项计划非常有效。

而福特劳德达尔市制定了一项广泛的回应雇员投诉,即在政府雇员层级之间工资等级没有足够差别的计划。在该市,许多处于负责职位的人并不觉得他们得到了作为管理者工作的适当报酬。作为革新思维的一个结果,这个城市现在拥有一个非常有效和非传统的激励制度。管理人员可选用一些激励因素,例如特殊的健康津贴、增加假期时间和汽车津贴[②]。

或许许多人没有注意到,培训创新也是一种重要的岗位激励方式。学习者的最高境界,就是成为其他人的学习促进者——最好的学习方法就是教会别人。要想教给人们一种新的思维方式,其实最好不要刻意去教,而应该是给他们一种工具,通过使用工具培养新的思维模式。本书通过把企业里行之有效的一些管理创新的案例做法介绍给政府里的党政干部,如果读者在实际工作中真正地尝试去使用,政府治理的新思维模式也就逐步建立起来了。

---

① [美]史蒂文·科恩,威廉·埃米克.新有效公共管理者:在变革的政府中追求成功[M].北京:中国人民大学出版社,2001,54.

② [美]史蒂文·科恩,威廉·埃米克.新有效公共管理者:在变革的政府中追求成功[M].北京:中国人民大学出版社,2001,51.

行动式学习是英国人 Reg Revans 创造的一种学用一致的学习方式。其要义在于把培训的目标具体到政府工作需要解决的某个问题上。所有的课程的设计、理论的选择、学习小组人员的合理配置、实习考察的安排等,都是围绕如何解决这个问题服务的。行动式学习的最大意义在于,它在培训和工作之间架起了一座桥梁,使培训与工作实际直接结合起来。

外国政府的案例也值得参考。法国公务员培训注重能力训练,主要运用案例分析、模拟作业、专题研讨、代职实习等方式,培养公务员的综合能力。如法国国立行政学院培训期为两年,第一年进行校外实习,派学员到国家行政机关、国内公司和驻外使馆实习。第二年为课堂学习,学习的方式主要是案例式教学,培训者都是政府高级官员,他们将自己在工作中正在处理的问题做成案例,引导学员讨论分析,通过互相启发,既重点培训了学员解决实际问题的能力,又得到许多政策意见和建议,达到了教学相长的目的。

新加坡把公务员培训情况列为年度工作评估的重要内容,并由主管领导提出下年度培训的指导性意见,本人自主选择培训内容和形式。由于有一整套公务员聘任、培训、提升、薪金、奖励等相互作用的管理制度,形成了公务员培训的内在动力。我国公务员培训也有相应的制度和规定,为公务员培训提供一定的保证。但公务员培训的激励约束机制还没有真正形成和完善,培训与使用、培训与考核、培训与奖惩等问题都没有很好地解决,还没有真正形成优胜劣汰、功绩晋升、适人适用、竞争发展的环境。因此,必须把公务员培训的考试、考核结果和实际能力的提高,作为公务员考核、任职、定级、晋升职务的重要依据之一。建立以岗位职能需求为导向,计划调训、自主择训、竞争参训相结合的培训运行机制构架。解决好学习动力问题,把国家、个人利益取向有机地统一起来。

笔者因为在企业长期从事人力资源开发与管理的工作,对如何提升培训效果一直都在持续地研究,在此推荐将读书会和行动学习相结合的"拆书帮"法,由于篇幅限制,感兴趣的读者可以参阅《这样读书就够了》一书(赵周著,中央广播电视大学出版社,2012 年第 1 版)。

最后,所有的激励机制都是为了奖励和留住优秀人才,重要的是界定"优秀人才"是什么。新加坡的资深公务员严崇涛先生在他的著作里提出,

"社会精英是那些不以金钱和权力为目的,服务于我们的庙宇、学校、清真寺、党派协会、志愿者慈善组织、校友协会等各种组织的人。他们都是一些心态平和、愿意为他人无私奉献的人,他们最明白什么是做善事。最能令他们感到满足的就是他们服务的对象从心底而不是口中表达的感激。这些社团精英才是组成整个社会的基石。我们该给予他们更多的鼓励。只有这样,才会有除了政府以外更多的人愿意伸出双手,帮助那些贫穷或者遭遇挫折的人。"①

在我们看来,优秀人才是具有企业家精神的创新者。什么是具有企业家精神的创新者? 依照彼得·德鲁克(Peter Drucker)的观点,创新者是造就的,而不是天生的。德鲁克认为"所需要的是心甘情愿去学习,去努力工作而且坚持不懈,严于自律,愿意去适应和应用正确的政策和实践"。没有自觉持久的努力,大多数大型的官僚机构不可避免地蜕变成消极的、顺从的平庸之所。留住优秀的人才,管理者必须提供一种奖励革新的组织环境。有效的管理者还必须愿意介入可能培育雇员创新精神的活动中去。无论在一个非正式的头脑风暴集会当中,还是在一个正式的宁静休息场所,有效的管理者必须创造并且参与刺激组织学习的活动。

# 6. 用绩效考核管理和培养优秀胜任的公务员

绩效管理是 20 世纪西方比较成功和普及的管理方法,它首先应用于企业,80 年代以后西方国家政府为克服传统管理模式所带来的弊端,提高行政效率与效能,通过借鉴企业成功的管理经验,推行了绩效管理。这项改革有益于在系统内部的各个部门引入竞争、效率意识,创建高绩效组织,提高政府的服务质量。

---

① [新加坡]严崇涛.新加坡成功的奥秘:一位首席公务员的沉思[M].北京:人民出版社,2012:112.

所谓绩效目标,有人也称之为绩效标准,它实际上是针对特定的职务工作而言,是要求员工在工作中应达到的各种基本要求。它是与职务联系在一起的。绩效管理中的"绩"主要是解释"绩"从何而来,即分析绩效目标的确定,以及用何方法来考核这些绩效。"绩"是为"效"服务的,它是"效"的基础,而"效"则是"绩"的目的。

美国国家绩效评鉴中心的绩效衡量小组给出了绩效管理的一个经典定义:利用绩效信息协助设定统一的绩效目标,进行资源配置与优先顺序的安排,以告知管理者维持或改变既定目标计划,并且报告成功符合目标的管理过程。而政府绩效管理是以提高机关组织绩效和个人绩效为目标,通过绩效评估和绩效追踪来激励组织中的个人发挥创造性、提高服务质量的管理过程。简而言之,绩效管理是对公共服务或计划目标进行设定与实现,并对实现结果进行系统评估的过程。

绩效目标包括两部分:一是任务目标,即根据组织目标而分解到公务员个人与其职务相关的任务;二是为实现任务目标而要求的公务员个人素质的行为目标。它们各自所对应的评价内容不同,任务目标所对应的是公务员工作业绩的评价,也就是公务员工作内容的完成情况;行为目标所对应的是对公务员个人工作态度、工作能力、工作潜力的评价。

绩效目标的制定必须是全体公务员共同参与的结果。国外管理学者有一句名言:"我的愿景对你并不重要,唯有你的愿景才能够激励自己。"所谓"愿景",就是发自内心的,渴望得到某种东西的真正愿望。每个公务员所处的环境不同,其内心的愿景也就不同,对自己的要求也会不同,如何将这些个别的"愿景"汇集为机关的"共同愿景",使每一个公务员的绩效目标都成为机关绩效的一部分,就成为我们实施绩效管理第一步要做的事情。

只有公务员自己参与并渴望实现的绩效目标才是保证事业不断前进的真正目标;但具体如何落实这些目标呢? 一是管理者在考虑所有因素的情况下先拟订出一个绩效目标,然后再与公务员进行讨论、沟通,进而达成协议。在这个过程中,管理者要充分听取公务员的意见并采纳好的建议。二是先由公务员暂定一个绩效目标,然后管理者据此进行修订和调整。三是管理者与公务员分头拟订落实绩效目标的草案,然后相互比较、共同讨论,最终达成共识。四是管理者依据公务员职位说明,将职位的各种要求详细列出,交由公务员做问卷调查,由公务员决定哪些内容可以成为绩效目标的组成部分。

制定绩效目标存在一个宣传发动的过程,要使公务员充分参与进来,这样才能实现绩效管理的目的。同时,还应看到,公务员的参与并不意味着制定的过程只能由公务员主导;相反,管理者必须要把控好自己的主导作用。由于所处的位置不同,我们不能要求每一个公务员都具有管理者的视野,如果管理者不加以引导,所提出的目标肯定是五花八门、无法统一的。

所谓绩效考核,亦称绩效评估,是指从组织的绩效目标出发,通过一定的方法和客观标准,对现职工作人员的素质、工作能力、工作成绩、工作态度等进行的综合评价,是人力资源管理工作的重要内容及基础性工作。有效的绩效考核目标在于科学评判劳动者的价值与工作成果,充分满足个体的需求,有效地激励个体的工作积极性。绩效考核是绩效管理的一个重要环节。美国联邦政府早在 1912 年就制定了第一部关于绩效评估的法律,从 1923 年起就开始运用图尺度评价法来对公务员的绩效进行评估,在 1935 年就建立了全国统一的公务员绩效评估体系。

所谓绩效面谈,也有人将之称为绩效沟通,就是指管理者与公务员在共同工作的过程中分享各类与绩效有关的信息的过程。或者我们可以将绩效面谈理解为对提高公务员绩效有益的各类管理者与员工的沟通。绩效面谈的目的是保证在任何时候每一个人都能够获得改善工作绩效所需要的各类信息,从而提高每个公务员的工作绩效。国外管理学家认为,沟通是一个管理者重要的管理活动。据调查,一名有效的管理者在日常管理活动中沟通所花费的时间占其管理时间的44%。

一般认为,绩效面谈主要应围绕下列问题展开:(1)工作进展情况如何?(2)绩效目标和计划是否需要修正?如果需要,如何进行修正?(3)工作中有哪些方面进展顺利?为什么?(4)工作中出现了哪些问题?为什么?(5)公务员遇到了哪些问题?应如何帮助他们克服困难?

绩效面谈的方式一般有三种:第一种是通过书面正式形式的面谈,它是指由公务员定期填写固定格式的书面报告,将自己的工作情况和所遇到的问题,以及对于组织战略的建设性意见以书面形式交给管理层。它的优点在于简单易行,且经过书面整理会使管理者更加明白公务员的要求。但书面的形式会使很多公务员觉得烦琐,而且这种形式如果管理者准备不足的话,很容易成为单向的信息流动,公务员并不能从管理者这里得到想了解的东西。第二种是管理者与公务员之间定期的或固定的一对一的会面、交谈。这种面谈的优点在于双方都有充足的时间进行信息的交流,管理者和公务员都可以较深入地了解绩效管理中存在的问题,缺点在于如果管理者经验不足的话,很容易为公务员个人情绪所左右,或者是管理者如前文所说,没有首先成为一个好的倾听者,对公务员过多地批评。第三种是管理者组织的多人面谈,也有人将其称为团体会谈。它的优点在于克服了前面两种方式绩效信息交流不广泛的缺点,多人面谈可以使公务员了解更多的其他人的绩效成绩、绩效问题、绩效经验,对自己以后的工作会有更大益处,也可增强组织的团体工作热情。但这种面谈方式也存在隐忧,即对于管理者的组织能力要求较高,如果管理者不能适度地控制面谈的秩序,就会出现无原则的扯皮、推卸责任,或集体对某个成员工作绩效中所存在的问题进行超出其忍耐力的批评,这些都与我们绩效面谈的目的相违背。

管理学家对绩效面谈中应注意的问题进行了总结,提出了8点建议:(1)为听做好准备;(2)培养自己的兴趣,听者与说者同样有激发对方兴趣的责任;(3)倾听主要观点;(4)以批判的态度听;(5)集中精力,注意避免分心;(6)善于做笔记;(7)要帮助说者;(8)克制自己,听就是一个克制的过程。

绩效面谈的目的就是使公务员的绩效进一步提高,面谈中管理者与公务员对于绩效考核结果进行分析,共同制定公务员的绩效改进计划,为下一步有针对性地开展工作打下基础。绩效改进计划一般包括几方面的内容:一是该公务员绩效目标的内容、要求以及完成情况;二是通过绩效面谈,管理者与公务员对绩效考核的沟通,对于公务员绩效考核中存在的问题所取得的一致意见;三是管理者与公务员对于存在问题所拟订的有针对性的改进意见,包括具体的改进措施、下一步拟接受培训的内容、落实的时间;四是管理者与公务员通过沟通所拟订的在原来绩效目标基础上的新的绩效目标,从而为公务员的下一步工作提供方向。

制定绩效目标—按目标执行—绩效评估—绩效面谈,这四点正好构成一个政府公务员岗位工作绩效管理的戴明循环,也可以作为一个政府公务员持续成长的最佳参照对象。

# 7. 在我国现阶段开展绩效管理与绩效考核应注意的问题

在我国政府公务员中开展绩效考核和绩效管理工作,要注意以下问题:

第一,重视公务员的整体绩效管理工作,而不仅仅是绩效考核工作。从基本原理上来说,绩效管理包括绩效计划、绩效实施跟踪、绩效考核、绩效反馈面谈、绩效改善 5 个环节。绩效考核只是绩效管理的一个环节,如果将其仅仅视为一种可以单独使用的对公务员进行奖惩的工具和手段,没有良好的绩效计划、绩效跟踪与及时反馈,绩效考核就会成为矛盾的焦点。最终导致的结果就是,考核者和被考核者都对绩效考核感到厌倦,公务员的绩效考核工作要么形式化,要么走入死胡同。

因此,在全面开展公务员绩效考核工作之前,各级领导者和管理者必须清醒地认识到,公务员绩效管理的重点在于绩效的改善和政府总体目标的实现,而不仅仅是对公务员的绩效进行考核或评价。必须首先在政府机构中培养绩效改善文化,而不是绩效考核文化,同时,在操作中注意做好绩效计划和目标的制定工作,以及平时的绩效反馈工作,积极吸收被考核者本人的意见,使得绩效考核和绩效管理工作成为帮助公务员进步和改善,提高政府工作有效性的一种重要过程。

第二,认真做好政府各级公务员的职位分析工作。对公务员的绩效考核和绩效管理工作来说,职位分析的重要作用主要是帮助政府机构明确每一位公务员的岗位职责和绩效范围,同时也方便于针对每一项职责提炼出可量化的关键绩效指标和明确具体的工作标准。

目前,在我国政府机构开展公务员绩效管理工作的最大障碍之一,就是政府机构尚未甚至不愿进行完整、规范的职位分析,不能做到每一位管理者和公务员都很清楚自己的职责要求和职责范围。在实践中,在安排工作的时候,往往存在能干的人多干,不能干的人少干的平均主义情况,而不是严格按照职位的职责设定来布置工作,这也是导致最终的绩效考核难以进行

重塑政府

的一个重要原因,更在一定程度上形成公务员群体内部的分化,甚至滋生腐败等现象。

而反观安徽省级行政机关晒权力清单、消除权力暗门[1]的创新举措案例,更体现了职位分析的效用。在此次安徽省级行政机关晒权力清单、消除权力暗门的行动中,行政职权清理规范工作要求所有行政职权"以公开为原则、不公开为例外",除涉及国家秘密、商业秘密和个人隐私的事项外,一律向社会公开。安徽省将45家试点部门的行政职权目录及流程图编印成册,在安徽省政务服务中心的相关部门窗口和省政府门户网站公示,方便市民和办事单位对照"权力清单"查阅与监督行政行为。有关部门一旦履职缺位、越位,就必须承担相应的法律责任。与此同时,安徽省还将行政职权清理工作与行政审批权相对集中改革及行政审批制度改革紧密结合,统筹推进。要求各省政府部门把不该行使的审批权依法取消,该下放的审批权坚决下放。同时探索审批权向一个内设机构集中、该机构向省政务服务中心集中,实行人员和事项进驻到位,向政务服务窗口授权到位,全力打造阳光规范高效的政府履职服务新平台。

在清理审核时,安徽省要求试点单位晒出"权力运行图",让老百姓对行政流程心中有数。在安徽省行政服务中心食品药品监督管理局的办事窗口,窗口负责人宋执勇提供了一本"权力清单",在名为安徽省食品药品监督管理局行政职权目录和流程图的黄皮本里,不仅清晰列出该局32个行政许可项目的详细内容,而且每项行政职权如何运行的流程图也分别标出,让人一目了然。对行政权力运行流程的优化重塑,推动了政府的依法依规行政,提高了行政效率。目前安徽省政府部门办理行政事项的时间普遍比法定期限缩短一半以上,审批事项提前办结率明显上升,群众对机关作风和行政效率满意率不断提高。

第三,加强对各级政府领导者的管理技能培训。世界各国的绩效管理实践证明,一个组织的绩效管理工作能否取得成功,关键性的影响因素之一是组织中的各级领导者的管理意识与管理能力。

---

① 杨玉华,张紫赟.安徽省级行政机关晒出权力清单、消除权力暗门[EB/OL].新华网,合肥, 2013-12-14.

笔者认为,绩效考核与其说是对员工的考核,不如说是对管理者的考验。应当指出,我国政府中的各级领导者大多没有接受过系统的管理技能开发和领导力培训,很多时候,我国的各级政府领导者只能主要依靠他们个人在实践中的摸索、感悟来获得管理技能和领导能力,政府没有提供足够的训练和能力评估来帮助他们尽快胜任领导工作。因此,要健康、有效地开展政府公务员的绩效管理,就必须加强对各级政府领导者的管理技能培训。

政府公务员的绩效考核和绩效管理工作是一个系统工程,必须将其放在整个公务员的人力资源管理大系统中去加以考虑才能真正发挥其有效作用,因此,这一工作的有效开展还需要很多其他配套条件和配套设施的到位。

第四,从底层基本层面上保障考核方式民主化。

首先,在考核制度上保证民主。例如,法国负责公务员考核工作的人事管理协议委员会由公务员代表、机关长官指派各占半数的人员组成,他们共同决定考绩,并就考绩分数等提出意见和建议,供机关长官参考。其次,在考核机构上保证民主。英国政府在政府各部门设立了晋升委员会,主持考绩工作,它是非常设机构,人员经常变动,减少了个人因素对评定的影响。美国则设立"考绩司"、"考绩委员会"专门负责考核工作。

我国现在的领导干部考核,很多地方还只限于在下一级或同一级干部中进行,忽略了民众这一考核主体,会助长弄虚作假、吹吹拍拍的不良官场文化。一些实际业绩不错、为民众做事的好干部,民意倒是不错,但是为民难免得罪官,导致官缘不佳。所以,考核各级干部的政绩,很关键的一个方面就是创造条件由当地百姓评判,主要靠"民意",而不是仅仅靠官场上既得利益集团的"官意"。

关于政府绩效管理的内容后面还有独立的章节整体详细介绍,这里就不再多谈了。

# 8. 活用群众参与的重要功用

2009 年 6 月 24 日,20 000 多名英国人联手在网上调查英国议会史上最大的丑闻——数百名国会议员按照惯例提交非法报销凭证,试图再以此让纳税人为其数十万英镑个人支出埋单。这事件最后令数十位国会议员辞职,28 人在任满前退出政界,4 人被刑事调查,政府勒令追回数百名议员总计 112 万英镑的报销款,并拟订更严格的新开支条例,激发了彻底的政治改革;而促成这"不可思议"的"平民力量"事件的,竟然是一个全世界范围内第一款大型多人新闻调查游戏实践项目——"调查你处议员的开支"(Investigate Your MP's Expenses)[①]。

事情起因于英国《每日电讯报》根据泄露的政府文件发现丑闻,并在报上酝酿了好几个星期,公众对此义愤填膺,并要求政府公布所有国会议员开支的详细会计报表。尽管作为回应,政府答应公布 4 年来国会议员报销的完整记录,但由于数据只有图像格式并且未作分类,甚至还有部分内容被遮盖导致民众的不满升级。民众认为政府只是敷衍应对,阻止公众对丑闻的调查,并称政府的做法为"抹黑门"(black out gate)。

英国《卫报》的编辑们手里拿着超过 100 万份未经处理的政府文件,而且数据真假莫辨;如果仅靠记者去做整理工作简直是完全不可能的任务,于是他们决定借助群体智慧——通过把材料开发成一款游戏进而把整理调查工作"众包"(crowd sourcing)出去。通过和软件开发人员西蒙·威利森(Simon Willison)开发团队的合作,仅用了一周的开发时间游戏就成功推出了。之后仅仅 3 天,20 000 多名玩家已经分析了 170 000 多份政府文件文档,实现了高达 56% 的访客参与率,甚至远远超越最成功的众包平台维基百

---

①　简·麦格尼格尔.游戏改变世界[M].闫佳,译.杭州:浙江人民出版社,2012:212.

科的 4.6% 访客参与率。

"众包"一词是 2006 年由科教记者杰夫·豪(Jeff Howe)创造的,意思为将一份工作外包给群众,也即在互联网上邀请一大群人共同合作,以集体形式更快、更好、更廉价地解决大型项目或问题,其最早且最典型的案例就是维基百科。在近两三年,尤其是维基百科成名及"抹黑门"事件之后,众包已经成为一种快速普及的成功模式。

"抹黑门"事件可以为我国政府改革创新提供思路。首先是群体智慧是宝藏,而政府与公务员又正具备这一资源使用优势;其次是群众监督(包括媒体监督)的效率和重要性不容政府忽视;再次,制定充分明确、完善的公务员管理制度才能更好开展政府治理,并减低政府的危机风险;最后,态度决定一切,政府本身的态度决定了其对公务员群体所造成的影响。

# 9. 以"拿来主义"面对现代社会发展的与时俱进

科学技术的高速发展加快了现代社会的演化速度,知识革新越来越快,定期讨论更新的管理模式改革已经不符合时代要求,长期学习持续革新成为完善管理的新常态。在这样的大环境下,我们应该以怎样的心态开展政府人力资源管理创新呢?

我国现有的公务员制度以求稳为主,虽然符合政府管理的部分基础要求,但也造成了部分公务员不思创新,甚至出现恐惧科技发展压制创新的行为,这样的思路明显既不符合社会发展要求,也不利于今后的长期稳定。"堵不如疏,疏不如引",适当地与时俱进才是解决问题的关键。

管理者需要有管理的高度,也就是管理的前瞻性。这就要求管理者要有一定的时代触觉,以及终身持续学习的能力。如前所述,学习者的最高境界,就是成为其他人的学习促进者。你只有先懂得,才能更好地管理,引导别人理解。你只有足够敏感,并拥有很强的自学能力,才能"懂得"。

此外,管理者还需要有较高的分析与判断能力。只有这样,管理者才能更好管控、排除新事物所可能发生的风险,利用新科技所能带来的好处。这时,"拿来主义"就显得相当重要。

## 讨论话题

1. 你所在的机关目前对于公务员是如何考核的?
2. 你能提出一些改进的建议吗?

# 第 06 章

## 公民参与政府绩效管理

# 1. 考核的哲学

在设计考核机制时,第一步就是搞清楚谁是顾客;第二步则是搞清顾客最关心什么。

著名管理学大师彼得·德鲁克说:"成绩存在于组织外部。企业的成绩是使顾客满意;医院的成绩是使患者满意;学校的成绩是使学生掌握一定知识并在将来用于实践。在组织内部,只有费用。"[①]可见,一个组织的绩效是由组织外部决定的,即由组织的服务对象来评价。

政府绩效如何,不能由政府部门自己来评价——谁在自评时会给自己打低分呢?

因此,政府绩效也必须由政府的服务对象来评价。政府的服务对象是谁?政府的服务对象是民众。过去,政府部门工作质量、实效以及官员政绩的整体评判权主要掌握在自己手里,或者在其上级政府及上级官员手里;而今,政府绩效只能由公众来评判。

美国学者、哈佛大学的第25任校长博克认为"幸福是政府唯一的目标,也是最重要的目标。捍卫公民自由和平等的机会其次。此外,还包括宪政监督和法律监督。"[②]其可以参考的实例,就如美国弗吉尼亚州汉普顿市在每年10月份都要向市民进行电话随机调查,以了解其对市政府绩效的满意程度。政府雇员向市行政官员发问,要求知道调查结果,因为这些结果关系到他们的利益。如果市民的满意程度足够高,每位城市雇员就可以在12月上旬得到一张奖金支票。1995年,这笔奖金是250美元。

习近平主席在2013年两会闭幕时阐述的"中国梦"思想,其中提及的人

---

① [美]乔·皮尔斯,约翰·纽斯特朗.管理宝典:开创管理新纪元的36部经典管理著作集粹[M].大连:东北财经大学出版社,1998:290.

② [美]博克.幸福的政策:写给政府官员的幸福课[M].沈阳:万卷出版公司,2011:55.

民对美好生活的向往,包括了"有更好的教育、更稳定的工作、更满意的收入、更可靠的社会保障、更高水平的医疗卫生服务、更舒适的居住条件、更优美的环境","孩子们可以成长得更好、工作得更好、生活得更好"。这已经不仅指明了作出评价的对象,还给出了评价的方向与指标。

我国各级人民代表大会及其常务委员会应成为评价地方政府官员业绩的主体,根据评价结果决定对地方政府官员的奖惩。诚然,人大代表可以代表人民评说政府工作,甚至可以对某政府部门的工作报告投不通过票,一般群众也可通过来信来访等形式行使自己的评说权,但那些毕竟都是间接的、零散的、不系统的。

应当说,"公仆"的服务态度、服务质量和效率怎样,人民有着最真切的感受,人民最有发言权。"心里装着群众"是对党员干部基本的党性要求和职业要求,但不是每一个官员都有充分的道德自省、自律能力,还必须靠有评说权的群众强大的外力制约。所以,完善的民众评价机制,完整而有效力的政府绩效考核制度是关键。"从公民权利平等的意义上说,任何一位公民,无论其地位高低、所属何种行业,只要他有评说政府工作的欲望,都应该享受品头论足的权利。"①

# 2. GDP 考核的危害有多重

要从这种考核带来的问题去分析。首先是经济建设投资过度,社会投资严重不足。这刚好和西方形成了对比。从国际经验看,美国联邦政府所有福利项目,包括社会保障、卫生、各种福利项目,占其政府财政开支的一半以上。自 1960 年以来,美国联邦政府在收入保障、社会保障、医疗卫生、退伍军人安置等社会发展项目领域的投入逐年增加,总计超过 60%。挪威政府1995 年通过转移支付形式支付的劳动者福利、养老金及其对家庭的经济扶

---

① 　刘以宾."万人评政府"还群众评说权[N].工人日报,2002-02-08.

持占政府支出的65%。世界上发达国家的普遍做法是逐步加大公共支出结构中社会性支出的比重,减少经济性支出的比重,不断提高社会性公共服务的地位与作用。在欧洲,政府大量的投资导向社会领域,如社会保障、医疗、教育和公共住房。

但中国的大量投入都在经济领域,如高速公路、高速铁路、机场、码头等等。近年来,这些领域已经过度投资,投资的拉动效应日渐弱化。

其次,GDP主义摧毁着社会道德。GDP主义就是社会的经济数据化。在一个以钱为本的社会,无论是组织还是个人,缺少了经济数据,就变得毫无价值。所以,人们说,这是一个数据化的时代。人的价值一旦数据化,人的存在就"去意义化"。一个"去意义化"的社会便是毫无道德可言的。这就是今天中国社会各个阶层普遍经历着的极度不信任、极端恐惧、极端孤独的终极根源。

罗伯特·肯尼迪在竞选总统时说:"GDP衡量一切,但并不包括使我们的生活有意义这种东西。"实际上,传统以GDP为主的指标体系不能很好地涵盖经济成本,同时更难囊括社会成本。偏偏在我国,多年以来一直以GDP指标体系作为官员成绩评价的主要参考。

# 3. 本届政府开始逐步淡化GDP指标

2013年12月9日,中共中央组织部发布《关于改进地方党政领导班子和领导干部政绩考核工作的通知》(以下简称《通知》),《通知》对地方党政领导干部的考核指标提出了一系列的改进措施,明确不再以GDP论英雄[1]。

相应地,上海前市长杨雄2015年1月25日在该市第十四届人大第三次会议开幕式作政府工作报告时,仅建议2015年上海经济"平稳增长",继续优

---

① 蔡如鹏.政绩考核转向[J].中国新闻周刊,2013(47).

化结构,质量效益进一步提高,而没有设置上海的 GDP 增速指标①。在 2014 年,上海 GDP 增速符合预期,达到 7%,为 1991 年以来最低,增速比上年回落 0.7 个百分点,第三产业增加值占 GDP 的 64.8%,城市和农村家庭人均可支配收入各为 47 710 元和 21 192。

上海要加大调整结构的力度,不见得能按照一个预设目标来完成 GDP 增长。因此政府不设增速目标是要卸下包袱,不受制于完成目标的人为设定。上海正在经历的结构调整是个艰苦的历程,会出现紧缩并拉低 GDP 增速,不设目标能把重心转移到调结构、发展新产业体系上。政府投资转向民生是春江水暖,卫生和民政部门都在"跑马圈地",但要确保民生不沦为形象工程,政府做好服务才是根本。

而今《通知》规定,地方党政领导班子和领导干部的考核,要看全面工作,看经济、政治、文化、社会、生态文明建设和党的建设的实际成效,看解决自身发展中突出矛盾和问题的成效,不能仅仅把地区生产总值及增长率作为考核评价政绩的主要指标,不能搞地区生产总值及增长率排名。

新考核办法将把民生改善、社会和谐进步、文化建设、生态文明建设、党的建设等作为考核评价的重要内容,并且强化约束性指标考核,加大资源消耗、环境保护、消化产能过剩、安全生产等指标的权重。

同时《通知》提出,将根据不同地区领导班子和领导干部的职责要求,设置各有侧重、各有特色的考核指标;同时对限制开发区域不再考核地区生产总值。这些区域包括限制开发的农产品主产区和重点生态功能区、禁止开发的重点生态功能区和生态脆弱的国家扶贫开发工作重点县。

《通知》还要求,加强对政府债务状况的考核。把政府负债作为政绩考核的重要指标,强化任期内举债情况的考核、审计和责任追究,防止急于求成,以盲目举债搞"政绩工程"。这是地方债务首次被纳入政绩考核之中,此次作出重要的改进,一方面说明地方债问题已经很严重,不得不重视;另一

---

① 顾功垒.新加坡联合早报.http://www.zaobao.com/finance/china/story20150126-439596.

方面也说明需要规范,当前地方发债势不可挡,很容易出问题①。

《通知》中特别提到,对拍脑袋决策、拍胸脯蛮干,造成资源严重浪费的,造成生态严重破坏的,盲目举债留下一摊子烂账的,即便离任也要追究责任。这就像给领导干部戴上了金箍,一些人再也不能不顾条件、为了出政绩搞一屁股债,最后拍拍屁股走人。因为,离任要审计,终身要追责。

十八届三中全会提出通过政治、经济、文化、社会和生态"五位一体",而不是单纯的经济来推动改革。这必然要求对过去追求 GDP 的单一政绩考核进行调整。2013 年 6 月,在全国组织工作会议上,习近平说:"要改进考核方法手段,既看发展又看基础,既看显绩又看潜绩,把民生改善、社会进步、生态效益等指标和实绩作为重要考核内容,再也不能简单以国内生产总值增长率来论英雄了。"2013 年 9 月,在河北省委常委班子专题民主生活会上,习近平又说:"中央看一个地方工作得怎么样,不会仅仅看生产总值增长率,而是要看全面工作,看解决自身发展中突出矛盾和问题的成效。"

# 4. 如何制定政府绩效的"评判规则"

评价政府绩效的依据是什么?彼得·德鲁克说:"产出多少和利润底线对单独衡量管理和企业的绩效都不恰当。市场地位、创新、生产效率、人员的发展、质量和财务成果等指标,对组织绩效和生存都是十分关键的。非营利组织也要使用一系列的指标体系来衡量它的绩效。就像人们用一系列指

---

① 中国社科院发布的《中国宏观经济运行报告(2013—2014)》指出,截至 2012 年底,36 个被审计地方政府本级政府债务余额为 38475.81 亿元,其中有五成是 2010 年及以前年度举借的。当前"新官不理旧账"和"吃子孙饭"的问题,在全国很多城市是一个普遍现象。由于官员的任期制度,很多官员上任后只顾眼前利益,搞一些短平快但不可持续的项目;或者通过卖地、举债等,留下一堆烂摊子。很多群众形容一些地方的领导干部在工作中,"拍脑袋决策、拍胸脯蛮干、拍屁股走人",而在留下一屁股烂账之后,官照当照升。如果要将地方债务纳入政绩考核,中央须加大转移支付力度,让基层政府财权、事权统一,同时还要加大追责力度。

标来衡量自己的健康状况和行动效果一样,组织也需要用一系列指标衡量它的发展状况和绩效。绩效必须经常检查,并不断修正偏差,以提高组织绩效。"①绩效导向的政府管理机制应该强调"效率、效益、公平、成本"。

政府行为效率取决于政府行为在决策范围与时机这两个维度的精准度——这是动态变化。而在现行制度的实际中,拖沓繁复的审批流程是影响政府行为效率的元凶。

政府行为的效益是政府管理行为对民众、对社会、对市场所产生的良性影响。政府行为的效益,其实也是民众、社会、市场的实际得益,也是政府行为的真正意义所在。

政府行为的公平是政府管理行为实现受众整体利益最大化、受众获利公平化。政府行为的公平不是追求"大锅饭",而是令大部分民众在政府行为中得到合法的、可持续的、整体利益最大化的收益。

政府行为的成本是政府管理行为所占用和耗费的资源或政府在履行其职能过程中所花费的各种支出。政府行为的成本包括两个方面:一是为了维持政府机构运转所产生的费用;二是为了履行其职能所产生的投入,如发展教育、科技等的投入。但谈到政府行为的成本,人们往往专指第一种含义。

科斯证明,经济组织(企业、政府等)存在的原因就是纯粹市场交易成本太高,而在一定的范围内用协调、指挥等予以取代。反过来,如果企业、政府的协调、指挥成本即内部交易成本高于市场交易成本,则它们的存在就是多余的。

必须在社会生产活动与政府活动之间对资源的使用作出合理的安排,把政府行为的成本限制在必要的范围内,提高政府管理的绩效。

(1) 政府人力、物力与财力占用,包括:政府部门职员人数、官民比例、支出总额、固定资产总额、政府支配资源能力、政府支出占 GDP 的比重、政府支出结构等。

(2) 国债,包括:中央政府国内负债及占 GDP 的比重、中央政府国外负

---

① [美]乔·皮尔斯,约翰·纽斯特朗.管理宝典:开创管理新纪元的 36 部经典管理著作集粹 [M].大连,东北财经大学出版社,1998:290.

债及占 GDP 的比重、中央政府预算盈余(赤字)及占 GDP 的比重。

(3) 政府支出,包括:政府工作人员占总就业比重、政府一般支出占 GDP 的比重、政府消费占 GDP 的比重等。

方向正确是达成目标的必要前提,所以打造最根本的政府绩效"评判规则"相当必要。


# 5. 如何制定政府绩效的"比赛标准"


《创建高绩效政府组织》一书的作者认为企业"比较容易确定该组织工作是否顺利进行",因为"公司具有界定清楚的工作评估方法。这些包括经营利润和投资收益的评估,如周转时间、订货响应时间或存货评估"。该书认为,要想提高绩效,政府领导就需要 4 类指标:更好的绩效;绩效改进;内部组织特点;顾客和利益相关者看法[①]。

运用绩效评估的结果来优化政府管理流程,这才是政府绩效评估的意义所在。而目前在政府绩效评估中,评估结果的运用在全国范围普遍做得很不够。政府绩效管理体系的设计和实施需要遵循 3 个基本原则:

(1)增值产出原则,注重成本控制,强调"投入—产出"比;

(2)结果导向,变注重程序到侧重结果;

(3)公民导向,变向上负责到向下负责。

从国外政府的实际改革经验来看,这 3 个基本原则是合理、整体且实用的。尽管英国的"宪章运动"与美国奥巴马政府的"绩效官"制度在时间、范围和表现形式上可能都有所不同,但其中基本原则却是统一的。

---

① [美]马克・G.波波维奇.创建高绩效政府组织[M].北京:中国人民大学出版社,2002: 33.我们不难发现,这四类指标与企业用的"平衡计分卡"十分相似。

# 6. 如何建立政府绩效评价体系

建立政府绩效的考核评价体系,应包括 3 方面的内容:一是建立一套有效的考核评价制度;二是建立科学合理的政府绩效评价指标体系;三是要把政府部门的考核评价工作置于社会监督之下。

"绩效管理在根本上是一种关注工具、技术与方法的机制管理,在持续发展的新公共管理运动中,它承担着核心机制和重要工具箱的双重使命。"[①]在这个工具箱中,绩效评估起着元工具的作用。作为一个过程,绩效评估为绩效战略、绩效沟通、绩效改进等绩效管理的各个环节有序展开提供串联的枢纽;作为一个系统,绩效评估为绩效预算、绩效审计等绩效管理中的各个领域有机生成提供衡量的依据。在整个绩效评估过程中,指标体系是最为核心的部分,是绩效评估能否达到全面、客观、准确的关键所在。

绩效评估指标体系实际上就是模型,评估指标在纵向层级之间具有隶属关系,在横向指标之间具有相关关系,它们之间形成一个逻辑严密的体系。绩效评估指标体系的逻辑严密程度是绩效管理成熟度的重要标准。

杭州市政府在综合考评中嵌入创新目标绩效考核,它的综合考评通过量化打分、分类比较、公布排名等方式为各个政府部门履行职责、提高效率提供了较强的激励[②]。在综合考评中嵌入创新目标绩效考核,其制度逻辑即是想要改变传统政府组织的"惰性",为推动政府创新提供"四两拨千斤"的支点。

杭州对创新项目的绩效评估主要由 3 块内容构成:一是考评办核验。各市直单位在年末提交项目绩效考核申请,由考评办对申报项目的完成程度,

---

① 卓越,赵蕾. 绩效评估:政府绩效管理系统中的元工具[A].公共管理研究(第 6 卷).上海:上海人民出版社,2008.

② 曹伟.政府创新管理的制度建构——基于杭州实践的研究[EB/OL]. http://www.21ccom.net/articles/china/ggzl/20141105115769_all.html.

材料的真实性、准确性、完整性等情况进行基础性、程序性的审核。二是专家评估。由随机抽取产生的资深专家对每个创新项目的创新程度、组织实施难度、成本收益比、推动发展的直接效益与间接贡献、社会影响力、推广扩散情况进行综合评估和量化赋分。三是满意度测评。在区、县(市)特色创新目标绩效考核中,创新项目不仅要经过考评办核验与专家综合评估,还要进行"受益对象(服务对象)满意度测评",对创新项目的实际效果和民众感知进行调查。从创新目标的引导审核到创新绩效的综合评估,构成了政府创新管理的"闭环",在很大程度上保障了创新项目的真实性与有效性。

虽然在市直单位和区、县(市)的考核中分别只有 3 分和 5 分的加分,但由于相近排名的单位得分往往只有零点几的差距,创新目标绩效考核的得分对于整体排名的影响是十分显著的。这一制度设计看似简单,实则极大地激励了各个部门进行创新。正如当地干部讲的:"哪怕只有 1 分,也会尽 100 分的努力。"

在考评办的主导下,通过设定科学的管理目标,采取有力的管理手段,杭州的政府创新管理总体上取得了较好的绩效。

第一,各部门创新的积极性显著提升。从综合考评中创新项目申报的情况来看,2006 年到 2012 年,共计产生了 640 个创新项目。其中,各市直单位创新创优项目的年申报量从最初的 40 个增长到 2012 年的 103 个,创新项目的实施主体涵盖了广义政府的各个组成部分,既包括地方权力机关、地方行政机关和地方司法机关,也包括党委机关、群众团体、民主党派和部分承担公共服务职能的国有企业。

第二,创新内容和方式丰富多元。从创新的内容来看,各地各部门在理念思路、管理体制、运行机制、工作方法、政策举措等方面开展了大量创新,涉及政治文明、行政改革、经济发展、公共服务、社会管理、文化建设、生态环境等各个领域。从创新的方式来看,有的通过扩大公民参与等方式来实现决策、执行、监督方面的民主化;有的运用现代信息技术手段进行管理流程的重塑,以实现政府权力的规范、透明、高效运行;既有基于本地区、本部门实际情况的原创型创新,也有学习借鉴其他地区、部门的先进做法和经验加以改造运用后的学习型创新;既有单个部门针对单一问题进行的创新,也有多个部门针对共同问题进行的联合创新。

第三,创新效益和持续性较为明显。在创新项目数量增加的同时,质量也在不断提升,项目平均考核得分率从50%左右提高至70%以上。"开放式决策"、"政府管理与公共服务标准化"、"公共自行车"、"民主民生互动平台"等创新项目先后获得"中国地方政府创新奖"、"浙江最具影响力党政工作创新典型"等荣誉,受到了社会各界的广泛好评。虽然有些创新项目由于各种原因没有持续下来,但多数创新项目能够保持常态运行,有不少还在不断完善和深化。比如杭州市纪委监察局围绕权力运行规范化、阳光化进行持续性创新,每年都有新的推进。经过几年的积累,大量点状分布的创新项目逐渐形成了一幅立体创新的图景,对于提高杭州市政府管理的整体绩效发挥了重要作用,产生了显著而持续的政治效益、经济效益和社会效益。杭州案例是值得大家参考的国内政改绩效评估的起步尝试。

当前阶段,我国政府的工作重心是提供公共服务、维护社会安全、保障社会公平与正义。因此,政府绩效评估指标的设计除了要考评出政府社会管理能力,更应强调政府提供公共服务的能力和质量。

在美国有一个"经济运行与社会发展评估委员会",他们提出:要评估一国人口的生活质量,需要至少7类指标:健康、教育、环境、就业、物质生活条件、人际关系和政治参与情况。他们认为,除了经济发展和环境的可持续性之外,任何一个对其发展持严肃态度的国家还应当评估其公平程度,也即物质资料和其他社会福利的分配情况①。

而在英国,他们则有英国公共服务协议(PSA)。在2007年,英国的PSA发展到了高峰阶段,政府通过重新设定PSA的数量,持续不断地加速改进绩效。(1)确定了30个PSA,152个评估指标,并明确表达了该评估周期内的政府最高优先级的事项;(2)每个PSA后面都附有一个实施协议(delivery agreement),该协议细化了各部门欲达到预期政策结果的各种活动,包括每个PSA都会标明主要负责的部门;(3)每个PSA都有一定数量国内的、聚焦结果的绩效指标来支持;(4)每个绩效指标后附有测量摘要,解释

---

① 沈灏,[不丹]卡玛·尤拉.国民幸福:一个国家发展的指标体系[M].北京:北京大学出版社,2011:13.

计算方法和数据的使用;(5)PSA 同每个公共服务提供负责任合作来保证跨部门的公共服务供给;(6)新内阁通过周期性的过程监控来控制部门和项目进展;(7)每个部门发布部门战略目标(departmental strategic objectives, DSOs),跨越部门运作,更好实现 PSA;(8)每个部门战略目标都拥有一定数量的绩效指标。

而这个协议框架并不是一成不变的。在 2009 年政府财政预算案里,英国政府为了更好地反映经济的优先诉求,重塑了绩效评估框架。PSA 框架中新增了一项统揽全局的目标,即帮助民众和企业尽快脱离低迷时期,实现经济的长久繁荣发展。政府通过许多方式来实现该目标,如经济、生产力、能力、就业、房屋、企业、交通、科学创新等 PSA。政府致力于继续推进这些目标,其他的 30 个 PSA 仍然关注改善公民获得的公共服务的质量。这样系统化的结构令整个 PSA 得以既保持稳定又能积极创新满足社会发展的需要。

在新西兰的《绩效评估:关于如何建立有效框架的建议和实例指南》中,构建强有力的指标体系一般包含 6 个步骤(各个步骤是独立的,可同时进行):(1)建立每一层次的指标集,确定良好指标的具体标准,并强调影响性指标的重要性。(2)识别有意义的比较组。为了可比较,一般按性质对指标进行归类。也就是说指标要具有可比性,有利于进行比较。通常一开始在设立指标时开发一些基本性的指标,但很快就将重点放在改进对照组上。(3)搜集信息产生相应组别的指标。(4)试运行指标,检查其可行性并识别潜在的挑战。(5)提高指标和被控资源及产出间的可归因性。(6)完善框架和指标体系。同时,报告也指出,该指南并非教条,各个机构在使用时应结合自身需求和运作环境,但要保留证明资源、产出、中期结果和结果之间联系的整体性方法。机构需要以建设性和可审计的方式评估其绩效,把进展反馈给投资该领域的人员和资金。也就是说,要建立资源、产出和良好绩效之间的联系,保证提供的是清晰的、以证据为基础的"绩效故事"。

为了使代表效果类的指标更为细致、更具有可操作性,新西兰在《绩效评估:关于如何建立有效框架的建议和实例指南》中将绩效评估分成产出、中间结果和结果 3 个层次,专门强调了中间结果的概念。中间结果可以通过使用影响尺度或指标进行测量。这些中间结果的影响尺度对绩效评估过程是至关重要的,因为它们为基于绩效的管理提供了支撑。它们在以下方面发挥作用:(1)代表着所提供商品和服务预期的近期结果;(2)通常可以在交付后不久进行测量,促进及时作出决定;(3)通常展现具体方法使管理人员可以弥补绩效的不足;(4)降低生产成本;(5)关乎各级机构和部门决策者的切身利益。

新西兰的《绩效评估:关于如何建立有效框架的建议和实例指南》解释了绩效评估周期的关键步骤、为什么每一步是重要的和完成每一步骤该采取哪些活动。绩效评估是重复性的过程,包含建立绩效故事、绩效图景,管理预期,建立利益相关者图景,定义结果,定义中间结果,定义产出,收集数据并进行测量和连接绩效的各个层次等环节。实施绩效评估是为了实现以下3个目标:(1)为制定战略和政策提供信息;(2)为能力提高和服务改善提供信息;(3)报告成果。

新西兰绩效评估强调把评估结果嵌入到决策中去,提高绩效信息的效用,以便在主要战略和政策的绩效和设计、来自主要活动和产出的结果(包括经济性和效率)、绩效管理能力建设、使重大成就的报告更具透明性和代表性等4个领域得到改进。同时,报告的附录部分还给出了详细的绩效评估清单和阅读材料。绩效评估清单贯穿绩效评估全过程,具有很强的问题意识,有利于框架的完善①。

澳大利亚《昆士兰州政府绩效管理框架指南》提出了机构目标及其指标的设计思路:机构目标通常嵌入在首席执行官和高级行政人员的绩效协议中,其主要特点有:关注结果或影响、与政府目标一致、聚焦战略、与机构愿景一致、可测量的或至少是可证实的、告知性等。绩效指标提供了一套标准以判定机构目标的实现程度。确定绩效指标应考虑以下特点:体现变化、可测量、可归因(能体现行动与目标的相关性)、具有挑战性并且通过努力是可以达到的、能够为决策提供信息、能够为绩效达成提供概览、能说明目标而

---

① 卓越,孟蕾,林敏娟. 构建整体性绩效管理框架:西方政府绩效管理的新视点[J].《中国行政管理》,2011(4).

非服务或活动本身。同时,该指南还为机构服务和服务标准确定了基本原则:各个机构通过提供服务以达成各自的目标。由于每个机构特性不同,因此很难建立一致的服务结构。一般来说,机构服务应该是可控的、综合的、可测量的且是告知性的。服务标准可以看成是机构指标的次级指标,应符合以下特点:具体、可测量、可达到、相关性、有时间框架、能够避免不当激励、可归因、可比较、明确定义、及时、可靠且可核查、收集处理数据的成本效益分析、可信。此外,该指南还就改进机构绩效的方法、政策过程的政府目标体现、绩效控制及绩效报告的原则等方面做了规定和说明。

我们还可以看看澳大利亚政府采购绩效评估[①]的案例。澳大利亚政府采购绩效评估制度由内部评估主体和外部评估机构组成。其中内部评估主体包括内阁支出委员会、财政部、国库部、公共服务委员会,而外部评估机构则主要由国会参众两院的财政委员会、公共账目和审计联合委员会、联邦审计署组成。

而在程序执行上,澳大利亚政府采购绩效评估制度则通过 4 个阶段来进行整个流程,即:准备阶段、分析管控—起草阶段、回顾阶段和"评估发现"阶段。整个评估过程涵盖了包括采购方式、招标机构、保密制度、投标文件、投标人、评标标准、评标委员会、争议解决、采购时间和过程等十二大内容,可谓是系统而完整。

澳大利亚政府采购绩效评估制度整体架构系统而紧凑,层层相扣,并且做到执行到位,不仅有效提高了政府采购经济效益和社会效益,并最大限度地防止了一些弊端行为的发生,整个系统有条不紊,促进政府职能建设效率的提升和经济建设。

---

① 来源自政府绩效管理研究网经验分享—国外经验—查看资讯栏目,原文标题"澳大利亚如何做政府绩效评估",作者:河北省沙河市财政局,文章发布日期:2013-10-14;链接地址:http://www.ppirc.org/html/80/n—6380.html.

# 7. 现有阻力的动机分析与影响

长期以来,在评价中央和地方政府的经济业绩时,习惯于用经济发展速度和财税收入两个指标来衡量。这两个指标简单直观,但不全面,不能满足政府绩效评价的需要。专家提出,GDP 作为一个国家或地区在一定时期内生产的最终产品和提供劳务总量的货币价值,其重要性不言而喻。但是一般来讲,虽然社会财富和社会福利的增加必然意味着 GDP 的增加,但反过来说,GDP 的增加也不完全意味着社会财富和福利的等量增加。而且,还要看为取得 GDP 增长而付出的代价,同时还要注意对环境的破坏性影响。因此,经济增长速度和财政收入这两个指标能够反映的只是经济活动的整体规模大小和扩张速度,而不能反映经济活动的质量,不能反映经济发展效率的高低和效益的好坏。这两个指标只能反映本期和过去的生产情况,不能说明未来发展的潜力。政府只要加大投入,经济增长速度和财政收入在短期内就可以显著提高,但往往经济不具有持续发展的潜力。

就经济运行的规律而言,波浪式前进是最正常不过的现象。世界上这么多国家,既不会只降不升,也不会只升不降,哪有一条直线往上爬的?[1] 而在实践中,我们却经常可以看到,一些地方政府为了在任期内出"政绩",往往通过加大投资的手段来促进经济增长和财政收入的提高,而不管是否重复投资,以及投资有没有效益。另外,地方政府往往是为其自身利益而追求增长速度和财政收入,因为财政大部分由地方政府支配,一部分用来发工资,一部分用来支付政府的各项开支。地方政府官员为了自己的仕途,没有高增长也要统计出高增长来。可见,这两个指标对政府的行为误导作用太大,不能作为评价政府绩效的唯一标准。要准确反映政府的业绩,必须建立一个科学的政府业绩考核评价体系。

---

① 承伟毅."数字游戏"与机制缺陷[N].中国青年报,2001-12-18.

重塑政府

政府对经济活动干预过多、过于不规范,根子在利益机制。为了打破地方封锁、部门垄断和规范职能部门行为,必须将各级政府的"政绩"与当地经济增长速度"脱钩",而与社会管理成绩例如公共产品增长、居民生活质量提高、市场环境改善等指标紧密挂钩。除必要的经济增长指标外,应以经济规划和建设的水平和质量,公共基础设施的完善程度,环境绿化、美化的程度,科技文化、教育和社会公用事业的发达程度,以及公民文明素质和国家或地区现代化水平等为重要指标,来评价、考核政府的政绩,引导和制约政府的行为。

行政学家的研究已经证明,任何一个单位,当其以提高指标数字为任务中心时,它的工作质量必然下降。这是任何一个评估指标体系都难以避免的副作用。例如,某些警察局是根据抓获犯人数量的变化来评价绩效的。但是,如果抓获的罪犯数目急剧增加,公民的生命和财产的安全指数就提高了吗?如果公共安全的改善是目标,抓获罪犯的数目至多也只是个不完全的参照准则。暴力犯罪率的改变应是比较好的衡量标准。该区居民是否感到更安全或许是一个更好的衡量标准。可以说,高绩效组织是以完成使命为主要目标的,政府组织也不例外。当一个高绩效组织调整其任务时,它就改变了它做的事情和做事的方法。其要害是达到真正具有重要性的结果。

此外,数字量化指标还容易带来思维惯性的误判。在环境不变的条件下,思维惯性的确可以使人能够应用已掌握的方法迅速解决问题;而在情境发生变化时,它则会妨碍人采用新的方法;此外,消极的思维惯性还会是束缚创造性思维的枷锁。从 GDP 指标时代的政府目标和政府行为,就可以充分体会思维惯性的刻板和危害。

从极端角度来说,任何一个量化指标体系都是不完善的,都不能过于认真。从实际角度来看,各个评估指标体系的不完善程度有所差异。不完善的指标体系副作用较大,而比较完善的指标体系则少一些副作用。当评估指标体系具有较严重缺陷,或者当其作用被不适当地放大时,产生的不当激励会比较严重。制度演进的规则是,当不当激励没有被及时纠正或缺乏有效纠正机制时,就会形成稳定性的负激励机制。一旦负激励机制形成,就很可能难以改变。因为许多处于有利地位的人员从中受益,而其他人也因受到刺激而想加入受益者的行列,再想要改变它时会打破利益格局,因而会遇

123

第 06 章 公民参与政府绩效管理

到非常大的阻力。不良机制就像是有生命的怪物一样会自我繁衍、自我保护、自我变异，极其难以纠正。①

# 8. 顶层设计的基础参考——政府绩效管理的研究方法

进入 21 世纪,西方政府在绩效管理方面有一个明显的趋势,即较为普遍地建立起整体性的绩效管理框架:英国制定了《公共服务协议》②;2004 年,加拿大构建起《管理问责制框架》(Management Accountability Framework, MAF)③;2008 年 8 月,澳大利亚昆士兰州政府通过了关于以新的绩效管理框架代替管理绩效框架的决定,并于 2009 年 5 月公布了《昆士兰州政府绩效管理框架指南》( A Guide to the Queensland Government Performance Management Framework),2009 年 10 月,维多利亚州基本服务委员会公布了《地方政府绩效控制框架》(Local Government Performance Monitoring Framework)④;2008 年 8 月,新西兰国家服务委员会和财政部联合发布了《绩效评估:关于如何建立有效框架的建议和实例指南》( Performance Measurement: Advice and Examples on How to Develop Effective Frameworks)⑤。构建整体性绩效管理框架拓展了绩效管理的发展空间,推进了绩效管理的发育成熟,是西方政府绩效管理发展到新阶段的明显标志。

---

① 陈幽泓,毛寿龙.大学排名的制度分析.http://wiapp.org/duanping/duanping 32.html.

② National Audit Office.http://www.nao.org.uk/publications.aspx.

③ http://www.tbs—sct.gc.ca/maf—crg/index—eng.asp.

④ Department of the Premier and Cabinet. A Guide to the Queensland Government Performance Management Framework. http://www.premiers.qld.gov.au/right—to—info/publihed—info/assets/guide—to—the—ald—gov—performance—mgmt—framework—may09.pdf.

⑤ State Services Commission and The Treasury. Performance Measurement: Advice and Examples on How to Develop Effective Frameworks. http://www.ssc.govt.nz/upload/downloadable_files/performance—measurement.pdf.

重塑政府

我们可以考察一下其他国家的政府都是如何做的。1992年戴维·奥斯本与特德·盖布勒所著的《改革政府——企业家精神如何改革着公共部门》指出,政府重塑就是"对公共体制和公共组织进行根本性的转型,以大幅提高组织效能、效率、适应性和创新的能力,并通过变革组织目标、组织激励、责任机制、权力结构以及组织文化等完成这种转型过程"。政府重塑就是用企业化体制来取代官僚体制,即创造具有创新惯性和质量持续改进的公共组织和公共体制,而不必靠外力驱使。

到20世纪80年代末,撒切尔政府的改革在公共部门的经济和效率方面取得了显著的成就。与此同时,因强调经济和效率而导致公共服务质量下降的问题愈加凸显,于是,1991年梅杰接任首相后,相继发起了公民宪章运动和竞争求质量运动,英国行政改革的重心开始从经济、效率向质量和公共服务转移。这是保守党推行的行政改革进一步深化的产物和标志。

公民宪章运动类似于我国的政府社会服务承诺制度,它主要是针对那些难以私营化的垄断性公共部门和公共服务行业,如铁路、邮政、水电、环境卫生、城市公共交通、公共文化设施、公共安全、执照核发等。公民宪章运动的基本内容包括服务标准、透明度、顾客选择、礼貌服务、完善的监督机制、资金的价值6个方面。公民宪章运动的践诺机制包括内部管理机制和外部监督机制。内部管理机制首先是建立健全服务承诺的领导体制,这是组织上的保障。英国政府在首相办公室设立了宪章运动领导小组,专门负责宪章运动的推动和协调工作。其次,政府对公民宪章运动进行协调和技术支持,除明确公民宪章运动的意义及主旨,制定公民宪章运动的指导原则和基本要求外,还要及时了解各部门公民宪章运动的进展情况,定期发布信息,总结和交流经验。《公民宪章信息》季刊免费赠阅。而外部监督机制是设立独立的公民宪章监督专员,他们不受政府行政部门的政治控制。布莱尔政府上台后,又设立了由5 000人组成的人民监督委员会,对公共服务的质量进行监督。

尔后,在2010年5月就任首相的卡梅伦为政府部门设置更加明确的工作重点和衡量标准,使公众更加了解每个部门的运作,以便他们能够有效监督政府机构各项承诺和规划的执行情况。这令整个政府架构更为高效、更具竞争力。

而加拿大政府对绩效管理的探索则更为着重透明化与互动性。加拿大政府对绩效管理的探索可以追溯到 20 世纪 90 年代的公共支出管理制度的改革。当时加拿大政府面临的挑战是在减少支出的同时改进服务。加拿大政府为各项公共服务的流程、做法等内容设定明确而清晰的服务标准,并予以公开,使民众了解政府提供公共服务的范围及程度,公务人员也有明确的标准来考核其服务绩效。

加拿大政府在 2000 年积极倡导"基于加拿大人民需求的成果取向",强调政府各项运作的成效与结果。政府在线工程使所有政府信息和服务网络化、电子化。加拿大政府要求所有公务员必须能够与公众在网络上实现互动,从而在面对面、电话交谈外,再增加另一个更及时、更丰富的沟通渠道。加拿大政府致力于构建的整合的绩效管理战略与英国的 PSA 颇有些相似。在联邦政府的层次上,财政部秘书处推进两条革新的又相互影响的绩效改进路径。2004 年建立的管理问责框架(MAF)以政府能力建设为目标,并以此框架为基础整合了公共支出管理系统(Expenditure Management System, EMS)与管理、资源和结果框架(Management, Resources and Results Structure, MRRS),主要关注政策和项目层面的绩效评估。

另外,《昆士兰州政府绩效管理框架指南》披露了澳大利亚昆士兰州政府绩效管理体系中诸如绩效管理框架、政府目标、机构目标、绩效指标、绩效改进、政策制定、绩效控制和绩效报告等内容。维多利亚州基本服务委员会《地方政府绩效控制框架》包含了一套共同的关键绩效指标,关注服务的质量、效益和效率。这实际上也是维多利亚地方政府进行绩效评估和绩效管理的框架指南,包括评估领域的识别、绩效指标体系的建立(包括指标原则、指标维度、关键指标)、绩效战略和目标、绩效报告、绩效信息的收集和处理方法等等。

昆士兰州政府认为,绩效管理是一个系统,该系统整合了组织的战略管理、绩效信息、评估、绩效控制和绩效报告等过程。基于这样的认识,该框架强调绩效管理的重要性并构建了总体性框架,以提高绩效信息的使用率并改善政府绩效。该框架提供了十分清晰的结构,各要素互动关联并发挥着各自的作用。绩效管理框架提供了基本思路,从上往下看,在政府战略和使命的指导下,政府各个关键政策领域有其自身的目标和优先事项;要想实现政策目标,需要以与各个机构签订绩效协议的方式来完成。由此,各个机构就有它们各自要实现的目标和衡量指标;机构要实现目标就需要提供特定的服务,这就有了服务标准和衡量指标。从下往上看,各个机构通过提供符合标准的服务来履行其与政府签订的绩效协议,由此帮助政府来实现政策目标并进而实现政府战略。绩效管理就贯穿在绩效战略和绩效目标实现的全过程。在《昆士兰州政府绩效管理框架指南》中,还规定了不同层次且相互关联的政府目标,主要有:(1)政府抱负或理想(ambitions)。它代表的是政府服务的社会总体目标,是可以变化的,是战略性的、高层次的且可测量的。所以,也可以理解为是政府愿景或是战略。框架规定用5个词表述了这些战略:强大、绿色、灵活、健康和公正。(2)政府目标(government targets)。它是关键政策领域具体、可观察且可测量的目标。这些目标的实现通常需要多个政府机构之间的合作。(3)协议目标(collaborative agreements)。合作协议是绩效管理框架的中心部分,它规定了各个机构的具体贡献并对达成政府目标的行动和服务进行协商和维护。除了政府战略和目标外,还有其他目标或是优先事项可能体现在绩效协议中。例如,提供更好的医疗卫生服务、处理气候变迁问题等等。

而新西兰绩效评估指南的核心部分包含六方面内容:为什么要进行绩效评估;建立初始绩效图景;让利益相关者参与评估;定义结果、中间结果(影响)和产出;进行测量并建立指标;连接绩效管理的三个层次并进行结果反馈。该框架指南有三个显著特点:其一,关注绩效战略。在绩效管理框架结构图中,处于最顶层的就是政府战略,其他层次的工作都是为了实现政府战略。框架指南在对政策目标和机构目标的说明中都强调要围绕政府战略作出,将战略导入绩效管理有利于绩效改进。其二,关注绩效信息。指南指出,设计绩效管理框架的目的是提高绩效信息的分析和应用效率,帮助机构、政府和社会识别、处理风险和机会;它应有助于鼓励更好的实践,建立一种共同的语言,使它更容易整合机构之间的绩效信息;同时,它能够使各个机构利用绩效信息向政府提出建议,改善服务供给和结果等。其三,关注绩效合同。框架指出,政府为了完成战略目标与具体政策领域的目标,就需要各机构之间的协作,并且这个协作要以合约(合同)的方式固定下来。政府的绩效合同不仅规定了各个机构的目标,也规定了各个机构的绩效指标。

机构目标和绩效指标通常包含在 CEO 和 SES 的绩效协议中。

再把目光转到问题百出的美国——奥巴马政府的支出剧增引发了关于政府职能和规模的全美大讨论,有人担心美国会深陷债务不能自拔,有人质疑政府能否有效利用纳税人的钱,更有人开始怀疑奥巴马政府的运行效率。解决这些难题的重任落在了杰弗里·吉安斯肩上。他以前是咨询行业一个名不见经传的小人物,他在华盛顿郊区长大,大学毕业后投身咨询业。1992年,25 岁的他当上了一家医疗卫生行业经营水平研究公司的企划部主管,3年后被提升为首席执行官,最后 2009 年 6 月 29 日成为奥巴马政府第一任首席绩效官。[①] 他的任务是确保政府 24 个主要部门运行平稳,预算使用收到最大成效,最终提升政府工作效率。与吉安斯密切合作的还有首席信息官维维可·康德拉和首席技术官阿尼什·乔帕拉。

43 岁的吉安斯语言简洁、不苟言笑。他敦促政府领导确立目标、明确重点并衡量进度,由他来提供管理和技术支持;另外,吉安斯小组还承担着处理紧急事务的任务。但吉安斯小组用行动证明了其快速反应能力。2009 年秋,提高退伍军人教育福利的新立法出台后,近 28 万人提出了申请,数量之大远远超出退伍军人事务部的处理能力。于是该事务部向每个申请者紧急派发了 3000 美元的支票,但还是有很多老兵因政府运行不畅而吃了苦头。不得已,该事务部请求吉安斯支援。后者建议:既然部里招聘和培训新人可能需要几个月,为什么不把简单的工作发包给私人公司去做?该建议被采纳后,付款速度加快了。吉安斯小组在这次危机处理中施展了快速、合理的应对手段。

克林顿"重塑政府"的举措激发了不少好创意,却鲜有实效;布什采取高压政策让管理层对部门的表现负责,并把工作外包给私人企业,可管理层却感觉束手束脚,外包也不是解决问题的万灵药。而吉安斯走出的是中间道路。他一方面要求各部门领导就工作中需要优先解决的问题制定出几个目标,有明确的完成期限和量化结果;另一方面放手让各部门自主选择目标,并鼓励自下而上的合理化建议。

---

① 史蒂夫·哈姆.杰弗里·吉安斯等三人组成救火队帮白宫提效[J].美国《商业周刊》,2010(3).

吉安斯锁定了几个需要优先解决的问题,比如加强科技应用、改善采购流程、加快招聘速度等。目前,他正在启动一项改革采购和合同管理的计划,希望利用政府的购买力优势,从每年支付给外部供应商的 5 000 亿美元采购款中节省 400 亿美元,最终缩减采购支出。

康德拉则建立了一个"仪表盘"网站,公开展示政府的各技术项目,连缺点也暴露无遗。这个网站由图表组成,像个汽车仪表盘,显示了政府的信息技术支出概况,并详细分解到各部门和各项目。2008 年 6 月 30 日网站推出后,评论如潮。康德拉说:"我们正在把政府由隐秘、不透明改变为透明、公开和便于参与。"由于建立了仪表盘网站,退伍军人事务部暂停了 300 项科技计划中的 45 项滞后或超支计划。

美国政府新设置的"首席运营官和绩效改进官"源于美国国会在 2010 年 12 月 21 日通过的《2010 年政府绩效与结果法案修正案》(Government Performance and Results Modernization Act of 2010,GPRA Modernization Act of 2010),1 月 4 日,奥巴马总统签署了该法案,该法案正式生效,从而完成对 1993 年通过的《政府绩效与结果法案》(Government Performance and Results Act of 1993)的首次显著修订。法案要求联邦政府部门设定可以衡量的绩效目标,加强部门间协调以避免重复性计划的出台,并将绩效进展在网站上公开和更新。法案还要求各部门指派一名首席运营官(chief operating officer)和一名绩效改进官(performance improvement officer),负责监督所在部门和整个政府改进行政、管理、采购等职能的情况。

该法案要求每个联邦政府部门设定更加清晰的目标,明确界定它们为美国人民实现了什么。美国联邦政府的巨额财政赤字显然是该法案出台的动因之一,即政府要对纳税人负责,说清楚这些巨额财政支出究竟花在了哪些方面,花的效果如何。与此同时,它也与奥巴马政府所要求的反对浪费不谋而合,被认为是奥巴马政府执政理念的具体化。此外,该法案要求通过公共网站公开和更新政府绩效信息,也有利于增强政府运营的公开透明度,并强化政府问责和公民监督。而每个联邦政府部门设立首席运营官和绩效改进官,也与奥巴马政府在 2009 年委派的首席绩效官是一致的,都是在加强政府绩效领导。

# 9. 对外国政府绩效管理的中立评价

　　西方市场经济国家经过 20 世纪 70 年代以来的改革,不以 GDP 总量及其增长速度、投资规模、通货膨胀率等传统指标作为评价和判断政府绩效的依据,而是更注重政府为公众提供公共基础设施、秩序维护等公共产品和公共服务,同时,不增加税收负担。

　　在西方,政府绩效不再仅仅是一个经济的范畴。这种考核和评价方式通过社会调查、民意测验等方法,定期征求社会公众对政府工作的满意程度,最终以此作为对政府绩效评价的依据,并且,大众传媒的普及和介入,导致了这种评价的"鱼缸效应"——政府和公共部门的活动就像鱼缸中的金鱼一样无时无刻不在受到大众的审视和评判。

　　不丹王国的吉格梅·廷莱首相提出以 GNH(国民幸福指数)代替 GDP 作为国民富足的指标,经济发展只不过是国民得到幸福的手段之一,绝对不该是国家的目的。他认为人类发展的目标不应仅止于终止饥饿、贫穷,更应该积极创造个人和群体的幸福,一种物质与心灵、个人与群体、全方位的均衡发展。只有追求国民心灵的幸福,才是国家永续经营的根基。联合国在 2011 年 7 月正式通过了不丹所倡议将"幸福"纳入人类千禧年发展的目标。

　　促成 GNH 的四大关键策略是:永续与公平的社会经济发展;环境保护;文化的维护与推广;良善的治理。

　　"实现幸福的最重要条件是良好的政府治理。如果没有这一点,其他三个支柱都无法成立"[①]。"这 4 个支柱又可以再分为 9 个领域:生活水平、健康状态、教育、时间运用、心理福祉、文化、小区活力、良善的治理、生态的完整性"[②]。

---

① 　[不丹]吉格梅·廷莱.幸福是什么[M].北京:外文出版社有限责任公司,2013.9:26.
② 　[不丹]吉格梅·廷莱.幸福是什么? [M].北京:外文出版社有限责任公司,2013.9:56.

"评估国家"的出现反映出当代西方行政改革对评估活动的极端重视。组织绩效是当代政府管理的核心价值。然而,要改进政府绩效,你必须首先了解目前的绩效水平究竟如何。"测定是绩效管理的一个关键环节:如果你不能测定它,你就不能改善它。除非在绩效目标实现程度的测定方面达成一致或谅解,一切确定绩效目标或标准的努力都是徒劳无益的。"甚至人们以为,一个东西若不能测定,那它就不存在。改革中的评估首先广泛应用于改革的试点单位及示范项目。在美国,质量运动在州政府和地方政府的影响力比在联邦政府更大,因为这一计划应用在服务方面所产生的结果和影响比在联邦政府中所产生的结果和影响更容易加以量化[①]。美国和德国都制定了"日落法案",规定不得推广没有经过评估而确认其效果和成本收益的示范项目。改革中的评估还应用于监测和阶段性地评价具体改革措施,如英国的雷纳评审[②]。

　　例如,美国政府一般不制定国家经济计划和产业政策,主要依靠总统向国会发表的演说和咨文来表明政府对经济发展方向和重点的意见,例如罗斯福当选总统后推行的"新政",里根向国会两院联席会议提出的"经济复兴计划"等。英国政府在1945—1975年间曾几次试图制定并执行国家经济计划,但收效都不大。此后,英国政府放弃了制定中长期经济计划的企图,仅在年度国家预算中确定下一年度或中期的经济指标。

# 10. 公众参与政府绩效管理的意义与障碍

　　按照前面章节曾经说过的管理学基本常识,同时也是绩效管理的哲学理念:绩效考核本质上就是顾客对服务或产品提供方的满意度评价打分。站在绩效管理的哲学高度去思考绩效问题,可以使复杂的问题变得非常简

---

① 　[美]B.盖伊·彼得斯.政府未来的治理模式[M].北京:中国人民大学出版社,2001:64.

② 　黄仁宗.当代西方市场化行政改革述评.天府论坛,www.028cn.com,20010813.

单。政府的受众是民众、是百姓，所以政府的绩效（政绩）应该由民众来打分。

但由于政府与公众之间的信息不对称性，使得公众获取准确政府绩效信息的难度比较大。如何将打造"透明政府"和"绩效政府"有机结合，在评估指标体系中提高公民评估的权重，设置制度化平台吸引和方便公众监督政府绩效，这是打造创新型政府的一个很大课题。

公众难以参与政府绩效评估的主要障碍有几个：首先是政府绩效评估过程中倾向于自我评价，特别是上级领导评价。我国现行政治和行政体制决定了每一级地方政府既要向人大负责，也要向上一级政府负责，而在现实中则只表现最直接的层面——政府官员对上负责。下级官员在与上级政府官员博弈过程中，处于信息强势，这就是说上级官员对下级官员的评价和判断依赖下级官员所提供的信息。而由于下级官员的升迁取决于上级官员，下级官员显然会将上级民员的评价指标作为追求目标，而不会考虑公众渴求的内容——提供更优质公共服务。这样，政府官员由于政绩冲动所追求的目标，与民众所希望的目标存在较大差距。

另外，传统中国社会长期流传"以官为师"的观念，以及一些地方政府主观地规定自身的职能责任，一厢情愿地提供着他们自认为老百姓应该需要的服务，并自设标准考评这种服务的绩效，追求简单化；而老百姓真正关切的问题、迫切需要的服务，却存在严重的供应短缺。上级领导掌握着资源配置权、指挥命令权，特别是掌握着对下级的考评奖惩权。在这种情况下，"只对上负责，不对下负责"，"不怕群众不满意，只怕领导不满意"成为官场的游戏规则和普遍现象。正如著名管理学大师彼得·德鲁克所说："成绩存在于组织外部。企业的成绩是使顾客满意；医院的成绩是使患者满意；学校的成绩是使学生掌握一定知识并在将来用于实践。在组织内部，只有费用。"可见，一个组织的绩效是由组织外部决定的，即由组织的服务对象——用户来评价。政府绩效也必须由政府的服务对象来评价。

而在制度安排上，公众参与政府绩效评估未能实现程序化、组织化和法定化。程序化能使公众参与作为政府绩效评估工作中一个必不可少的步骤得到保证，而不致成为一种可有可无的随意性的安排。组织化是指通过社会团体（利益集团）而不是以个人方式表达利益诉求的公众参与。法定化则是将公众参与以法律的形式加以确定,这样,如果在政府绩效评估中,决策者有意无意地省略了公众参与这一环节,那就是违法了。目前,公众评价权威性的理念不再有人怀疑,但遗憾的是,人民群众评价政府政绩还停留在理念阶段。我们还没有健全的竞争性选举制度,也没有公民及其代表的信任投票制度,更没有对劣迹官员的弹劾制度。人类政治史告诉我们,没有精密的制度安排,权利是永远不可能实现的。当务之急是把公平评价政府的政治理念知识化、程序化、技术化,以便于人民群众了解、掌握和实践操作,这具有制度创新的巨大空间。

过于看重数量指标而忽视了民意指标,对科学主义、理性主义的迷信,同样是公众参与政府绩效评估的障碍之一。政绩考核需要有定量分析,但在实际考核中又往往很难对其完全定量化,例如民意测验指标中的“很满意、比较满意、一般、比较不满意、非常不满意、不了解”就属于定性的范围。政治毕竟不同于工程,它没有独立于人们意识之外需要人们的理性去发现的最优解,也不可能有一套能精确标示政绩优劣程度的定量化指标体系。政绩优劣一部分可以用数量指标来说明,但更多的部分需要用民意来衡量。民意评价虽不够精确,但往往十分准确,在民主政治结构中具有十分权威的终极效力。另外,“政府评价活动无法离开民众观念与思想的影响,不同的评价主体会形成并产生自身的价值判断,从而影响政府评价标准。政府评价活动仅凭客观指标的定量评价方法无法真正反映事物的本质特性,无法体现评价主体和评价对象的主观意愿,还需要依靠定性评价方法”[①]。有些政府工作内容,如工作态度、勤奋程度、市民治安满意度、政策社会效果等也很难真正做到数值化,就需要借助定性评价方法。改革开放以来,出于对过去那种完全定性化政治鉴定的否定,也是出于对科学主义、理性主义的迷信,我国各个行业的业绩评价越来越趋于量化。这对于简单劳动是可以的,但对于复杂劳动却显得很荒谬。在定量分析评价潮流的驱动下,政府的绩效评价也定量化了。即使在定量评价分析中,指标的权重如何确定,其实仍然涉及定性问题,是一个价值取向、价值选择的问题,需要依靠民意的充分调查、体现。

---

① 徐家良.政府评价论[M].北京:中国社会科学出版社,2006:158.

政府绩效评估中的公众参与缺失,既有上述制度方面的原因,也有公众方面的原因:一是公众由于长年的不参与形成了政治冷淡,即使现在有了参与的机会也调动不起积极性,仍然认为自己人微言轻,形成说了也白说的恶性循环;二是与公共选择理论的所谓"搭便车"行为不无关系。公共选择理论的"经济人"假设认为,追求个人效用最大化是个人参与公共过程的基本动机或动力,同时基于公共物品和服务的非排他性(即公共政策效用的共享性),这就为"搭便车"现象的广泛存在提供了可能。因为公众在显示偏好即参与过程的活动中都需要支付一定的成本,例如收集情报信息、研究相关策略等,更主要的是,个人不这样做,同样可以享受到别人为此努力所带来的好处。因此,理性人最"经济"的选择就是不行动,让别人去"参与",自己坐享其成。所以,虽然在政府绩效评估中建立了完善的公众参与机制,但是如何激发公众参与的热情和主动性,也是一项并不轻松的工作。

## 11. 基于政府绩效管理再谈公众参与的实现

民众不仅会追求那些客观的、可量化的发展指标,还会追求那些主观的、不可量化的指标,如公共服务水平、社会安全程度等。与此同时,民众还会根据自己的感受,充分发挥自身所拥有的地方知识,为政府提出发展目标,使政府主动按照民众需求制订发展计划,而不是政府简单指标化、单方面为民众制订发展计划。与上级政府相比,民众在评估政府官员的政绩方面具有信息优势。这样看来,只要将评估政府的权利还给民众,政府的发展目标必定是民众所期望的,自然也就会形成以公众满意度为取向的绩效评估指标。同时,将权利还给民众,也就自然解决了什么是民众所期望的发展目标、以什么指标体系评价政府官员的政绩的问题——这样才能够真正实现科学发展观和正确绩效观。至于将评估政府的权利还给民众的具体方式,我们认为应该通过立法等形式,在政府绩效评估中做好能满足以下论证条件的各项制度建设——这样建立公众参与的机制最为妥当。

首先,这是有法律基础的。宪法保障的各种权利如政治权利、法律权利和社会权利,对于民众评价政府是极为重要的基础。言论自由和出版自由特别突出。只有在言论自由和出版自由的基础上,宪法才能确保民众评价政府的正常进行。

其次,这是科学的。公众参与的机制主要基于民意调查制度,而民意调查是公共政策决策民主化、科学化的一项基本工作。建立民意调查制度是实现人民主权原则的需要,也是加强政府服务和政策制定的需要。有的国家法律规定,政府的重大政策出台前都要进行民意调查,以保证政策符合民意。通过民意调查,还可以宣传政府的政策,获取国民的理解和支持,掌握民众对政府服务的满意程度。在加拿大的民意调查机构中,有中央政府和各部委的民意调查机构,有民间研究咨询性的民意调查机构以及私营民调企业。在 2 000 多家私营民调企业中,有 600 多家从事政治性的民调业务。加拿大政府 1999 年聘用民意调查私营企业开展了 600 多次民意调查。民意调查为政府的政策制定奠定了良好的民意基础。

我国政府绩效评估领域以前也做过一些社会调查,但往往是由政府部门工作人员做一些简单的、非随机抽样问卷或访谈调查,缺乏严密性和科学性,更未形成制度。我们提倡借鉴国外的经验,把民意调查确定为政府绩效评估的法定程序,把相关的统计处理分析有偿地交由大学、专业研究机构和咨询服务公司去做,以保证调查的客观公正性和科学性。

再次,这是廉洁的。公众参与有赖于透明机制的建设。信息公开制度包括允许公众旁听会议制度,议会辩论日志出版制度,议会活动全程实况转播制度,议会网站制度等。国外很多相关机构的经验可以直接借鉴,比如世界银行与多国政府联合进行的反腐败工作中所提出的透明机制,即增加公众对政府工作的信息量获取,明确政府项目的操作规则并让公众参与对政府方案的监督,这些措施对于增强公众对行政首长的信任感有很大的帮助。

在加拿大,有线公共事务频道是由有线电视行业出资成立的非营利性公共服务机构。每周 7 天每天 24 小时专门报道议会活动,包括众议院辩论、参议院会议、议会委员会的听证会、政府委员会会议、特殊事务调查等。加拿大议会网站上有几千个议会文件,有议员情况介绍,议员电子信箱,议员在辩论中的发言全文等。议员的发言几乎同时在网上发表。魁北克省议会网站现在的访问人次逐年激增。美国全国有线电视网用两个频道每周7天每天24小时对国会活动现场直播。对所直播的内容,没有编辑和间断,均以公正无偏见的态度整体报道。以色列议会是中东地区透明度最高的议会。以色列《议会基本法》第27条规定:除非本法有规定,议会的活动均应向公众和媒体公开。第28条规定:除非是议长认为会危害国家安全,在议会公开会议中所进行的程序和发表的言论,其公开出版不得禁止。在以色列,媒体可以随意进入议会活动。从1992年开始,议会的所有全体会议及专门委员会会议都要通过电视向全国直播。议会内用于电视直播的机器可以在会场内任意移动。在议会会议进行过程中,电视观众可以随时打电话发表意见。英国议会除了允许传媒对议会报道外,还实行文件公开制度。平民院的各类文件一律向公众公开。

最后,这是适时的。在不同的发展阶段,公众的关注点会有所转移,因此,政府绩效评估的具体内容必须及时作相应调整。在一个国家的不同地区,公众的关注点也是有所不同的,因此,各个地方政府的绩效评估指标应该允许有所差别。对不同的考评对象要分类处理:对一级政府及其领导(如省长、市长、县长),首先并主要是公众的评价。因为他们所从事的工作是综合性、宏观性、规划性的,量化分析的难度很大;上下级政府之间的工作独立性强,上级政府对下级政府的政绩优劣很难有充分的了解,而其治理之下的公众,基于自己的切身感受往往能够给出一个比较准确的判断。民主社会的选举,其实就是一种由公众作出的政绩评价。它所选择的将任领导虽然不一定总是好的,但它淘汰的总归是政绩有缺憾的。对于一级政府的组成部门及其领导(如公安局、环保局、教育局及其局长),则应由上级领导在公众舆论评价的基础上作出评价。

法律保障、民意调查、透明机制、适时指标、科学管理……不论是具体在公众参与还是在整体政府绩效评估设定上,这些因素都是必要、重要而且实用的。

**讨论话题**

1. 政府在政治、经济、文化、教育、科技等方面都会制定长期目标、短期目标,其量化程度如何? (实现时间、地点、措施、直接责任者、相关责任者、责任追究方式)

2. 实现目标的各种条件是否具备? 谁负责保证? (各种条件的相互关系及关键部门;目标的实现产生的正面膨胀效应和掩盖的长远负面效应)

3. 政府目标实现的比率如何? (谁负责审查政府的目标与实现结果? 政府当事者对目标承担责任的真实性)

4. 社会公众对政府目标的认知度如何? 公众对历年来政府实现的目标的美誉度如何? (如很多民意调查反映大家最关心的问题是"腐败严重",而政府总把目标定为 GDP 增长)

5. 在组织中,工作是否被设计得具有激励作用?

6. 成员是否有技术、专业和人际关系的技能来有效工作?

7. 工作是否满足成员的需要和爱好?

8. 人力资源管理或人事工作是否根据各种完成组织任务的行为来评价、挑选、培训、奖励工作人员?

9. 我们能划定什么标杆来表明进展?

10. 我们目前在收集什么信息数据? 它们是怎样衡量最重要的情况或趋势的?

11. 组织在实现它的人力资源目标吗?

# 第 07 章

## 公共政策创新

# 1. 理解公共政策创新的意义——改革顶层设计的哲学解读

什么是公共政策？相信真正理解的人并不多。

"公共政策是一个政府选择要做的任何事，或者它选择不去做的任何事。"①这是国外学者对公共政策的定义。换而言之，公共政策就是政府的战略规划与管理——这样的解释相信更多人能听得明白。最近这些年，"顶层设计"这个说法在政府治理的理论和实践中越来越流行。

在笔者看来，"顶层设计"在社会发展和公共管理领域的运用，其实就可以理解为政府的战略管理；改革的顶层设计，就是要站在政府战略管理的高度，统筹改革与发展的全局，使改革与发展按照民众的期望目标迈进。

战略规划与管理并不神秘，即使在企业范畴其应用也早已广为普及。从市场调查、市场分析、顾客调查、顾客需求分析到品牌战略、产品规划、市场策略、商业模式等，其核心就是整体性、全局性、长远性、重大性的目标设定，包括了战略目标的规划与设计、战略过程的组织与控制及战略具体实施执行。这是成熟的目标导向工具而绝非诡秘高深的理论论调，只是其制定过程未带给我们足够强的参与感而已。

理论上，我们每一个公民都是国家公共政策制定的参与者。我们的日常生活，我们的社会环境发展，通通都会通过民意调查转换为数据，然后成为政府制定政策的依据。

笔者认为，政府的公共政策既包括了政府的作为，也包括了政府的不作为。政府的无力作为或者不能够作为是一种政策，但政府的不作为正如其作为，同样可能对社会产生重大影响。这个观点在下文中将会有所论述。

---

① ［美］托马斯·R.戴伊.自上而下的政策制定[M].北京：中国人民大学出版社,2002:3.

公共政策创新是指打破观念、制度和程序上的陈规,规定、执行与完善有创意、有价值的公共政策,有效地促进公共问题解决的过程。贴近流行的说法,就是"改革顶层设计",其本质是改革理念、改革方法的突破,需要从哲学的高度加以理解。

衡量公共政策创新最重要的标准在于是否有效地解决了特定的公共问题。如果某项公共政策方案很完善,但实际上难以执行、不能有效解决其针对的问题,也不能称其为公共政策创新[①]。求变,是因为原本的做法不适合,无法解决问题;只有问题解决了,才是真正改变了。这也是一个从侧面理解和定义政府作为与不作为的观点。

## 2. 公共政策创新的思路解读

政策创新的用意可以定义为对社会发展新问题、新状态的探索过程,以及政策执行的科学化、合理化方向调整。政策创新的目的是使政策决策更科学,政策过程更规范,政策目标更精确,政策手段更完善,政策灵敏度更高,政策内容更具体,政策效果更明显。因此,政策创新的思路包括以下几方面:

政策手段创新。政策按其手段特征可划分为 3 类:第一类是工具性政策,即常用的财政政策、货币政策等,这些政策工具的效能要不断提高;第二类是目标性政策,即解决经济、社会重大问题的综合政策,如农村剩余劳动力吸纳和流动的管理政策、扶贫政策、产业政策等,这些政策要不断完善和创新;第三类是制度性政策,指对经济、社会行为或具体制度选择的许可或限制、禁止政策,这类政策对制度创新和深化改革至关重要。

政策程序创新。这是指通过政策决策系统的不断创新,使政策问题的捕捉、政策决策的程序、政策内容的设计更反映社会需求,更能体现民意,

---

① 卞苏徽.入世背景下的公共政策创新[J].中国行政管理,2002(11):32.

重塑政府

更科学、合理、透明，使政策产品的质量得到切实保证。政策过程创新的目标是实现政策过程现代化，它应由政策决策的科学化和民主化、政策形成和完善的社会化、政策传播的信息化三要素组成。

政策内容创新。也就是指公共政策要"到位不越位"。政府公共政策在内容上应着重于政府领域（界定和保护产权，保障合同的实施，适当的监管及提供其他公共产品和服务）内的公共事务。其他属于市场主体（如企业、民间组织等）领域的大量微观事务就不再适宜用公共政策去微观规范和调节了，否则就属于公共政策的"越位"现象。另外，急剧变迁的时代引发了许多政府以前没有关注或关注不够的问题，这些问题的出现迫切需要政府运用公共政策加以规范和调整，如失业问题和弱势群体问题。

政策主体创新。市场经济是无数市场主体的活动，改革开放是亿万人民的实践。时刻变化的市场，不断发展的社会，不断成长的公民，需要相应跟进的政策主体去适应。是否倾听民意、尊重民意，将直接影响公共政策的正确与否；忽视民意，就会导致公共决策偏离公共利益，丧失公共精神，甚至侵害公共利益，最终形成为某个利益集团服务的"拐点"。政策主体的创新不仅局限体现于公共政策制定过程中的民意表达，如召开听证会等，而且还要体现在公共政策的执行、监督和评价等各个环节。

在政策创新的四个方面中，政策过程创新是前提和保障，政策手段和内容创新是核心，政策主体创新是创新活力的源泉。通过对公共政策创新思路的良好、充分解读，不仅有利于政策创新的制定，也同样有利于对政策创新的理解与执行。

# 3. 传统公共行政是利用控制来实现效率

税制是政府主导下公民权实现的关键。

"94 分税制"实施之后，以极快的速度确立了中央财政的主导地位，财政总收入中，中央财政的集中能力越来越强，集中比例越来越高。1993 年，中央财政收入占全国财政收入的比重是 22％，次年实行分税制即刻就上升至 55.7％，以后大致保持了这个比例，为 55％左右。这种中央财政宽余、地方财政紧张、居民收入占 GDP 的比重持续下降的态势已维持了多年，一种中央财政实力雄厚、地方财力薄弱、国强而民不富的局面正在形成。

中央政府上收了部分财权，这本没有什么，但与此同时，中央政府应该把相应的职能和责任也收上去、承担起来，这才合理，但后来发生的实际情况却是，中央把钱"拿"走了，"事儿"却留给了地方，还不断有"新事儿"推给地方去做。

"94 分税制"对省级以下财政体制的改革一直未作出明确规定，省以下各级政府的收入划分由省政府自行决定，这就在制度上留下了一个缺口。在利益驱动下，分税制造成的收入上收的效应就难免在各级政府间层层传递，省级政府的财力集中程度不断增大，从 1994 年的 16.8％迅速上升到 2000 年的 22.4％，每年上升两个百分点。市级政府也跟着"凑热闹"，财政收入占到 36.5％。2000 年地方财政收支相抵，净结余 105 亿元，而县、乡财政赤字增加。到 2004 年，省级财政收入占 25.9％，地级市占 36.6％，两者相加占 62.5％，说明实际上财力的确是在向省、市级集中。

由于财政大幅度向中央倾斜，中国在过去很多年里越来越显现出"中央富、地方穷"、"国富民穷"的局面。中央向地方要钱，地方又层层向下级政府要钱。财富很快向中央政府集中。

而"中央富、地方穷"的局面必然导致"国富民穷"。地方政府需要生存，需要发展，因此就要向"民"和社会要钱。先是向农村农民收费。各地的农村收费土政策曾经成为农民集体抗议的一个主要原因。农业税取消之后，地方政府就转向了农民的土地。现在土地已经成为各级地方政府财政的重中之重。这已经产生了很多负面的效应，其中之一就是房地产价格的飞涨。在抬高房地产价格方面，地方政府和开发商的利益是一致的。地方政府提高土地价格，而开发商自然把土地成本转嫁给消费者。

另外一个向社会要钱的方法就是地方政府和企业出资方合作。为了让企业发展地方经济，多交利润给地方，地方就拼命向企业提供廉价的土地和廉价的工资。

更为严重的是集权已经造成了中央和地方权力关系的失衡。很容易观察到一些很特别的现象。一方面,尽管集权,但中央的政策越来越难以执行下去,地方通过各种方式来抵制中央的政策,这尤其表现在"中央出政策,地方出钱"的领域。另一方面,地方在越来越多的领域越来越依赖中央。布满京城的驻京办很形象地说明了这种情况。现在要撤销驻京办,但可能会不得要领,因为驻京办完全是地方对中央的制度性依赖的结果。最近一段时间以来所发生的地方企业"央企化"或者地方求助于央企的情况更是说明了这种趋势。与央企结盟是地方的理性选择,通过这种途径,地方可以得到两方面的利益,即政策利益和经济利益。很显然,和央企结盟,地方很容易得到中央政府的政策利益。一些本来通不过的项目,一旦央企卷入,就很容易得到批准。同样,和央企结盟也可得到经济利益,这不仅仅是因为央企本身掌握着大量的资金,而且也是因为央企对中央政府的巨大影响力,通过央企,地方很容易融资。

与财权越来越集中的同时,政府的基本事权却在下移。地方财政收入在全国总财政收入中的比重,1993 年为 78%,次年实行分税制,即迅速下降,1994 年仅为 44.3% ,此后的 10 年间一直在这个水平徘徊。而地方财政支出的比重在过去 15 年中变化很小,1990 年为 67.4%,2005 年为 74.1%。可以看出,通过分税制改革,中央集中了大量的地方财政收入,约占财政总收入的 20%～30% 左右,与此同时,中央和地方的支出划分几乎没有发生显著变化,即分税制没有改变中央和地方的事权划分格局。这些数字,说明地方政府用 45% 左右的相对财政收入,支撑着 75% 左右的相对支出责任。而分税制改革以前,地方政府是用接近 80% 的财政收入支撑着不到 60% 的财政支出责任。

县、乡两级政府要支持地方经济发展,要承担义务教育、区域内基础设施建设、社会治安、环境保护以及行政管理等多种责任,其中许多是必须承担的主要责任和无限责任。例如,九年制义务教育属于全国性的公共产品,有国家法律为依据,又由于人口规模扩大和价格上涨的原因,所需资金逐年增加,而其支出责任主要是由县、乡两级财政承担,省级以上政府用于农村义务教育的支出十分微小,几乎可以忽略不计。最弱小的一级财政却承担着具有全局意义的、事关每个家庭切身利益的农村义务教育责任,说起来让人感觉难以置信,但却如此这般地实行了许多年,这无论如何也是一种不合理的制度安排。

县级行政区域内长期以来农村各类基础设施严重不足，而农村工业化、城市化进程又要求配套完善基础设施。又如1994年时没有明确界定社会保障支出在多大程度上由省以下政府特别是县级政府承担，现在却要求基本上由地方基层政府负责，等等。这些下放的责任和职能通常是刚性强、欠账多、规模大、增长快、无法压缩又非一次性的事项，这对于本就陷于困境的县、乡财政来说无异于雪上加霜。

在市场经济条件下，义务教育、社会保障、公共卫生是政府必须承担的最重要的职责，带有非常强的外溢性特征，世界上绝大多数国家都是属于全国性的公共产品和服务，理应由中央政府承担其主要的责任，政府的基本职能也必须依此来确定。如果由财力严重匮乏的基层政府来承担，必然会导致这些基本公共服务的不足或严重不均等，并由此引发一系列社会问题。我国目前的现实正是如此。这表明中国公民在获得政府所提供的公共服务方面远远地落在世界先进水平后面，这就是由财力不足的基层政府承担全国性公共服务的必然结果。

由于各级政府财权与事权严重背离，分税制就无法起到平衡地区差异的作用，更导致了地方政府财源缩减，促使其从预算外寻找收入来源，城市财政主要是出卖土地为自己筹集财政收入，越是东部地区，卖地收入占地方财政的比例越高，约占三分之一左右，据周天勇先生的估计，2006年，全国各地的土地出让金加起来有7000亿元左右，大部分没有进入预算。而县、乡财政则只能靠收费和罚款来维持。由此，一种新的"二元财政"的格局开始形成。这是近年来我国地方政府行为出现的一个令人瞩目的新变化。越是在农村，越是在农业地区，越是在经济不发达地区，越是基层的小集镇和小城镇，对个体、中小企业的收费、罚款就越严重，甚至让路政、交管、城管等上路收费和罚款，搜刮过路的汽车司机。2006年，地方政府各部门所收的预算外收费和罚款估计高达12000亿元左右。而越是这样做，县、乡经济就越是萧条，投资少、创业难、就业机会少，甚至失去了吸收附近农村剩余劳动力的功能，出现了近年来剩余劳动力过度向大中城市转移和流动的现象（很多人还没意识到这是一种危险）。如此陷入恶性循环，难以自拔。

# 4. 公共政策创新的成功效果

韩国政府的公共政策比较有效。我们知道,经济发展差距决定和影响社会发展差距,这是一般规律。但在实践中,韩国的人均收入与发达国家相比处于较低水平,可是其教育和医疗卫生则达到较高水平,具有较高的人类发展指标。韩国政府1988年成功举办奥运会和2002年与日本成功合办世界杯足球赛,都给国际社会留下了深刻的印象。这里,政府的公共政策起了决定性的作用。这表明,在一定的经济发展水平条件下,政府实行以人为本和以社会为中心的发展战略,能够较大幅度地提高人类的发展水平。

李光耀曾经讲过,新加坡人民行动党之所以能够得到广大民众的拥护而长期执政,在于人民行动党的两件法宝:公共组屋政策和全民就业政策①。新加坡自1964年以来一直致力于在全国推行"居者有其屋"的住房保障计划,称为公共组屋政策。目前全国有超过80%的人口拥有自己的组屋,不仅满足了居民的基本住房需求,也避免了开发商在房价上恶意炒作,在房地产市场发展方面走出了一条独特而成功的道路。为保证居民能够买得起组屋,新加坡出台了一系列资助居民的政策,向个人购房者提供住房公积金贷款、向低收入者提供补贴、以居民可以支付得起的价格低价租房等,保证了这个国家人人拥有住房。

从新加坡的住房保障政策看,一个显著的特点是对住房的定位、对房地产市场的定位和把握比较准确,政府的角色和政策比较清晰。从住房在经济社会发展中的功能看,住房具有3项功能。新加坡政府的政策设计,全面注意到了住房的这3项功能。

第一,住房具有社会政治功能。买房会产生归属感。有房子的人多了,

---

① 资料来源:《新加坡的公共政策与启示》2014-07-04 http://www.yxtvg.com/show/260238.html.

社会凝聚力也会增强。正如先哲孟子所说:"民无恒产,则无恒心。"从新加坡的现实情况看,大约有80%的人居住在组屋,20%的人居住在私宅。居住在组屋的人口中,大约95%拥有产权,是买来的,5%是租来的。收入水平最低的20%的家庭,有87%拥有房屋产权(2008年数据)。住房是新加坡人最重要的资产。

第二,保障经济可持续发展功能。加强经济社会生活中各方面的成本控制,是新加坡政府非常重视的方面。新加坡政府在判断房价高低时,主要从两个角度进行考察:一是居民是否买得起;二是对经济的促进作用。在新加坡,贷款购房的人,每月的贷款偿还额平均为家庭月收入的23%,约80%的首次购屋者只需动用公积金的储蓄。房价收入比,也就是房价与家庭月收入之比为4.2(2008年数据)。一些年份低于4。房屋价格温和上涨,使生活成本保持在合理的水平,某种程度上增强了新加坡经济的竞争力。

第三,社会分配功能。大家知道,通货膨胀某种程度上相当于一种税收,它有利于那些有资产的富人,不利于穷人。买房能够为国民提供一定的财务保障,使国民免于承担通货膨胀所带来的租金上涨的后果,并且在必要的时候可以将住房转换成现金。按照2003年的一项调查,新加坡每个居住在政府组屋的家庭,平均房屋资产价值为15.4万新元,相当于他们年收入的3.3倍。收入水平最低的20%的家庭,平均房屋资产价值为13.8万新元,相当于他们年收入的9.8倍。

鉴于住房既具有公共物品特性,又具有投资性功能,新加坡把住房市场划分为二元市场:一是组屋市场,即公共住房市场;二是私人房产市场。在房地产市场的管理上,组屋市场是80%的政府作用+20%的市场作用,私人房产市场则是20%的政府作用+80%的市场作用。组屋市场对应的是居住和投资两项功能,私人房产市场对应的是居住、投资、投机3项功能。组屋充当社会稳定器,而开放的私人地产市场又能满足外来的移动性需求和投机性需求。

可以说,充分了解并根据其自然的市场发展规律及影响,合理实现公共政策利益最大化是新加坡公共组屋政策成功的基本原因。

# 5. 我国公共政策创新的具体内容参考

从构建社会主义和谐社会的角度看,政府创新公共政策的具体内容主要有:

(1)梳理政策诉求的表达机制。如前述,政策诉求的表达是政策合法化的重要过程,也是现代政治体系的民主要求。健全的政策诉求表达机制不仅使所有社会主体有机会向政策主体表述对问题的关切和各自观点,而且能产生诉求表达的互动效应。当前我国的政策诉求表达机制亟须梳理:第一,继续深化政策制定的民主参与。虽然关于政策制定在效率和公平方面的争论甚多,但从公共政策的可持续性角度看,二者并不矛盾。听证会制度作为现代政府治理的一种重要工具,在我国的某些政策领域已被采用。但从总体上说,完全发挥听证会制度的效用,取决于公共权威能否真正地、快速地和尽早地举办听证会。第二,充分发挥现代信息技术的作用。现代信息技术不仅给公共政策的传导带来了便利,也给公众参与政策过程提供了新的手段。政府应完善电子政务和政府网站,使社会主体的政策诉求不仅可以快速地表达,而且能与政府在政策诉求上进行互动沟通。第三,坚定从过程上公开政策的取向。政务公开实施近 20 年来,公共政策在内容和规则方面的公开都已逐步展开并不断深化,但在过程上公开却始终相对滞后。而公共政策的自由裁量权设计往往又使政策在实施过程中容易出现"走样"或"肠梗阻"现象。因而必须坚定过程公开的理念和取向,通过民主旁听等形式,向社会主体公开政策。

(2)理性应对利益集团的参与。有关利益集团的描述是西方公共政策学的重要内容,在中国的研究却是最近一两年的事,这主要是因为我国的特殊社会情况。在市场化改革逐步深入时,利益集团及其对公共政策的广泛渗透是我国公共权威必须正视的客观事实。在公共政策领域,利益集团以影响政策取向为宗旨,有社团型、机构型、非正式型等类别。对于利益集团,国外的经验证明,公共权威首先必须正视其存在;其次必须引导其合法的政策参与活动,控制和约束其非法的政策参与活动;最后在接受其政策诉求之时必须提高甄别能力和协调能力。

(3)完善社会政策。社会政策,顾名思义是具有社会性的政策,它以增进社会整合、促进社会进步为目标,集中于促进社会生活福利和协调发展的各方面,包括社会保险,社会救助,医疗卫生服务,房屋政策,教育政策,老人、青少年、妇女儿童的福利,社区与非营利组织发展,等等。社会政策起源于工业社会初期的社会管理实践。社会政策虽然属于公共政策的范畴,但有满足社会主体多层次需要的多元性,也有集中于"公平"和"权利"的本质属性,因而是和谐社会中不可缺少的公共政策成分。由于历史的原因,我国过去只有政治政策和经济政策,少有从社会性角度考虑和制定的社会政策。完善社会政策,首先,要使社会政策集中在政府关注的公共福利活动方面,实现社会引导以保障满足社会需求这一社会传统上;其次,要把社会政策从传统行政中释放出来,但是其主要努力方向是强化经济政策和经济机制的自发作用;最后,转向需求的社会合作机制,即政府、企业与社会部门之间需要建立一种合作互动的良性关系,以缓解社会矛盾,适应日益多样化的社会需求。

(4)重新界定公共产品的范围。从经济学视角分析公共政策,公共产品是关键。公共产品并不是一成不变的,而是随着社会经济的发展在不停地调整,尤其在转型时期的中国。因而随着社会经济的快速发展,对公共产品也需要重新界定,以避免公共产品供给方面的"越位"、"缺位"和"错位"现象的发生。首先,一些传统意义上的公共产品如今已属于市场调节的范畴,如价格管理、工资管理等,因而应减少或取消公共政策的干预;其次,当前社会矛盾比较集中和突出的一些领域迫切需要公共产品的供给,如农村的基础设施、社会保障、医疗服务等,食品安全监管(传统上,这方面的公共产品是监管食品卫生)、煤矿安全生产监管、公共卫生防御体系,以及环境保护等;最后,也有一些领域的公共产品供给存在"错位"现象,如基础教育、网吧管理等。

## 讨论话题

1. 对于你所在的机关的绩效,你认为选取哪些指标来考核比较科学、合理? 是否就此征求过"顾客"的意见? 如果征求过,他们的意见如何?

2. 对于提高机关的绩效,你有哪些创新的意见和建议?

3. 政府管辖范围内有多少无章可循的事?

4. 填补政策空白需要多长周期?

5. 有无与中央政策对立的政策? 有无以损害公众利益维护政府机关私利的政策? 有无脱离实际的官僚主义政策?

6. 有多少低于70%拥护率的政策? 提升拥护率的措施是什么? 压制抵制率的手段是什么?

7. 一些重要政策修改周期有多长? 有无反复修订的政策?

8. 政策对国家利益有什么效果? 对社会利益有什么效果? 政策的正面效果背后有什么负面效果?

# 第 08 章

## 政府组织创新

什么是组织？它是管理的一种技能——有目的、有系统地进行集合；它也是一种系统——按照一定宗旨和目标建立的集合体。联系协作与共同目标是组织的核心内容。

于是，对政府组织及其创新的解读，也同样出自两个方面：对政府构成的组织形式的创新，以及对政府构成的组织管理行为方式的创新。由本章起，我们将分3个章节探讨这个问题。


# 1. 现行的政府组织形式简介


2008年"大部制"改革后，中央政府重新整合组建了33个分别由有相关职责的一个或多个部委组成的议事协调机构。这些机构在法定地位、业务性质、相互关系等方面存在很大差别，加上中央政府和地方政府的关系、国务院各部委与地方政府各部门的关系、近年来垂直管理体制形成的特殊关系等，中国政府已然构成了一个高度复杂的政府间关系网络。

现行的政府组织形式基础源自计划经济时代的政府行政管理体系，尽管已经经过较大幅度的精简调整和改革，但体系依然庞大，原结构的影子依然或多或少地发挥着影响。随着中国行政体制改革的不断深入，简政放权、整体政府的顶层设计和系统推进，以及建立和提升跨部门协同治理能力，都是本届政府改革的重点目标，也是实现国家"五位一体"建设和"新四化"发展的关键。

与发达国家相比，中国政府应急管理系统在经过非典疫情、汶川地震等紧急突发事件考验之后，在职责分工、领导体制和运作方式等方面已经逐步走向明晰化和精细化，紧急状态下跨部门协调机制也得以逐步完善，有助于克服危机管理过程中的多头管理，保障信息的通畅和指挥有力。但是中国政府常态跨部门协调机制的运行尚不健全，主要存在政府职能定位不清、部门间职责关系界定不明确；缺乏跨部门协同意识，宏观制度建设滞后；部门权力化和利益化的限制和约束；协调机制规范化、制度化不足；管理细节化和精致化不足;缺乏跨部门绩效评估和评估结果的刚性问责等问题。应该说,中国政府跨部门协调机制所面临的诸多问题既有世界普遍性成因,也受到自身政府组织结构、权力格局、行政文化、绩效评估和问责制度的影响,具有一定的特殊性,解决这些问题需要经过长期艰苦的努力,不能期望一蹴而就。

# 2. 协同治理的解读

从一般概念上讲,治理指的是管理的行为,既可以发生在私人部门,也可以发生在公共部门。但随着顾客导向的社会正在逐渐发展起来,迫使人们去探讨顾客态度和期望的巨大转变,并用"无缝隙政府"(seamless government)来扬弃和重塑这些官僚机构,与顾客保持密切的、直接的联系。研究表明,组织内外常态化、开放式的信息交流对创新的形成至关重要[1],这就需要一种相对灵活的组织形式。而在全球化、多元化、信息化和网络化催生出的全新治理时代,使现代公共部门在新公共管理改革之后又掀起了第二次改革浪潮,其主体不仅包括传统的权威主体,即国家和政府,而且还涵盖企业、社会组织等新的治理角色。这次改革浪潮核心特征就是伴随治理理论而兴起的各种"跨界"协作。为了实现公共利益最大化,满足公众日益增长的物质文化需求,治理要求综合运用行政、市场和社会动员等多种手段,建立呈网络化布局且上下、左右、内外联动的权力结构。

随着实践的不断深入,治理逐渐发展出了整体治理、横向治理、协作治理、网络治理等模式。其中,整体治理着眼于政府部门间、政府间的整体性运作,强调公共管理与服务机构为了完成共同目标而展开跨部门协作,主张政府管理"从分散走向集中,从部分走向整体,从破碎走向整合",政府所运

---

① Kanter. R. Moss. When a thousand flowers bloom: Structural, collective, and social conditions for innovation in organizations. Research in Organizational Behavior, 1988(10).

重塑政府

行的文化、结构和能力不是以管理过程而是以问题为取向,不是按照管理职责而是公民需求提供服务,按照公民的生活轨迹整合服务职能,从而建立起纵横交错、内外联结的协作机制,统一设计服务路线,系统配置服务资源,力求从根本上解决政府管理碎片化和服务空心化问题,提升政府部门整体治理能力。为此,整体政府跨部门协同治理被誉为"当代政府改革的重要趋势""公共部门的新形态""公共行政的未来""公共行政的一个永恒主题""是21世纪公共服务改革最鲜明的特征,就像20世纪末'新公共管理'或'政府重塑'所带来的变革一样"。

在推进国家治理体系和治理能力现代化的过程中,一要推动观念变革,树立整体政府观,大力推进政府行政审批现代化改革,通过系统设计、依法行政,提高整体治理效能。二要确立纵横交叉、分层运行的整体政府跨界协同机制。在宏观决策协同层面,致力于着眼国家全面发展建设战略的顶层设计,强调中央政府对全面或重点改革领域的集权控制,将宏观设计、战略决策、整体运行和全面监督过程进行有机结合。在中观政策协调层面,面向同一政策领域跨部门协同的决策、执行和监督全过程,制定各方协调一致的政策制定计划,以及翔实的政策执行规划、计划和实施阶段,重视发挥中央政府核心作用,同时在政策执行和推广过程中注重发挥地方政府和非政府组织的力量。在微观政策执行或服务供应层面,面向同一部委不同职能和政策之间的协调合作,强调改革具体的服务手段,创新各种服务工具,加大与社会组织建立伙伴关系的合作力度,更好地履行政府服务职能,提高社会服务的协作效能。三要注重协调好跨部门协同纵向和横向结构之间的关系,在跨界协同治理中灵活选择纵横结合的方法。四要综合运用领导力、文化、人事、财政、法律、网络技术等跨部门合作辅助工具,尽力发挥整体政府跨界协同治理的最大效力。

## 3. 整体政府跨界协同治理的内容

　　整体政府跨界协同治理是一个含义广泛的概念,凡政府组织通过"联合"、"协调"、"协同"和"协作"方式,实现国家政策和政府管理功能、活动的整合,都属于"整体政府跨界协同"的内容。其所研究的领域纷繁复杂,范围宽泛,形式多样,主体多元。在内容上,其包含:中央政府和地方政府之间的"上下合作",中央或地方同级政府之间的"水平合作",同一政府不同部门之间的"左右合作",政府与企业和社会之间的"内外合作";在形式上,又分:跨界政策议题下多个政府部门之间的合作,同一政策下不同政府之间的合作,同一政策同一政府中不同层级之间的合作,不同政策同一服务提供机制下的政府部门之间的合作,同一政策或不同政策下的政府与企业和社会组织之间的合作;在主体上,既有中央政府和地方政府及其所属部门机构,也有私人部门、非营利部门、公民社会或志愿组织;在政策领域上,涉及国家治理的方方面面,特别是在应对环境、社会、发展等复杂棘手的问题上,需要政府统筹一切可利用的资源和力量予以综合协调运行①。

　　这种作为政府管理碎片化和空心化的根治之道,以及社会复杂性问题的应对逻辑,发端于1997年英国行政现代化进程的整体政府跨部门协同改革,顺应了经济全球化和政治民主化潮流,认为公共行政的最佳目标不是"小政府",而是"好政府"。改革的方式已经不是政府从各领域的全面撤退,而是选择适当的作用领域,不仅要肯定新公共管理改革所倡导的效率价值,也要关注民主价值和公共利益,希望通过协调、整合等手段促进公共服务主体之间的协同合作,在广泛应用信息和网络技术的基础上,建立起跨组织、跨部门、跨机构的治理结构,最大可能地避免职能交叉或利益冲突,推行政府行政业务与流程的透明化、整合化,进一步发挥中央政府在整体战略协作

---

① 孙迎春.现代政府治理新趋势:整体政府跨界协同治理[J].中国发展观察杂志,2014-09-12.

中的纽带作用,提高各部门应对复杂问题的综合能力,借助打造合力来实现协同各方的"共赢"。

应该说,建立并逐渐完善政府跨部门协同机制是当代政府现代化进程的核心,因为解决社会排外、提供一站式服务或保护环境等问题,都需要跨越政府部门的界限进行跨部门协同。

# 4. 不同的实践模式一览

继英国之后,以跨部门协同为核心价值的整体政府改革迅速在世界范围兴起与发展,已然成为现代政府改革的普遍实践。尽管强调组织整合、跨界合作、网络化运作和多元主体共治是各国的一些共同举措,但在实际操作过程中,不同国家在选择不同途径的同时,不同力量的交织又会把它们拉向不同的改革方向。在跨部门协同的机制、工具,以及服务供应的原则、责任和相应的保障措施等方面,也会在共性之下呈现出一定的国别特色,相继出现了英国的"协同治理"、澳大利亚的"整体治理"、加拿大的"横向治理"和美国的"协作治理"等实践模式。

## 4.1 协同治理模式

英国 1997 年开始的协同治理改革,充分利用了公共部门和私人部门的优势,在不取消部门界限的情况下,按照共同目标的指引实现了政府跨部门的"上下"、"左右"和"内外"合作。改革的重点不仅通过设立政策中心、绩效与创新小组、管理与政策研究中心等直属首相办公室或内阁办公室的综合性决策机构以及各种特别委员会,进一步实现了决策统一,而且通过《公共服务协议》,在内阁、政府各部门和执行机构之间实现了战略方向和组织目标的有机整合。另外,通过框架性文件和独立委员等制度安排,实现了大范围的组织整合,通过观念更新、合作意识增强、新的参与机制和适当的人员招聘及培训实现了全面的文化整合。与以往的改革相比,协同治理改革一是反对政府退却,主张某种程度的政府回归;二是提倡多元合作,创建新的组织类型、寻找新的跨组织合作途径、建立新的责任机制和激励机制、提供新的服务供应方式;三是强调决策统一、目标整合;四是突出信任,建立新的绩效管理制度,更加注重公共服务的整体性成果;五是力求以公民需求为导向,在协调、整合和责任机制下,运用信息网络技术对碎片化的治理层级、功能、信息系统进行有机整合,在整体政府的视角下为公民提供无缝隙服务。(英国政府 FEMA 平台是协同治理的典型实例)

## 4.2 整体治理模式

澳大利亚整体政府建设由来已久,其特点就是重视实现跨越组织界限的共同目标,反对在组织内孤立作战,认为在采用整体政府模式的时候,应该认真考虑建立支持性文化和技能基础;建立适当的治理、预算和责任性制度框架;最大限度地提升信息互通能力,提高个人和社团的参与能力,建设快速有效应对新兴问题和未来危机的能力。整体治理强调宽度("整体")和政府(特别是内阁和部委),强调宏观决策协同、中观政策协调和微观政策执行或服务提供的有机整合,特别是在发挥中央政府作用和大部门体制建设方面经验丰富。在发挥中央政府作用方面,澳大利亚于 1992 年成立了由联邦总理和各州州长、地区首长共同组成的政府理事会(COAG),通过政府间协议制度以及部长委员会和国家评估监管这两个机制推动改革,有利于国家治理体系的整体建构和国家改革政策的协调推进。1997 年成立的联络中心(Centrelink),曾是澳大利亚整体治理的成功典范,为了满足行政改革要求,适应民众服务需求,澳大利亚政府 2011 年又重新组建了一个综合性部门——人类服务部(DHS),将国家所有公民服务全部汇聚于此,搭建出庞大的内、外联结的跨部门治理结构。这种将所有服务集中于同一个政府部门的做法,不仅可以减少以往结构分散的资源浪费和协调成本,贴近公民生活和实际需要,合理整合和配置服务资源,还能实现决策与执行的政令统一,加大行政监管力度,提升政府整体治理效力。

## 4.3 横向治理模式

加拿大提倡协作性联邦主义,强调各级政府是相互平等的伙伴。横向治理重点集中在联邦政府内的横向性,尤其重视中央机构的作用,提出利用横向管理进而是横向治理的方式,针对共同的问题寻找集体的解决办法,并在行政层面实现更多的合作与和谐。横向管理是跨越组织界限的协同合作,可以发生在一个组织的各个层面,也可以通过共同的目标和共享的文化,将来自不同组织和职业背景的人集合进各种不同的团队和网络,在实践中注重发扬团队合作精神、共享领导力、开发共同文化和建立充分信任。横向治理是一种"伞"的概念,可以涵盖大量政策开发,服务供应问题以及管理实践,可以在各级政府之间、一个部门或机构部门单位之间、多个部门或机构之间产生,还可以在公共部门、私人部门和志愿部门之间发生。它用协作、协调取代了等级性领导,在决策和成果方面实行责任共享,愿意通过共识精诚合作;其特点是在等级制中通过网络开展合作,通过内部相互依赖性而不是权力关系进行合作,通过谈判而不是控制进行合作,通过推动而不是管理开展合作。横向治理比较突出的典范实例是跨部门协同的绩效监督与责任机制建设。

## 4.4 协作治理模式

美国的私有化和分权化程度一直以来就很高,所以针对因政策不一致和执行机构分散化而造成的政府机构执行不力和监管吃力等困境,美国整体政府和跨部门协同的改革重点是在进一步的市场化和民主化进程中,强调所有利益相关主体集体参与决策、执行和监督,在综合复杂性问题上突出跨部门、跨地区、跨领域的协同合作,逐渐形成了多元共治的协作性管理或协作治理模式。协作治理是为了回应自上而下的执行失败,以及监管的高成本和政治化而逐渐产生的,它是一种对抗利益集团多极化和管理主义责任失灵(特别是专家权威受到挑战)等问题的替代方法,是民主制度下的政府管理新范式。这一点在美国国家海洋政策的制定与推行中略见一斑。美国前总统奥巴马于2010年签发行政命令,成立了国家海洋理事会,在全国统一推行国家海洋政策。国家海洋理事会是一个二元首长制的代表级委员会,在总统的直接领导下主要负责履行协同决策和系统执行两项职能,力求在协作治理过程中实现最高层领导的权力平衡,更好地促进跨部门协作与协同。国家海洋协作治理架构中不仅包括治理协调委员会、咨询专家委员会、国家信息管理系统平台以及各种伙伴关系，还专门成立区域规划办公室，负责与政府、企业、社会和专业团体建立广泛的跨界协作网络，从整体协作治理的角度，共同解决政府面临的海洋生态建设与保护问题。

综上，整体政府跨界协同治理不仅在治理设计上注重正式结构的刚性严格，也强调非正式结构中相关利益主体的广泛参与和磋商，依靠人员间和组织间的诚信关系，在一致同意的基础上开展跨部门合作，但在实践中采用的都是正式和非正式相结合的混合结构，按照不同层级的职能特性、任务要求和资源组合需要，在正式结构和非正式结构的种类和数量上进行灵活搭配。此外，跨部门协同过程并不是各发展阶段的线性组合，而是一个循环往复的动态发展过程，需要各阶段要素之间按照环境变化灵活互动，在不断建设和持续学习的过程中予以完善。成功的跨部门协同治理需要领导力，需要适应参与者的情绪变化和政治环境的变化，需要持续不断的信任文化，需要共同的承诺和理解，需要扎根于原有组织的利益、任务和资源，需要有效的绩效问责机制。

# 5. 国外政府组织创新的案例

从韩国前总统李明博担任首尔市长时期的施政中，可以看到一个政府组织创新很好的例子。李明博主导建立的组织机构有很多，比如，为城市公共交通改革而组建的促进小组，为首尔林建设而组建的特别促进小组，为培养国际会议产业而组建的国际会议事务局，为审核财政预算而组建的合同审查科，为新城市建设组建的地区均衡发展促进局(后改名为"新城市项目总部")，以及城市绿化局、健康城市促进班、城市建设科等等。要经营城市，就必须建立起一支能够承担经营城市的经营队伍。目标确定后，组织保证、人员保证就要先行，这是重要，而且首要的一步。

又如印第安纳波利斯市市长开放了 50 多个市政服务项目，与私人公司竞争提供城市服务。所谓"政府向社会组织购买公共服务"(Purchase of

Service Contracting，POSC），就是指政府将原来直接提供的公共服务事项，通过直接拨款或公开招标方式，交给有资质的社会服务机构来完成，最后根据择定者或中标者所提供的公共服务的数量和质量，来支付服务费用。在公共物品和公共服务的提供方面，需要改变政府的单一主体状态，改由多种多样的社会主体，比如由社会组织来提供，并且由此形成政府与社会组织合作提供公共物品、公共服务的伙伴关系。这种伙伴关系实际上是公共服务不同提供机制的结合①。在大多数承包合同下，私人公司提供的服务如达不到可以接受的品质的话，则不会得到报酬；即使承包商根据合同的条款能够为他们差劲的工作赢得报酬，但如果合同是要续签的话，还是要留意交付合格工作的要求。在印第安纳波利斯市，这项变革的结果是每年为纳税人节省了 2 000 多万美元。

日本政府为我们提供了一个很好的环境治理管理组织创新先例。整部人类发展史，甚至可以说，都是伴随着整个地球环境的破坏历史；而日本在地方环境治理上被称为日本奇迹，但是这个奇迹与日本地方自治政府及日本地方政府自主创新离不开②。

日本地方政府可以在权限范围内制定地方性条例，并且根据实际情况自下而上控制环境问题的扩大化。如 1949 年东京都制定《工厂公害防治条例》，其后大阪、神奈川等相继跟进；又如 20 世纪 70 年代后整个日本在国家环境立法层面停滞情况下，地方政府继续制定各自环境政策，并自下而上得到了整个国家认同和吸收；再如其后的福岛《度假旅游地区景观形成条例》和津市《自来水水源保护条例》等，都受到了国家的认可和采纳。

日本政府的高度地方自主性，以及可自下而上地相应执行决策，可以说是对环境治理起到了关键作用。基于综合、系统地进行环境保护的目标，地方政府层面的把控主要体现在执行上，国家层面的把控则可以控制大局，在具体的环境治理、城市管理等方面可以借鉴地方政府的措施与经验。自下而上相应决策，通过局部与整体的调节对接和把控，真正做到实处。这就是日本政府治理结构形式的革新性范例。

---

① 王浦劬，莱斯特·M.萨拉蒙，等. 政府向社会组织购买公共服务研究——中国与全球经验分析[M].北京：北京大学出版社，2010：3.

② 朱书缘.习近平首次集中阐述"四个全面"宣示治国理政全新布局.中国共产党新闻网，2015-02-03.

## 6. 创新绩效管理与政府组织革新之间的相互促进作用

前一章介绍过,创新绩效管理对政府的人力资源管理及运营方式革新都有着重大的作用。而相应结合政府组织创新,将能产生更大的相互促进作用。

政府的绩效管理追求的是实效,实效的来源包括:解决问题的根本性原因及发挥公务员的能力,实现公共利益最大化兑现。这两点都需要在一个理想而开放的组织环境下才能顺畅获得,而一个由需求出发、顾客(公民)导向的政府组织环境更是首选。没有一套到位、精准的绩效管理机制,民众需求无法得到反映,管理无从谈起,再理想的政府组织形式设计也无从实现或者只是徒具形式,无助于政府的治理、施政与自我完善。

在 2015 年 2 月 2 日中央党校召开的"省部级主要领导干部学习贯彻十八届四中全会精神全面推进依法治国专题研讨班"上,习近平总书记在开班仪式上讲话中集中论述了"四个全面"战略布局的逻辑关系①,指出"全面建成小康社会是我们的战略目标,全面深化改革、全面依法治国、全面从严治党是三大战略举措"。国家行政学院教授许耀桐对此分析,全面深化改革,是我们推进全面实现小康目标的一个根本动力;全面推进依法治国是根本保障;习近平总书记 2014 年底考察江苏的时候提出"全面从严治党",这是点睛之笔、神来之笔。如果没有这一笔,其他都不能实现,有了这一笔其他就都鲜活起来。

---

① 摘自政府指教管理研究网—经验分享—国外经验栏目下的文章《日本地方发展与环境治理结合的奇迹》,原文来源:(农业部国际合作司原司长 朱丕荣)人民论坛杂志(总第 257 期)作者:郭定平 陈云 文章链接:http://www.ppirc.org/html/73/n—2773.html.

# 7. 扁平化、自体化组织形式的参考

当下科技持续发展、社会不断进步,我们可以看到涌现了不少以组织架构扁平化、企业运营团队化、流程合作社会化、产品形式服务化为主要特征的新兴互联网企业。这种创新企业的许多方面,尤其是组织扁平化、自体化思路,如果政府借鉴过来,效果应该也很显著。组织扁平化主要解决了两个方面的问题:首先是缩小了规模,减轻了运营成本;其次是缩短了沟通时间,减弱了沟通误差。同时组织扁平化会在一定程度上加剧人才晋升竞争,令上层人才能力水平更高,整体竞争力更强。

对比研究发现:几乎所有的计划单列市经济发展都好于省会城市,一个重要的原因是计划单列市的政府组织更为扁平;珠江三角洲地级市直接管镇的扁平管理,也大大增强了这些城市的经济活力——打破过于严格的控制体系,减少中间管理层,缩短高层与基层的沟通距离,建立以"地方为主"的组织结构体系,让低层能够参与决策,或自主作出决定,而不是层层请示、层层汇报。在现代鼓励民众参与公共管理、公共服务的时代,公共组织的结构当然最好是扁平化的。

在结合组织架构扁平化,参与人员团队化、团队小型化的基础上,在国外的政府部门,自我管理的团队开始出现。自我管理的团队在将高层管理减少到最低限度的基础上,自我规划、实施和评估自身的工作。这种自体化团队是高层次的,它们首要关注的是外部顾客的需求,而不是内部官僚的需求。自体化团队的使用,降低了管理人员对普通职员的比例,同时还优化了整个工作组合架构,从而提升了整体效益比率。如果基层公务员感觉到在决策中可以发挥更多的洞察力和专业能力,并因此受到激励而提供优质服务,那么,控制性的层级节制就变得毫无意义了。例如在美国农业部的人事科,引入自我管理团队模式之后,管理人员与普通职员的比例从过去的 1∶7 降到了目前的 1∶21;而在美国旧金山地区的国税局,自我管理团队的使用导致每位职员单位工作时间内的工作量增长了22%,这一数据相当于每位职员每年多征收了600多万美元的拖欠税款①。

扁平化、自体化等组织形式引入,可以在一定程度上解决我国现行政府组织架构臃肿低效,竞争力弱的问题,结合从公民公共需求出发,立足现在展望未来的顶层设计,将是我国政府组织创新的较佳选择。

# 8. 社会化创新的启示

层出不穷的单一主体创新(包括产品和服务中的技术和商业模式创新)曾经使整个社会的财富持续增加,全体人类的福祉也随之增长;然而,在显示其强大力量的时候,其漏洞和局限也被相应放大。政府、企业和非营利性机构都在以各自的方式,对财富和资源进行调配,以增进公共福祉,但随处可见的重复、低效和浪费迫使人们反省:现有调配和管理公共资源的模式是成问题的、无序的、片面的,我们需要一种新的模式!

于是,2003年春天,斯坦福商业研究院的社会创新中心发起了斯坦福社会化创新讨论②,并首先定义了"社会化创新":"为社会化需要和问题提供发明、安全性支持和新颖的解决方案的一系列过程"。相同的宣言也描述了通向社会化创新的方法:"消融公共、私人和非营利机构的分界,并建立对话"。此后,社会化创新开始踏入迅速发展之路,近年来这一概念更被引进我国国内,成为一项创新热议的焦点,更有不少社会化企业陆续出现。

关于社会化创新,我们可以先从了解社会企业和社会企业家领域开始管中窥豹。社会企业和社会企业家领域更像其起源的企业界。社会企业家受关注的主要是开创组织的个人的品质和其值得赞美的显著特点,包括:无

---

① [美]拉塞尔·M.林登.无缝隙政府——公共部门重塑指南[M].北京:中国人民大学出版社,2002:5.

② 资料来源:重新探索社会化创新.http://article.yeeyan.org/view/113461/66902.

畏、敢于承担责任、足智多谋、雄心勃勃、坚定不移和感性；相应地，社会企业领域则关注组织。虽然有一小部分社会企业会集中精力注重于开拓广阔的社会化组织领域，但更多的社会企业还只是关注商业活动和经济价值，甚至对于风险投资而言，则只为传统的社会化项目提供财务和运营支持。

社会企业和社会企业家项目均涉足非营利领域，但是他们都倾向于缩小该范围——含蓄或明显地把公共事业排除在外，而更多的是建立营利性组织。尽管学者们为扩大社会企业和社会企业家领域而进行了大量的努力，但是就对于建立具有紧密合作关系的组织和资金投入选择而言，这些努力仅具有很小的影响力。

对于社会企业和社会企业家领域的每一个人，明显的潜在目标是创造社会价值（后续定义）。人民拥护这个领域因为这是一个新的去取得最后巨大利益的方法。但是他们不是用唯一的，也显然不总是最好的方法去达成这个目标。当然，社会企业家非常重要，因为他们看到新的创新商业模式和可能性，并且对这些新的想法进行孵化，但是成熟的组织并不乐于这样尝试。

尽管如此，历10余年发展的创新应该是创造社会价值的。创新可以在社会企业和社会企业家领域以外的地方产生。尤其是大型的、成熟的非营利组织、商业机构甚至政府可以进行社会化创新。尤其是目前的趋势为社会化创新的全面发展奠定了坚实基础——社会化创新产生了丰富的学院派创新理论研究成果。由此，这些研究成为建立新方法产生社会变革知识库的坚实基础。

事实上，甚至匈牙利的经济学之父熊波特，对企业家感兴趣也是为了最终的社会化创新。在他的经典著作《资本主义、社会主义和民主》中指出，企业的"创造性毁灭"也是一个产生经济增长的途径。通过创新视角审视积极社会变革的优势在于，以这种视角来看，社会化价值的资源是不可知的。另外，社会化创新也包括发现和培训更多的社会企业家，并且可以持续服务于其创立的组织和企业（如第13章提及，已开展社会化改革的咨询企业案例）。

进一步，可以从理论分析理解社会化创新的定义。从创新方法的观点来看，从业者需要知道怎样产生更多更好的创新，而政策制定者和风险投资者需要知道如何设计产业环境去持续创新。从创新成果的观点来看，每一个人都想知道如何预测哪种创新将会获得成功。仔细考量创新,无论是创新流程还是创新产品,都必须符合两条标准。一是新颖性:尽管创新不需要原创,但是它必须对于用户、环境或者应用来说是新的。二是进步性:创新流程或者产品想要被认定是创新必须比其以前的替代品更加高效率或者更加有效。对于进步性来说,我们还需要增加可持续性和适用性。

就当下而言,社会创新对政府组织创新的直接作用在于:一方面是作为政府公共服务化的强力补充和公共管理的有效辅助支持,社会化创新组织或个人基于其灵活、公共、先进的特色具有较强的竞争力;另一方面,作为产业环境发展分析评估的优质参考,创新战略、资源整合、管理、服务的学习对象,社会化创新组织或个人都是政府的优秀导师和榜样。未来社会化创新将更为广泛,可以学习的内容也将会更多,政府既可以从中学习完善自身体系,同时也对适时规划与管理、避免领域管理真空、疏导社会化创新进入良性发展轨道有着莫大的好处。

# 9. 行动学习对政府组织形式的有效补充

行动学习是基于推动"战略"落地的前提,以小组团队决策的形式解决团队或组织当中的现实难题,在解决难题的同时达到能力(个人能力和组织领导力)和组织发展同步提升的一种工作和学习的方法。它既不是单纯的培训也不是单纯的学习,而是集工作、学习为一体的工作方法[①]。行动学习是一种较为创新的人力资源管理方式,更是一种短期而灵活的,基于群体智慧的应用型组织形式(第13章将有更多详细说明)。

不论在何种整体政府跨界协同治理的方式之下,"无缝隙政府"(seamless government)的相同理念基础都需要相应灵活、实效、及时的管理

---

① 　资料来源:百度百科 http://baike.baidu.com/link? url＝TWl2PMbC_qn06P_NBXGzSmRr
TIeMAvWjerKa7cz－Hhl9hQl_WIfwBSBI01Qn3r1Ao8uEx1oiOfAzd5k－GvWt－a.

形式支持,行动学习则是一个理想选择。行动学习管理有助于快速实现政府协同治理的效果及公务员与政府组织的能力提升,同时避免应对问题时可能引起的频繁变动影响或出现固化模式难以应对不断变化的社会新生问题。

基于行动学习下的精英群体智慧有助于充分运用资源及提升响应速度、协同效率、执行效果,有助于发挥群体价值的效用及节约特殊情况的处理成本。频繁大规模的行动学习应用,更有助于培养全能型人才及团队的诞生。


## 讨论话题

1. 如果请每个人举出一个企业里组织创新,而且又是值得政府组织创新借鉴的案例,你会举哪个企业的例子?

2. 环境有哪些改变需要我们对政府组织进行创新设计?

3. 决定是在具有做出决定的最佳信息的单位内做出的吗?

4. 组织内的集团是否把重点放在环境的关键可变因素上?该组织能否促进所需的协作和信息传播?

5. 什么样的流行于组织内的标准和行为模式妨碍已制定标准的完成?

6. 组织达到了它的工作目标吗?

7. 组织达到了人力目标吗?趋势是什么?

# 第 09 章

## 政府依法治国

政府依法治国的说法并不是今天才提出来的,早在 1978 年中国共产党十一届三中全会召开时,作为改革开放新时代的重要内容,中国就开始了依法治国的历史性进程。在短短的 30 余年里,我们创造了经济发展的世界奇迹,也取得了政治、文化和社会进步的举世公认的成就,但就法治方面而言,我们的进步却相当缓慢。在此期间,以 1996 年为界,大致经历了先期的理论准备和法治实践,以及后期的正式确立依法治国方略并进一步推进法治国家建设这样两个发展阶段。

# 1. "依法治国"的前世今生①

尽管在邓小平的著作中没有"依法治国"四个字,也没有法治国家的提法,但他却为依法治国方略奠定了坚实的理论基础,也为法治国家的建设勾画出了一个初步的蓝图。邓小平同志曾在不同场合,从不同角度论证与一再强调,不能把一个国家的兴旺发达和长治久安的希望寄托在一两个领导人的身上,要避免"文革"悲剧重演,办法就是"认真建立社会主义的民主制度和社会主义法制"。邓小平还提出了一系列健全社会主义法制的基本原则。他把健全法制的基本要求概括为 16 个字,即:"有法可依,有法必依,执法必严,违法必究";他强调要维护法律的稳定性和权威性,要坚持法律平等原则和司法独立原则,"必须使民主制度化、法律化,使这种制度和法律不因领导人的改变而改变,不因领导人的看法和注意力的改变而改变";"公民在法律和制度面前人人平等","不管谁犯了法,都要由公安机关依法侦查,司法机关依法处理,任何人都不许干扰法律的实施,任何犯了法的人都不能逍遥法外";"党要管党内纪律的问题,法律范围的问题应该由国家和政府管。党干预太多,不利于在人民群众中树立法制观念。"他提出的这些法制原则,实际上就是后来讲的建设"法治国家"的基本标志和要求,也是作为依法治

---

① 李步云.依法治国历史进程的回顾与展望[J].法学论坛,2008(4).

国先期的理论准备和法治实践。

党的十五大以后新的领导集体,在依法治国,建设社会主义法治国家的问题上,从多个方面发展了邓小平理论。一是通过执政党和国家的民主方式与程序正式将这一治国方略和奋斗目标确立下来;二是正式将依法治国提升到"治国方略"的战略高度;三是在党和国家的历史性文献中,第一次正式采用"法治国家"这一概念,并对它的科学内涵作出了重要的丰富与发展;四是党的十六大正式提出"政治文明"的概念,将民主、法治、人权的宪政制度的建设内容,从以往"精神文明"的概念和范畴中独立出来,成为与物质文明、精神文明并列的一种文明形态,从而摆脱了法律工具主义的旧思维和将法律制度与法律思想混为一谈的错误观念,并提升了它的战略地位;五是党的科学发展观、构建和谐社会等理论与战略思想的提出,为依法治国方略和法治国家建设,提供了新的理论指导;六是十八届四中全会提出,全面推进依法治国,总目标是建设中国特色社会主义法治体系,建设社会主义法治国家[①]。

此后,习近平总书记在2014年底考察江苏的时候提出"全面从严治党",并在2015年2月2日中央党校召开的"省部级主要领导干部学习贯彻十八届四中全会精神全面推进依法治国专题研讨班"开班仪式上,集中论述了"四个全面"战略布局的逻辑关系[②],指出"全面建成小康社会是我们的战略目标,全面深化改革、全面依法治国、全面从严治党是三大战略举措"。自此,法治与党纪不再混为一谈,违法乱纪不再只是纪律处分,法治理念得到了更好维护,这将是依法治国美好愿景的良好开端。

---

① 十八届四中全会提出全面推进依法治国的总目标和重大任务.新华网,2014-10-23.

② 朱书缘.习近平首次集中阐述"四个全面"宣示治国理政全新布局.中国共产党新闻网,2015-02-03.

## 2. 混乱中的现实差距

在我们这样一个 13 亿多人口的发展中大国全面推进依法治国,是国家治理领域一场广泛而深刻的革命。法律的权威源自人民内心拥护和真诚信仰,法律是治国之重器,法治是国家治理体系和治理能力的重要依托。现在,全面建成小康社会进入决定性阶段,改革进入攻坚期和深水区,我们面对的改革发展稳定任务之重前所未有、矛盾风险挑战之多前所未有,依法治国在党和国家工作全局中的地位更加突出、作用更加重大。全面推进依法治国,关系我们党执政兴国、关系人民幸福安康、关系党和国家长治久安。

但近年反腐斗争中,牵出的各地方部门领导干部,其行为种种之离奇简直令人震惊!且不说搜得受贿款项有几吨重①、烧坏了多少台点钞机②、一次受贿黄金多少公斤③、如何公开宣称"几百元月租住豪宅"④,长期只出入私人会所指定山景包间⑤等现象,单是市委书记为推进重点项目不仅先动用黑社会组织驱逐再派警察强抓清场,甚至一再下令狙击手对付钉子户(所幸公安局长拒绝执行),事后又秋后算账判决已妥协的钉子户四年刑期⑥——这已是足够匪夷所思的情节了!

正因为铁一般事实的案例警醒我们过去的组织监管制度和模式无力引致严重腐败,所以我们不得不进行全面的改革创新:不仅要从根本上改变对

---

① 田亮,李静涛,朱东君,许陈静.去年 15 名将军落马 徐才厚家现金堆积如山[N].环球时报—环球网,2015-01-28.

② 湖南高广投受贿 1 亿 高速路腐败烧坏多少点钞机[N].新京报,2015-02-05.

③ 涂铭.内蒙古原常委王素毅获无期 曾 1 次受贿 10 公斤黄金[M].新华社"新华视点",2014-07-18.

④ 刘德炳.万庆良落马或因"房"事:地产商朋友多是出了名的[J].中国经济周刊,2014-07-08.

⑤ 新快报记者罗琼,唐星,郭海燕.万庆良在白云山高档会所一再顶风大吃大喝[N]. 新快报,2014-12-09.

⑥ 王去愚.杨卫泽往事:曾令狙击手对付钉子户 警方拒执行[M].凤凰网,2015-01-29.

公务员个体成长的培育监督体系,还要从大环境层面的角度调整岗位权限,改善内部环境,斩断外部诱惑的机会。在保证内部工作沟通默契与积极良性氛围基础上,断绝封闭的圈子文化形成,明示各种非保密工作,重塑以法治、公平、公正、公开为基础政府工作环境。从近来纪委角色在政府工作中的角色转变,可以看到政府已经开始向这个方向作改变——这是令人欣喜的。

# 3. 纪委的角色转变

自1978年中共十一届三中全会决定恢复纪检机关以来,纪委的领导体制一直处于不断调试中:最初,纪委是作为党委内的组成部门(名称为"××党委纪委")存在的,受同级党委的直接领导;1980年,省以下的各级纪委从党委内的部门中分离出来,成为相对独立的、党的监督机关,纪委受同级党委和上级纪委"双重领导",但"以同级党委领导为主"。中共十二大(1982年9月)后,"以同级党委领导为主"的提法不再出现,纪委"双重领导"体制基本成型。

虽然"双重领导"在提法上没有了以谁为主的清晰化界定,但地方上的同级党委在事实上控制了纪委的人事权和财权,因此,"双重领导"实际上还是"以同级党委领导为主"的领导体制。

由于受到同级党委尤其是党委"一把手"的制约,现实中,纪委很难完全发挥其应有的监督作用。特别是在查办腐败案件时,受制于地方和部门利益的牵涉,一些案件都难以坚决查办。清华大学公共管理学院教授、廉政与治理研究中心主任程文浩说,过去查处的市、县委"一把手"案件,几乎没有依靠同级纪委查出来的,充分说明了地方纪委在监督同级党委时的尴尬处境。

为了破除"同级监督难"这一难题,2003年,中央纪委开始试点,对派驻在一些部委的纪检机构实行统一管理。也就是,派驻到中央各部委的纪检组(纪委)不再同时接受中纪委及所驻部委党组的双重领导,而是改为接受中纪委的直接领导。2004年,这一改革措施全面铺开。中纪委由此实现了对"条条"(中央部委)的垂直管理和直接领导。

随后,中纪委也开始加强了对"块块"(地方)纪检机关的领导。最突出的表现是,各省份的省纪委书记提名权主要由中央控制。目前内地31个省份的现职省纪委书记中,近九成都是由中央"空降"或从其他省份调入。

上述习惯性做法,经十八届三中全会,将之固定化、制度化。十八届三中全会在部署纪检领域的改革时,最大的亮点就在于,推动党的纪检工作双重领导体制具体化、程序化、制度化,"强化上级纪委对下级纪委的领导"。而另一个不太引起外界关注的细节是,此次中央规定,各级纪委书记、副书记的提名和考察以上级纪委会同组织部门为主。这实际上是把下级纪委班子的人事任命权都攥到了上级纪委的手中。由于预期到自己今后职务升迁由上级纪委"说了算",因此,下级纪委领导在工作中会更多地考虑"对上级纪委负责",这就有利于下级纪委能更加负责地发挥监督职能。纪委副书记的提名权"上收",也会激励下级纪委的工作积极性。纪委领导和纪委干部在工作中"容易得罪人",因此,在同级党委组织的各种考核和打分中,纪委干部往往"比较吃亏",但如果晋升、考核和考察由上级纪委来主导,纪委干部就会减少各种顾虑,有助于放开手脚开展工作。

除了重要人事任命权"上提"以外,上级纪委还加大了对下级纪委事权的领导。中共十八届三中全会决定,今后,查办腐败案件"以上级纪委领导为主",线索处置和案件查办在向同级党委报告的同时,"必须向上级纪委报告"。在以往,不少地方纪委在获得腐败线索后,或者准备查办重大腐败案件前,都必须向同级党委主要领导报告,在得到其首肯后才能进行查处。这样就给地方党委"压案不报"和"瞒案不查"提供了可能和机会。但是,如果案件线索处置和查办必须同时向上级纪委报告,这就对同级党委主要领导形成制约,这样就会有利于更深入地开展反腐败斗争,打击腐败犯罪。

如果说,中央对纪检领导体制作出重大调整的部署,将会在未来引领纪委改革发生显著变化的话,那么,纪委职能定位更明确与内部组织机构的再调整,则更像一场悄无声息的"自我变革"。自王岐山执掌新一届中纪委以来,纪检系统开始在内部展开了对纪委职能和角色的重新梳理和再定位。

其中,最明确的思路是,纪委职能要聚焦、要"瘦身",以改变目前纪检机关承担工作越来越多、"职能泛化"的现状。

在以往,上至中央各部门,下至各地方,在部署各项任务时,为了体现工作的严肃性、权威性或者仅仅出于推动工作开展的实际考虑,各牵头机构都习惯把纪检监察机关列入各种"领导小组"、"联席会议"的成员名单中。这不仅加重了纪检机构的工作负荷,也影响到了其反腐倡廉的本职工作。

有纪委干部甚至坦言,纪检监察机关参与到其他陌生领域的工作,往往只起到"摆设"作用,并不能进行有实质意义的监督。这些工作,不出问题则罢了,一旦出了问题,纪检监察机关首当其冲,一句"纪委全程参与监督",就成为一些腐败分子和腐败行为的"挡箭牌"。

因此,2013年以来,中央纪委、监察部开始对其工作职责重新梳理。2013年7月,中央纪委副书记、监察部部长黄树贤在《求是》撰文称,中央纪委监察部对过去参与的领导小组、协调小组、联席会议等议事协调机构进行了调整,由原来的125个精简至39个。对确需纪检监察机关参加的予以保留,属于其他部门职责范围的不再参与,其核心是明确定位、转变职能,"有利于分清责任、做好本职"。新一届中纪委不是简单的权力增加、扩权,而是"有收有放",明确哪些权力是纪委的核心权力、哪些工作是纪委的核心工作。通过自身对权力的清理,把一些权力主动还给党政一些职能部门,从中退出来。比如,行政审批制度改革,此前是中纪委在牵头做,现在它把这项工作的主导权还给中央编办。纪委不再身兼"运动员",而是还原到监督者、"裁判员"的角色。目前,各省纪检监察机关也纷纷效仿中央纪委,对此前参与的非"主业"进行剥离。江苏省纪委、监察厅将其原参与的113个议事协调机构缩减为29个,黑龙江省纪检监察部门则从此前参与的98个议事协调机构中取消、退出了72个。两省的"减负"幅度均在2/3以上。

"收缩战线"正是为了"突出主业"——反腐败。2013年4—5月份,中央纪委为了增强办案力量,对其内设机构进行了重大调整,在不增加编制和人员的前提下,把其他职能室压缩合并,将负责查办案件的"纪检监察室"从8个扩充至10个。目前,各省级纪委也正加以效仿。此外,中纪委还在悄悄做着摸清腐败"家底"、统一办案标准的工作。中央纪委对反映中管干部的问题线索进行了全面清理和统一管理,制定了立案、初核、暂存、留存、了结的具体标准,并按照新标准重新审核分类,提出处置意见,初步做到"情况明了、底数清楚、标准统一"。结合中央巡视组暗访以及各省级纪委、各方面的工作配合,工作已经初见成效——几次"打虎"大捷,一大批"大老虎"连带其背后的关系网、利益链被曝光、清除,警示作用大为增强。随着工作与时间的推进,"留给剩余'大老虎'的时间已经不多了"。[1]

一方面,用铁腕打击腐败个案,用行动昭示反腐决心,挽回民众对执政党的信任,用"治标"为"治本"赢得时间;另一方面,也要用更具长远的战略眼光来谋划反腐大业,推动反腐手段和工作机制向科学化、法治化、制度化转轨。中纪委及最高司法机关将"法治反腐"作为行动的圭臬,并酝酿完善各种制度。今后,中央纪委对执纪中发现涉嫌构成犯罪的案件,"一律移交司法机关查处,并不再负责案件的具体指挥协调工作"。也正是在这种背景下,作为侦查职务犯罪案件的最高司法主管机关,最高检已在着手谋划下一步的工作。

纪委职能在未来的新调整、新变化,是中纪委贯彻落实习近平总书记"善于用法治思维和法治方式反对腐败"重要指示的具体体现。今后纪委将涉及犯罪的案件尽快移交检察院,不仅使这些案件尽快进入司法程序,实现法治反腐,而且纪委可以集中更多精力用于反腐败的战略规划、整体布局和监督指导。

# 4. 法治不仅为了反腐

十八届四中全会提出的,是"全面推进依法治国,总目标是建设中国特色社会主义法治体系,建设社会主义法治国家"。法治是人类政治文明的重要成果,是现代社会的一个基本框架,提倡法治,绝非仅为了反腐那么简单。

无规矩,不成方圆。依法治国,不仅为了行政出师有名,更重要的是为

---

[1] 中纪委谈反腐:留给"老虎""苍蝇"的时间不多了[N].人民网,2015-04-04.

了治之有道——有所为,有所不为。做"有限政府","敬畏群众,尊重市场",这"应是依法行政的基本理念"。[①]

事实上,在目前许多公共行政事宜,尤其是重大公共行政事宜的决策与出台上,"常常看到的一些'任性'的条款:例如把群众急需的两轮、三轮交通工具一禁了之,例如限制节能环保型交通工具、地方保护等等",甚至更多如城市机动车限牌、开征拥堵费、上涨停车费、水电费调价、举办超大型国际性活动等关乎社会各界民生的重大举措也"肆意"施行,甚至不避涉嫌利益操控、输送,"听证走流程"、"专家成砖家"的质疑,已经成为民众不满的常态表现了。

如九三学社广东省委员会副主委、远光软件股份有限公司董事长陈利浩在 2014 年 2 月 8 日下午广东政协十一届三次会议大会发言中所认为的,"'为民做主'也过时了,因为官员从本质上只是物业管家,群众才是业主,管家只能为业主服务,不能为业主做主"。他建议,凡是超越国家法律,在地方立法和行政规章中额外"减损人民权益"或"增加人民义务"的规定,一律予以清理、废除。"依法行政的'法',必须是良法",他说,"如果评价政府能做到像淘宝买家评价店铺一样,执政为民一定有希望。"

"缘法而治","不可须臾忘于法"。经验是创新之本,不能舍本逐末。

# 5. 韩国的治本经验

当代韩国反腐之声不绝于耳。越是腐败丛生的国家,往往越是反腐声音最高的国家。金泳三作为韩国民主化后首位文人总统,在反腐上实现了大突破[②],很值得我们去借鉴。

---

① 记者涂峰,张艳芬,实习生敖瑾,朱燕雯,陈点点.广东政协委员批行政诉讼现状:告官总不见官[N].南方都市报,2015-02-09.

② 陶文昭.看金泳三如何打老虎[J].南风窗,2014-09-10(523):43-45.

1992 年 12 月,从政多年、历任多届国会议员的金泳三当选为韩国第 14 届总统,上任伊始即提出三大任务:消除腐败、发展经济、完善纲纪法规,消除腐败是第一要务。他刮起了廉政风暴,主打财产公开法和金融实名制;他执政期间,全斗焕、卢泰愚这样的前总统级"大老虎"被送上法庭,震动朝野,震惊世界。

没有民主转变,当政者出于自身和本集团的利益,在财产公开等关键举措上,往往顾虑重重,以各种条件不成熟来搪塞。金泳三之前的历任韩国当政者,都在打反腐败的旗帜以笼络民心。然而,说反腐败是一回事,如何反腐败是另一回事,反腐败有多大成效更是另一回事。在高喊反腐口号中大搞腐败,却是韩国威权专制时期的事实。尽管这些总统还强调从道德上抑制腐败,举办了各种培训班强化公职人员的公职纲纪和为公意识,只不过这些道德教化活动并未取得多少实效。

很明显,韩国腐败有着军人威权政治、政府干预经济,以及东方裙带传统的肇因,已经严重成"韩国病"。对于这种浸透骨子的腐败,治表和治标从根本而言是无济于事的。新加坡、香港地区能够常保廉政,靠的是严密且严格的法治。韩国也一直在制度和法制的反腐上探求。全斗焕和卢泰愚当政时期,都提出要实行金融实名制,并为此作长时间准备,最后都因为各种社会力量的反对而不了了之。

民主提供了反腐的道德制高点,民意给民选总统以终极力量,发掘民主的势能是反腐的有效方式。金泳三借民主之势强推反腐措施,各种既得利益者即使心怀不满,也不敢公开反对,甚至不得不在表面上表示支持。从政治大局看,如果没有韩国民主的长期蓄势和转型,金泳三即使想推行强力的反腐措施,恐也无能为力。从这个角度看,民主的时势造就了金泳三的壮举。

金泳三推进法治反腐,在这些基础上,强力推出了公职人员财产公开和金融实名制等法律,真正啃了硬骨头、闯了险滩。1993 年 5 月韩国国会修订了《公职人员伦理法》,同年 8 月金泳三总统发布《紧急财政经济命令 16 号》,宣布实行"金融实名制",这促使韩国的反腐大局出现了根本性的变化。

法治与民主内在相联。在最根本上,韩国基本政治制度是二战后美国支持建立的,具有资本主义民主的基本构架。即使在前期军人专政时,这些基本制度的框架仍在。所以,韩国的民主转型中有过激烈的街头运动,但总体上还是和平的。韩国在20世纪80年代重新颁布宪法,也是在完善这些制度,使之更为民主化,从而为法治的推行奠基。金泳三的反腐是在法律旗帜之下,而不是超越法律的行为,法律面前人人平等,即使对包括前总统在内腐败分子的有罪认定,都是公开和走程序的。

金泳三的廉政措施被称为"不流血的革命",被誉为韩国政治生活中的"净身浴",他的反腐凸显"敢"字。财产公开是反腐的核心问题,是反腐进程中的里程碑。在这个问题上敢不敢碰,是检验各国真假反腐的试金石。如果绕开这个问题,其他反腐措施往往大打折扣,甚至流于形式。金泳三强力推行财产公开和金融实名制,并且不留时间余地,令行禁止。这引起了社会震动,既有民众的热烈支持,也有既得利益集团的各种反弹。有的指责金泳三以反腐为借口捞取政治资本、排斥政治异己,有的指责金泳三以反腐来遮掩经济发展不力。但这样的反响促成了金泳三反腐的另一凸显——"硬",打铁还需自身硬,上行方能下效。

在就任总统后的第一次国务会议上,金泳三表示,反腐败要从自己做起,关于公布财产,他说到做到,第二天,金泳三和他的直系亲属的财产就见诸报端:他和夫人孙命顺、父亲金洪祚、儿子金恩哲、次子金贤哲的不动产、汽车等价值为17亿韩元,约225万美元。他宣布,在5年任期内决不接受企业和个人提供的一分钱的政治资金。

为了进一步推动倡廉肃贪运动,金泳三促使国会于1993年5月20日通过了《公职人员伦理法修正案》,根据这一法律,从总统、政府总理,到各部长官、国会议员、地方议会议员、四级以上公务员、警长以上警官、校官以上军人、法院和检察院负责人和各大学校长等3万多名国家公职人员,必须于7月12日至8月11日一个月内进行财产登记,其中1100多名公职人员不仅要进行财产登记,还须将财产公之于众,须登记和公布的财产主要项目包括:房地产、现金、存款、股票、证券和金银首饰等。

从1993年9月1日到12月1日,检察院将对公职人员的财产进行核查。谁隐瞒或转移财产,谁就被曝光,并将被课以罚金2 500美元,甚至受到开除的处理。如果查实当事人的财产来路不正或系非法所得,将被解除公职,判处当事人五年以内有期徒刑,并被罚款62 500美元。

这一法律还明确规定,韩国的上述高级公职人员,今后每年1月份都要申报财产,并说明财产的来历;离休或退休时必须公布财产,检察机关发现可疑,将立案进行核查,因为高级公职人员不可能成为富有阶层。

1993年7月12日,金泳三总统和黄寅性总理递交了财产登记单。金泳三在财产登记时,从容地对大家说:"我的财产与2月份'净化运动'时登记的一致,所多出的部分是我的工资。"

金泳三的举措引起群众强烈反响,形成巨大的政治舆论压力,执政党领导人、副部长级以上官员和国会议员共1 167人群起仿效,连在野党的领导人也不得不步其后尘,相继公布财产。于是相当一个时期里,汉城(今首尔)的报纸连篇累牍地刊登从总统到副部长及其家庭成员的现金、不动产价值以及拥有的奢侈品。

通过财产申报,有1名议员被捕,6人自动辞去议员职务或退党,5名副部长被解除职务,5名高级官员被公开警告,另有70多名公职人员担心公布财产会引起公众的嘲弄,他们辞去公职,加以逃避。

1993年9月8日,韩国成立了"不义之财特别调查小组",任务是配合司法机关,以财产登记是否属实为突破口,对非法致富的高级公职人员进行调查,尤其是把个人财产转移到妻子或子女处的情况列为紧急查处对象。对于许多官员的不良行为,金泳三总统出台了一系列制裁措施。

到1993年底,金泳三总统先后罢免了1 300多名高级公务人员的职务,其中包括国会议长、国会议员、执政的民自党秘书长、汉城(今首尔)市长、法务部长官、卫生部长官、建设部长官等,国防部也下令把490多名将级军官的家庭财产公开,海军总参谋长因受贿罪而被逮捕,前海军司令也受牵连而接受调查。

到1994年6月底,受到惩处的大小官员达3 635人,其中642人被免职,192人暂时停职,其余的或降职、降薪,或被司法机关逮捕;到1995年2月15日,受到惩处的大小官员已达4 000多人。其中违法的1 363名高中级公务人员被免职,有242名在公开财产方面有问题的公职人员自动辞职。根据财产公布的情况,在韩国国会议员中,执政的民自党议员平均财产为25亿韩元,在野的统一国民党议员为18亿韩元,和平民主党议员为15亿韩元。

同时,金泳三试图以金融实名制为突破口全面推行全社会的反腐败运动,实行办理金融、不动产手续时使用真实姓名的制度,所有财务账户在从事金融性往来活动时必须开具持有者的真实姓名或批准的正式名称。实行金融实名制对韩国政治和社会来说是一场不寻常的变革,它的影响将大大超过这场金融实名制对股票市场的冲击。实行金融实名制就是要通过经济手段达到廉政的目标,在金融实名制实行之后,不动产的价格得到稳定,打破韩国一些企业依赖贷款和其他费用过日子的寄生性。此外,实行金融实名制后,漏洞百出的税源有了一次大曝光,政府确定了恰当的税率标准,提高了征税的合理性。不仅如此,金融实名制还有助于根绝暗中收受政治贿金的劣行,有助于显示竞选资金的透明性,可为政治改革的成功提供肥沃的土壤。

正是金融实名制的实施,使得两位前总统全斗焕、卢泰愚的巨额秘密资金被揭露出来。1995年韩国依法把这两位前总统送上了法庭,进行了轰动全国的世纪大审判。一审判决全斗焕死刑,判决卢泰愚22年有期徒刑,并分别追缴巨额罚款。1996年12月首尔高等法院认为全斗焕、卢泰愚政权和平交接避免了流血,将全斗焕改为无期徒刑,卢泰愚的刑期降为17年。至于金泳三卸任后,继任总统金大中于1997年12月对全斗焕、卢泰愚实行了大赦,既是为了政治和解,也有东方的法外开恩之意。

而在金泳三之后,金大中继续推行制度反腐,制定了《防止腐败法案》,进一步扩大了财产登记及公开者的范围,加强了对财产公开的审查,增强了司法机构的独立性。后来者继续走法治反腐的道路。诸如2001年颁布《反腐败法》,2005年修订和颁布《所得税法》,2008年修改和颁布《国家公职人员法》。法治反腐具有长效性,韩国反腐之路,人治化色彩越来越淡,法治化色彩越来越浓,反腐败的成果也越来越巩固。

金泳三以韩国式的刚烈实现了反腐的担当。当反腐牵涉前任总统时,金泳三没有退缩;在"公",他没有顾忌审判前总统这样的"大老虎"对政局的冲击;在"私",他没有给自己留"后路",即使他也将变成前总统。就国家来说,金泳三实现了反腐的转折,以财产公开为核心的反腐法律起到长期的基础作用,随着时间的推移愈显关键;就个人来说,金泳三敢于承受后果,敢于付出代价。

当下我国政府一系列的"反腐"大动作,以及金融等一系列行业政策改革的出台,与昔日韩国反腐的"重腕铁拳"颇有相似,欣喜之余结果也令人期待。

# 6. 政府依法治国的补充与延伸

踏入 2015 年初,知名企业阿里巴巴就遭遇到接连不断的麻烦,先是受中国国家工商总局的"白皮书"批评而卷入假货纷争,继而传出在美国遭受 7 家律所介入的集体公诉,股价大跌风波不断①。尽管这只是企业事宜,但从中我们还是可以看到一些值得参考的事宜。

在美国股市,集体诉讼意味着当你想告一家上市公司的时候,不需要每个股民都站出来,只要有一个提出诉讼,只要告赢了,利益就归大家所有——倘若胜诉,集体诉讼代理律所将名利双收;美国的中小股民告上市公司一般不用出钱,因为官司一旦打赢的话,和解费的 30% 左右归律所。这次牵头起诉阿里巴巴的波默朗茨律所,由被称为"集体诉讼教父"的波默朗茨创立,迄今已逾 70 年,在美国享有盛誉。美通社报道称,尤其在证券集体诉讼领域,该律所堪称先驱。

尽管这样的集体诉讼行为有严重的利益趋向,但就保障公众利益而言,其确实起到了很大的威吓作用。对监管部门而言,这是有利的补充,也是自己保持中立,不能偏帮某一企业的一大威胁力量;对监管机制而言,这是强大的保障,一定程度上把监管权力分享给公众尤其是专业人士,在保障了自身的公平定位之余也保障了监管的力度;对整体营商环境而言,这样的举措有助于促进整体环境良性发展。

在政府法治中立的前提下,社会监督、民众举报等等手段,其实都可以作为政府依法治国的补充与延伸。充分运用这些手段有助于伸张社会公平

---

① 姚毅婧.阿里巴巴在美遭集体诉讼 专家称美国闹一闹没什么不好[N].国际在线,2015-02-03.

与正义,完善社会整体环境,更有助于社会法治意识的长期深入渗透,同时节约政府资源,弥补监管能力的不足。政府依法治国是一项长期艰巨的持续任务,社会力量的支持不容或缺。


## 讨论话题

1. 现行环境有哪些地方需要我们对政府依法治国进行创新设计?
2. 现行政府工作中有哪些做法容易滋生问题?
3. 我们需要如何延伸、加强自身体系的法治教育?
4. 结合自己的工作,整理分享自己的法律理据支持与约束。

# 第 10 章

无缝隙政府

作为政府组织管理行为方式创新,政府行政流程再造成为必然的一步。加快推进政府治理能力现代化是各级地方政府面临的重要改革任务和课题,而实现政府工作的标准化、规范化、程序化则是治理能力现代化的重要基础和突破口。要推进地方政府治理能力现代化,必应先结合政府权力清单的清理公布,从体制突破、机制创新、两头延伸、全面覆盖四个方面层层推进,从而对政府行政权力运行进行全方位、系统化、整体性的流程再造。这项流程再造,也是习近平总书记"四个全面"讲话中,"全面深化改革"里的重要内容之一。


# 1. 过多流程控制点降低效率、滋生腐败

要回答这个问题,我们或者可以先从一则关于处理交通违法的事件看出端倪①:

定居于重庆的新加坡籍事主 2014 年 11 月初与家人到广东惠州寻根,在深圳宝安国际机场租了一辆车,开到罗湖口岸接载从香港入境的家人,在南坪快速路上不慎超速 10% 至 20%。按照条例,超速已违法,须罚款 150 元、扣三分。事主联系上深圳市交警局,获知由于须扣三分,因此租车公司不能代为处理,也不能在重庆处理,须事主本人携驾照、护照和汽车行驶证到深圳交警局处理。因此事主于 2015 年 1 月底花 1 000 多元买机票到深圳,并决定在深圳留宿一夜,这是基于办理可能需要一整天时间的考虑,后来证明这个决定是对的。

事主周五上午到达深圳,先到租车公司领了当时租用汽车的行驶证,下午两点半到达罗湖交警分局,被告知电脑系统死机,可选择到其他分局处理。尔后事主搭车到几公里外的福田交警分局,领了号码等了半个多小时,

---

① 吴汉钧. 从交通违法说便民. http://www.zaobao.com/news/china/story20150128－440225.

柜台处的警员告诉事主，因为是租来的汽车，只能到获得授权的机动训练交警大队分局处理，其他分局都处理不了。再坐车到达机训分局，结果被告知电脑系统也死机了，只能第二天早上再去处理。最终罚款一事在整整耗去一个工作日之后才处理掉，这时间成本实在不合算。从交警的角度来看，这罚款和时间成本可能正是有效减少公路使用者违章违法的手段。

而据事主了解到的"其他"方法——因为事主是开租来的车被交通电子监控设备拍到超速，并没有被拍到相貌，所以可以花点钱请租车公司找人"代扣分"，这会比自己买飞机票到深圳少了麻烦，也便宜一些，也难怪有空、有多余分数的人看准其中的"商机"。实际上，这在现今中国甚至已经成为"行业"。

从这个案例中，我们来诊断一下，看这个交警部门存在着什么问题。

首先，是各自为政、分工不当，以及其背后严重的"官本位"、"不作为"意识。且先不说涉及跨地域利益的"违章仅限当地处理"的限制性要求，就以"租赁车辆违章仅限一处服务点处理"这点，就已经是很明显的各自为政和分工不当了；另外正常工作时间因"电脑系统死机"而停工，并且还没有应对的预案而需要办事者延时迁就并承担相应成本。

其次，是基于"官本位"的办事拖沓、"不作为"的浪费虚耗、"知法犯法"的渎职。作为业务受理方没有履行对办事者的清晰告知和协助义务，反令办事者"自行探索"周折；业务受理者一边停工一边享受正常领薪水的待遇，业务申请人却一边因为要守法而反复奔波，一边用自己的损失承担着别人不作为而产生的双重后果。还有，身为执法者，一方面选择性执法，另一方面放任甚至滋养其他违法产生，这本身就是极为严重的渎职行为！

再次，是"形式主义"旧习与"创造工作量"思想不灭，"为做而做"问题突出。服务提供无指引，业务分工不合作，结果求量不求质。这样的政府服务，不改革创新怎么行？

这并不是一个普通个案，也不是只有深圳交警部门存在这样的问题。2013 年 10 月，中央电视台《焦点访谈》栏目报道，一名在北京工作的小伙子为了办护照返乡 6 次，来来回回跑了 3 000 公里，花了大半年时间，每次去还要看办事人员的脸色，着实是"门难进、脸难看、事难办"。

现行的行政审批存在着太多的弊端，如，审批事项繁杂，审批程序复杂，环节多,时限长,重审批,轻管理等,严重影响了政府的服务效率和形象;传统的政府工作流程设计更抑制了基层管理人员创新的积极性。在传统科层制体系下,一线工作人员一般不具有对具体问题的处置权,整个管理结构缺乏对不同管理对象的适应性,抑制了干部的主动工作创新,使政府公务人员将大量的精力消耗在非正式制度的应对上,造成了行政管理效率低下。就如李克强总理在2015年全国两会闭幕后答中外记者问中所言:"我们既要惩治乱作为,也反对不作为,庸政懒政是不允许的。门好进了、脸好看了,就是不办事,这是为官不为啊,必须严肃问责。"

# 2. 了解流程与流程再造

流程是什么? 流程,就是事物进行中的次序或顺序的布置和安排,就是做事的程序、步骤和方法。管理者有责任和义务制定出任务的关键业务流程,一层一层培训和辅导。

进入20世纪以来,随着机械化大生产的发展和企业规模的扩大,为了实现市场的自由运作,企业均按照分工理论致力于将内部的经济活动按专业部门"各司其职",分工细化,使用垂直分工式的架构来运作,从而使生产率大为提高。这种管理模式成就了流程分工设计并不断发展完善,并于20世纪70年代末80年代初被推崇到了极致。

传统的分工理论认为:分工越细操作越简单,则越有利于提高工作效率。但随着社会发展,片面追求分工精细,强调专业化,会使组织的整体协调作业过程和对过程的监控日益复杂;同时,与市场变化和高科技发展相对应的是,劳动力素质也将大大提高,工作的灵活性和主动性远高于以往,他们不再满足于从事单调、简单的重复性工作,对分享决策权的要求日益强烈,而以传统分工理论为基础的传统管理理论则一向以"个体希望从事简单工作和不愿意承担责任"为前提,这就形成了冲突。

上述变化将使整个内部组织结构的重组和管理原则的创新成为客观要

求,且存在实施的可能性,这就是流程再造的动机理论。而在实际中,大部分流程再造都是在具备一定客观条件和可能性下,就主动开始介入的;常见的流程再造步骤如下:

第一阶段,设定基本方向。分为5个子步骤:明确组织战略目标,将目标分解;成立重塑流程的组织机构;设定改造流程的出发点;确定流程再造的基本方针;给出流程再造的可行性分析。

第二阶段,现状分析。分为5个子步骤:组织外部环境分析;客户满意度调查;现行流程状态分析;改造的基本设想与目标;改造成功的判别标准。

第三阶段,确定重塑方案。分为6个子步骤:流程设计创立;流程设计方案;改造的基本路径确定;设定先后工作顺序和重点;宣传流程再造;人员配备。

第四阶段,解决问题计划。分为3个子步骤:挑选出应该解决的问题;制订解决此问题的计划;成立一个新小组负责实施。

第五阶段,制订详细重塑工作计划。分为5个子步骤:工作计划目标、时间等确认;预算计划;责任、任务分解;监督与考核办法;具体的行动策略与计划。

第六阶段,实施重塑流程方案。分为5个子步骤:成立实施小组;对参加人员进行培训;发动全员配合;新流程试验性启动、检验;全面开展新流程。

第七阶段,继续改善的行为。分为3个子步骤:观察流程运作状态;与预定改造目标比较分析;对不足之处进行修正改善。

需要指出的是,流程再造的开展既具有客观性也需要领导支持参与,所以流程再造的开展尤其是前期调研分析阶段必须保证融合流程涉及各方的参与,包括但不仅限于:流程方领导、流程执行者、流程支持者、流程参与者及流程设计者等。另外,流程的设计还需要充分考虑客观现实因素、科学性及国家法律法规等限制条件的要求,并注重流程方的主体属性。

重塑政府

# 3. 流程再造与流程管理

我们开展流程再造,就是为优化流程,提高流程的运行效率;而要持续实现流程再造的效果,并实现流程执行中持续自我修正,则需要在流程再造中导入流程管理。

流程管理(process management),是一种以规范化地构造端到端的卓越业务流程为中心,以持续地提高组织业务绩效为目的的系统化方法。它是一个操作性的定位描述,指的是流程分析、流程定义与重定义、资源分配、时间安排、流程质量与效率测评、流程优化等。其中,流程优化包括实时测评(绩效管理)和战略性测评,并考察两者之间的关系,作为流程改进和创新的基础。流程改进和创新是指业务流程创建、流程变化,以及是否要做这些改变的决策。因为流程管理是依受体需求而设计的,因而这种流程会随着内外环境的变化而需要被优化,流程管理的真正目的是为受体提供更好更快的服务。

流程是因受体而存在的,流程的起点是受体,终点也是受体;但在实际工作中,由于部门的藩篱我们明显忽略了受体,甚至不知道受体是谁,这是在开展流程管理前要反省和明确的。

一切管理都努力提高效益,但并不是一切管理都是有效益的,管理在使分散的人、财、物结合在一起并形成一个整体的时候,可以产生出积极效应,也可能产生出消极效应。因此,搞清影响管理效益因素,开展适合的流程管理,具有十分重要的意义。通常,流程管理有着以下几点通用原则:

① 树立以受体为中心的理念;

②明确流程的受体是谁、流程的目的是什么;

③在突发和例外的情况下,从受体的角度明确判断事情的原则;

④通过制度或规范使隐性知识显性化;

⑤通过精细化管理提高受控程度;

⑥关注结果,基于流程的产出制定绩效指标;

⑦通过流程的优化提高工作效率;

⑧通过流程化管理提高资源合理配置程度;

⑨使流程中的每个人具有共同目标,对受体和结果达成共识;

⑩快速实现管理复制。

流程管理渗透于组织管理的每一个环节,任何一项业务战略的实施都肯定有其有形或无形的相应操作流程。随着科技发展和信息化系统的出现,流程管理变得更为信息化、可视化,原有各工作组之间的摩擦被大大消除了,从而减少了管理费用和虚耗,还增强了远程管理的能力。现代的流程管理,不仅要求能带来高效的运营,还要具备持续自我优化的能力。展望未来,流程管理将成为越来越重要的一个执行核心重点。

1995年,深圳市率先开始"一站式"运作,成为各地政府流程再造的雏形。实践证明,这一形式以集中、便利、快捷的优势,为地方经济社会发展提供了良好的服务。深圳福田区以"两集中、两到位"为抓手,全面优化行政审批服务。推出政务服务"全流程再造",即成立政务服务科,集中事项、充分授权、进驻政务服务大厅的"两集中、两到位"改革,构建"审批一条龙,服务一站式"的政务服务新机制。打造了"四零清单":一是"零时限"清单,全区489项政务服务事项中,60%以上已实现即来即办;二是"零收费"清单,已有381项事项实行零收费;三是"零距离"清单,有250项事项实现网上直接办理;四是"零材料"清单,目前福田区"零材料"办理事项共计56项。此外,福田区推行"全过程管理",着力实现政府投资提速增效。针对政府投资审批程序烦琐、流程过长、报批不规范等问题,通过分类分级赋权、简化审批流程等措施,对政府投资项目管理进行系统改革。改革后,200万元以下项目减少5个审批环节,缩短审批时间3个月;200万~500万元的项目缩减审批时间约一个半月。解决了立项前费用无法列支、存在客观问题的项目资金长期闲置和城中村项目审批不规范等系列问题。同时,设立专项资金,增强限额以下小型工程灵动性,确保了应急工程、抢险救灾等突发性工程顺利进行,全面提高了政府投资的科学性、规范性和高效性。

深圳福田运用信息手段改造和整合行政审批程序,实现行政审批的自动化、网络化和科学化,打造大数据智能政务服务平台。首先,结合权责清单改革,对 16 个职能部门的审批流程进行优化,构建并联审批、多证联办等新机制,并固化到电子审批系统之中;在此基础上,运用大数据技术,构建智能证照数据库、个人电子档案等新模块,记录群众办事时提供和产生的历史材料,凡是相同的材料或政府部门产生的证明材料都不需要办事人重复提供,而由数据库进行智能比对,实现所有的审批事项都可以在网上申请办理。其次,福田区还构建全方位文化信息资讯平台。区委区政府准确把握新媒体、新技术变化和电子阅读需求的规律,通过研发和完善中心网站、微博、微信、移动自助服务 APP 等数字网络技术,积极推进"文化与科技"融合,以科技创新推动服务创新,全面打造公共文体活动信息发布平台,创造更加便民、高效的现代化的公共文化服务环境①。

# 4. 国外政府强调为顾客服务的速度

美国政府的一些公共服务流程创新案例,可以帮助我们更好理解上几节提到的理论:

为了更好地满足顾客的需要,美国得州的奥斯汀公共卫生医院的一线工作者们带头进行服务创新②。他们为自己设立的目标是:把病人迎进来后,进行服务治疗,一个小时就出院。要知道,在改革前,只有 8% 的病人在一个小时内看完病后离去。

为了达到目标,他们重新设计了医院的制度。病人不再需要穿梭般地到处找医生,而是待在一个地方,改由医院的医护人员为病人跑动;医院的雇员们受色码标志指导,及时为顾客提供服务;任何不需要病人到场的步骤,都推迟到病人走后进行;医院减少了表格,增加了拷贝数目,预约安排和出院程序都进行了改进……

---

① 凌杰.深圳福田改革成果亮点纷呈[M].学习时报,2015-02-09(A8):特别专题.
② [美]马克·G.波波维奇.创建高绩效政府组织[M].北京:中国人民大学出版社,2002.

现在,82％的病人都可以达到"一个小时内看完病后离去"这个目标了；同时,奥斯汀公共卫生医院减少成本 12％,而门诊人数增加了 14％,较低的成本,反而办了更多的事情。

另外还有美国康涅狄格州围绕客户的要求,重塑了失业救济办公室的案例①。以前的失业救济办公室需要申请失业保险的人排长队等候,即使登记成功,他们还要排第二支队,等待申请与他们的要求相匹配的工作；最后,他们不得不排第三次队,以接受岗位培训。这种按顺序的方法,又或者说是落后的工作管治思维,把善意的市政服务,变成了以控制为中心的互相推诿。

现在,申请人按照预定顺序,接受面试。结合新的计算机系统辅助,每一个已经被培训为工作多面手的工作人员,都能够为申请人提供全方位的服务处理申请人的所有要求,申请人不再需要反复地排长队等候了。而这一转变的背后,是包括了关于新角色、新技术、工作态度变化和大量的交叉培训,这是一整套组织流程的革新。甚至为了确保成功,在新体制实施之前,咨询了大量的工作人员,最终他们的许多想法都被新体制采纳了。

由于美国的政府创新遍及基层,所以也比较容易找到许多适合我们参考的案例,这对于我国政府改革创新的经验借鉴而言,绝对是一大难得的财富!

# 5. 以人为本的综合社会管理

目光转回国内,国内的地方政府其实也不乏流程再造的创新先行者。以太原市为例,太原市通过在对政府各部门审批职能进行归并的基础上,从体制突破入手,以"两集中、两到位"推动部门审批集成化、层级扁平化,并突

---

① [美]拉塞尔·M.林登.无缝隙政府——公共部门再造指南[M].中国人民大学出版社,
2002:73-74.

重塑政府

破审批瓶颈,重组审批职能:将34个部门分散在106个处室的审批职能全部集中到各部门新成立的审批处;审批处整建制进驻到市政务服务中心,实现"一个窗口"对外审批;同时还要求,各部门向首席代表(审批处长)充分授权,将原来的层层审批简化为办事员和首席代表两个层级;专家论证会、联审会在市政务中心现场召开,首席代表签发,在中心办结;中心窗口转变为实体性的"办事处",从体制上减少了审批层级①等等。

"两集中、两到位"的体制突破,促使从审批一线淡出的处室和人员,由"选择性履职"向"全面履职"转变,将更多的精力放在政策研究、宏观决策、基础工作、批后监管等方面,推动各部门职能的根本转变,结合"大部制"的运行,优化政府整体工作流程、提升治理水平。

太原市在市政务服务中心搭建固定资产投资项目联合审批平台,按照受理与办理相对分离原则,在中心设立综合服务窗口,统一登记受理审批申请、分转各窗口办理,系统自动计时、限时办结,综合服务窗口统一组织送达审批结果。摒弃串联审批模式,全面实行相关部门同时审批的并联模式,对投资项目由市政务办依申请组织协调、联合推进,将行政审批与公共服务集成,县区初审与市级核准联动,市、县(市、区)两级政务服务中心闭环运行。

通过推行受理与办理分离、跨部门事项的并联、多审批环节的合并和审批过程的闭环运行等审批服务运行机制,工作人员成为审批流程上的作业者、勤务员,实现"一口进出、限时办结、并联办理、闭环运行"的联合审批机制创新,压缩了全流程的总体时限。

体制突破、机制创新促进了行政审批的规范、高效,但在实际运行中,由于审批之外的许多基础性工作不到位、中介服务时间太长等,造成项目进入审批流程难。

基于此,一方面,太原市加强政府部门的基础性工作,包括项目的筹划、产业发展、城市建设、土地利用、环境保护等各类规划的制定,土地的转征、收储及公开出让方案的确定等,应围绕项目筹划落地这个核心,全面规范各项前期工作流程。太原市目前正按照广义的"一口进出、限时办结"要求,研究制定投资项目前期的咨询评估和筹划准备工作流程,努力形成项目咨询、

---

① 李树忠.优化政府整体工作流程[N].学习时报,2014-09-01(A10):领导论苑.

前期工作、行政审批相互衔接的系统化全流程。同时,加强土地收储等工作,努力为投资者提供"成品用地"。

另一方面,太原市加快建立监管机制。由于中介服务事项较多、办理时间长,用时约占项目手续办理总时间的2/3,规范中介服务既是审批流程再造的延伸,更是加快项目落地的保证。太原市在实践中,遵循"依法公开、公平竞争、分类规范"的原则,从明确固定资产投资项目审批涉及的中介服务事项入手,在市政务服务中心设立中介服务机构目录库,建立中介机构服务准入、绩效考核、黑名单等制度,引导中介机构依法依规从业,提高服务质量和效率,正逐步形成项目单位自主委托、中介机构公平竞争、政府项目择优推荐、整体推进项目落地的服务运行机制。

审批流程再造是政府工作流程再造的切入点和重要内容之一。实现地方政府治理能力现代化应结合地方政府权力清单的清理公布,对政府全部行政权力运行进行工作流程整体再造,实现全面覆盖的目标。具体讲,就是从"四化"抓起,全方位整体推进,太原市的再造较好表现了这个方面。

(1)重点工作"目标化"管理。"目标化"管理就是比较好的办法。"目标化"管理就是在工作人员的积极参与下,自上而下地确定工作目标,并在工作中实行"自我控制",自下而上保证目标实现的一种管理办法。太原市委提出要"开展重点工作目标管理,增强政府执行力和公信力"。各部门按照"对标一流定目标、一事一表做计划、调度例会抓落实、活力曲线抓考核"的要求,本着"符合实际量体裁衣"和"自加压力高点定位"的原则,确定重点工作目标,建立台账,扎实推进,优化了部门内部管理方式,提高了工作效率。

(2)常规工作"流程化"作业。政府流程再造包含政府工作的方方面面,涉及政府行政管理的决策、审批、基础性工作、保障支撑工作、公共服务、批后监管等,是一个复杂的综合性系统工程。在实际工作中,应用全流程的视角重新审视各个流程,将"流程化"作业贯穿于政府工作始终,引申拓展到政府所有部门、各个环节,做到标准化、规范化、程序化,一条龙服务、体系化运作,真正使每个部门的工作人员成为政府工作整体流程流水线上的一员。

(3)业务流程"信息化"支撑。现代政府管理必然是信息化的精细化管理,是大数据支撑下的精准管理,因而信息化不仅是简单的上网化、工作电子表单化,更是实现效能政府、服务型政府建设的第二次飞跃。太原市采取电子政务建设与政府流程再造一体化策略,以服务对象需求为中心,将提高政府各部门间一体化与政务流程的集成化作为总体目标,出台了《太原市电子政务建设管理办法》,推动电子政务外网、OA 协同办公项目、热线整合等信息化建设。努力通过 OA 系统全覆盖,无纸化办公,开展网上审批、移动审批,电子审批流程向县区延伸,审批资料网上共享等方式,打通部门之间、前后台之间的联系通道,力争实现政府全部工作流程的信息化支撑。

(4)全部工作"阳光化"运行。权力的约束离不开完善的监督制度。清晰权力清单、集中审批权、提高效率,同时还要将全部行政权力运行关进制度的笼子里。在信息化支撑下,阳光操作和运行,为人大、政协、纪检、媒体、社会等各方面的监督创造条件。太原市通过在市政务中心进行"一口进出"时限监督、细化流程过程监督、纪检监察效能监督等措施,将审批权力运行的约束、监督机制嵌入流程,实现了审批全程可视、可控、可追责,形成"制度＋科技"的权力运行约束、监督机制。

太原市的案例只是开端,随着更多国内城市创新的开展,将有更多优秀意见得以涌现。

# 6. 政府互动导向在政府公共服务供给精细化中的运用

互动导向的概念首先由库马尔(Kumar)和拉马尼(Ramani)于 2006 年提出,他们认为,互动导向是组织的一种与"顾客"进行交互的能力,以及通过不间断的交互活动从"顾客"那里获得信息,并基于此同"顾客"建立关系进而获得收益的能力。这种能力的核心是互动,而关键之处不是互动本身,而是通过互动收集信息并同顾客建立稳固的关系。互动导向融合和借鉴了市场导向理论、顾客参与理论、共创价值理论与服务主导逻辑理论的诸多观点,但与它们分别从组织文化和组织行为的角度来看待问题不同,互动导向是一个复合的概念,既包括了组织的基本信念,也包括了组织的相关活动和过程。具体说来互动导向包括了顾客观念、互动响应能力、顾客授权和顾客价值管理四个维度①。

随着信息技术的快速发展，各种组织与其"顾客"之间的距离被不断缩短，组织和"顾客"可以更为紧密地联系。在这个过程中，一方面，组织能够深入了解"顾客"的偏好，以及各种正面和负面的评价等信息，并根据这些信息作出相应的反应，提高组织决策的有效性；另一方面，日趋频繁的互动，也对组织的控制力和管理能力提出了新的要求，"顾客"变得更加积极主动，他们不再是"产品"的被动消费者，他们要求"产品"更加符合自身独特的需求，甚至要求直接参与到组织的决策中去，从而对组织的各项活动施加更多的影响。

在这种情形下，传统的对目标市场进行分析、细分、选择，为目标市场提供相应产品或服务的方式已经不适应时代的发展。于是，作为一种全新的组织战略导向，"互动导向"被提了出来，它反映了在信息交互技术快速发展的背景下，组织与个体"顾客"进行互动，不断获取"顾客"需求信息，完善产品和服务，获取有价值的"顾客"关系的能力。

互动导向被提出后，各种组织通过与"顾客"之间的互动，与"顾客"共同创造价值而提升了组织的绩效。在过去的近10年中，各种营利组织和非营利组织都用互动导向来提升服务质量，获取目标"顾客"的信任。具有公共性特质的政府组织也持续对这一新战略进行关注，并将其运用到政府治理实践，尤其是公共服务供给当中。

顾客观念的基本特征是充分考虑"顾客"的个体化和差异化，组织在进行决策时，将单个"顾客"而不是细分市场作为基本的分析单位。互动响应能力强调组织不仅仅要同"顾客"进行互动，还需要从互动中收集"顾客"信息，并作出相应反应。互动响应能力要求组织具备良好的"顾客"信息收集、储存、传递、整合、处理系统，通过及时反应，来提高目标"顾客"的满意度。顾客授权充分考虑了"顾客"积极参与价值创造的重要作用，它包括了两个方面的内涵：其一是组织为"顾客"同组织进行联系提供便利，从而使"顾客"能够对组织活动施加更大影响；其二是组织还为"顾客"与"顾客"之间交流提供便利，以便他们能够更方便地分享信息，分享产品或服务的使用评价。

---

① 黄振威.公共服务供给精细化新动向[N].学习时报,2014-11-10(A6):战略管理.

顾客价值管理是指组织能够动态地测量"顾客"为企业带来的价值,并将各个"顾客"的价值作为组织决策的依据。顾客价值管理的一个主要目的是根据各个"顾客"的价值情况,对组织资源进行合理运用,以实现组织收益的最大化。

显然,互动导向对于营利组织、非营利组织以及政府组织而言都是适用的。除去顾客价值管理维度之外,互动导向中的顾客观念、互动响应能力、顾客授权对于促进政府与公众有效沟通,提高自身公共产品和公共服务的供给水平都大有裨益。

研究表明,政府的互动导向理念有助于转变公务员的服务态度,提高公务员的服务水平,增进民众对公务员及政府的信任,改变民众对公务员的信任危机。而在现实中,诸多国家在具体的公共服务供给精细化实践方面也已注入了互动导向的要义。比如英国:政府专门成立了公民评论小组,时刻注意收集民众对公共服务领域热点问题所发表的评论、建议,以促进政府公共服务供给能力的提升,满足多方用户的需求;政府在提供公共服务时,鼓励民众通过直接参与公共服务供给,或是通过协商、听证、质询等形式影响公共决策,实现"无缝隙服务",形成政府与民众的良性互动;为满足民众对公共服务多样化和个性化的需求,英国政府注重挖掘和利用一切社会资源,做到资源的高效和最大化利用,促进社区、社会组织、非营利社会型企业、个人都参与到公共服务供给中来,特别是社区居民在社区运作中将同时充当设计者、提供者、生产者、使用者,他们可以根据个性化需求设计各项公共服务内容。

可以说,作为一种以"顾客"为中心,强调互动的战略思想,互动导向已经被证明适合用来增强政府的互动反应能力,提升公共服务供给绩效,是公共服务供给精细化的新动向。各级政府可积极借鉴互动导向战略中的合理因素,关注公众需求,利用信息技术加强与公众的沟通,提升政府组织的互动响应能力;保障公众批评、建议的权利,使公众真正参与到公共事务管理中,以实现社会价值的共同创造。

互联网的飞速发展改变着人们的日常生活。尤其近几年移动智能终端的普及,更是改变了大多数人的生活方式与行为习惯。网络购物、网络社交、网上教育……这种"互联网生存"的拓展对政府而言除了增加了管理服务范围,其实更多的是提升行政治理服务效率的机遇。

广州成为微信软件中"智慧城市"城市服务的首个试点的案例[①],为我们提供了参考标杆。作为城市政务探索的先行者之一,广州多个政务服务部门早已在微博时代就开通认证政务微博,传递政务咨询;当微信快速普及并推出公众账号服务开始,基于同时也是微信团队的根据地的优势,大多数政务服务部门都开通了公众号服务并提供线上政务服务的尝试,例如看病挂号可以通过广州市卫生局"广州健康通"的公众账号搞定,港澳通行证再次签注可以通过"广州公安"的公众账号实现,年审预约、快撤理赔等则可以在"广州交警"公众账号办理等,甚至连广州市政府本身也开通了微信公众号提供服务。但作为分散提供的功能,尽管建基于常用的微信平台,但繁复的搜索和长期占用使用者的账号显示空间,还是显得不尽人性化。而今广州市政府各政务服务部门联手微信,以城市生活服务的统一板块提供整合的城市服务,无须使用者再自行搜索和添加单个政务服务公众号,减却了麻烦,也更贴合了使用者的使用需求。

目前微信城市服务中已包含医疗、交管、交通、公安户政、出入境、缴费、教育、公积金等16项民生服务,而后续功能还在拓展。而当中的医院挂号、办证预约等项目甚至可以看到排队情况,连每个号的等待时间都有。另外还有城市实时路况可供查询。由此可见广州的城市政务服务进驻微信"智慧城市"城市服务,绝对不只是简单的业务入口对接行为,而是一次结合科技发展的业务流程再造的创新过程。

科技创新只是一个技术转变为现实的阶段,活用科技创新的思维才是我们应该关注和掌握的关键。在后面的第13章,我们将就这点展开详细讨论。

---

① 微信上线城市服务入口 挂号付费可用微信搞定[M].羊城晚报,2015-01-25(A7):民生.

## 7. 绩效管理创新与政府流程再造的相互促进

政府流程再造的目的是更好实行政府流程管理,而政府流程管理又离不开绩效管理创新的支持。可以说,政府流程再造是基础,绩效管理是立足于其上的导向规范;政府流程再造决定了绩效管理的操作参照,绩效管理保证政府流程再造的落实执行,两者之间是相互促进的。

政府流程再造与绩效管理分别从前后期成就政府流程管理的实现,这是一个长期的过程。政府在这个长期过程中一定坚持持续参与,并保持长期持续的精力投入;唯有这样,才能保证政府流程管理的最终效果,才能确保政府流程再造的持续努力不会被浪费。

## 8. 公众参与:政府流程再造的新环节

在从前的政府流程设定中,公众并没有机会参与到政府的流程设定中,因此更无从去提供意见与建议。但随着现代社会发展,以及民众知识水平、社会参与意识等的不断提高,政府改革创新已离不开公众参与。

公众作为政府政务服务的中立观察者、实际体验者与运营监督者,能够提供更贴合自身实际的服务需求,以及推荐更为理想的服务手段与方式,所以公众参与必不可少,而且还是重中之重。作为政府政务服务的起点,公众利益与公众需求成为第一位,这是现代政府公务员所必须校正的基本意识。在下一章我们将会就此展开详细论述。

其实在社会发展下,公众参与政府治理决策已经成为一股新的发展力量(在后面的第 13 章,我们有关于这点的详细讨论)。在公众参与越走越深入,作用越来越大的趋势下,一个更优秀政府的诞生已经不再是希望而成为目标。有公众深度参与的政府,一定是能满足公众利益最大化,最受公众需要和支持、拥护的政府,这不就是我们所一直追求的目标吗?


**讨论话题**

    1. 你认为企业流程再造的案例、思路对政府有借鉴意义吗? 为什么?

    2. 政府流程再造与企业流程再造的主要区别是什么?

    3. 政府需要再造的流程有很多,如果让你选出最迫切需要进行再造的 3～4 个流程,你认为是哪 3～4 个?

# 第 11 章

## 面向民众
### ——政府的营销革新

什么是你最想要的？只有你自己才知道。同样道理，民众最欢迎的政府，也只有民众才能给出答案。在这一章，我们来讨论成就受民众所欢迎的政府的途径——政府营销。

# 1. 了解政府营销

什么是营销？根据美国市场营销协会下的定义[①]：营销是创造、沟通与传送价值给顾客，以及经营顾客关系以便让组织与其利益关系人（stakeholder）受益的一种组织功能与程序。这是一种社会和管理的行为过程，也是一种通过交换实现各方利益同步增长的方式。

一个国家的各省、各市相互之间为了自己的区域利益进行事实上的竞争，这种竞争关系的存在，决定了各省、各市为取得自己的相对竞争优势进行区域营销，这种营销即政府营销。各级政府营销绩效的高低，影响当地经济发展的快慢和居民生活质量的优劣，也直接决定着企业发展的大环境。在这一过程中，各级政府充当着营销主体。

营销的核心是面向顾客并维持顾客关系。在政府营销中，顾客就是广大民众，而制造商、供应商和分销商的角色则是由政府及各级地方政府扮演；所以政府营销的核心，应该是树立公共服务的理念，把最大限度地满足群众的要求作为工作的出发点，严格要求工作人员，处处为群众着想，想群众之所想，急群众之所急，切实保障公民的权利，为老百姓排忧解难；同时，在政府运作过程中引入市场经济的概念，把公民当"顾客"，实行"顾客驱动"——让"顾客当司机"，由"顾客自己掌握资源的选择权，确定路线和目的地"——让顾客具有选择权和评价手段以驱动政府在符合社会需求的方式

---

① 维基百科.http://zh.wikipedia.org/wiki/%E5%B8%82%E5%9C%BA%E8%90%A5%E9%94%80.

和服务质量的标准下行事和正常运转。

只有"顾客驱动"的政府才能提供多样化的社会需求并促进政府服务质量的提高，因为这使竞争进一步发展，不是管理人员选择服务提供者，而是政府管理人员让公民选择服务提供者。

明末清初的儒学大师黄宗羲在他的名著《明夷待访录——原臣》中说道："缘夫天下之大，非一人之所能治，而分治之以群工。故我之出而仕也，为天下，非为君也；为万民，非为一姓也。吾以天下万民起见，非其道，即君以形声强我，未之敢从也，况于无形无声乎！非其道，即立身于其朝，未之敢许也，况于杀其身乎！不然，而以君之一身一姓起见，君有无形无声之嗜欲，吾从而视之听之，此宦官宫妾之心也；君为己死而为己亡，吾从而死之亡之，此其私昵者之事也。是乃臣不臣之辨也。"①打个比喻，假如国家是一家公司，人民是其董事长，君主不过是由民委派、向民负责的总经理，大臣百官则是君主所选任的负责掌管各具体事务的业务经理。黄宗羲敬告那些出来做官的，不要把关系搞错了，以为自己是为总经理打工，而忘记了公司的真正主人。

顾客的需要成为安排服务的向导，也可以作为衡量服务成功与否的重要尺度——政府部门没有盈利或亏损的指标来衡量成功与否，但顾客的满意程度可以作为一种很好的替代。

---

① 这段话为《明夷待访录——原臣》的总纲，集中表明了黄宗羲所认为的"为臣之道"应当是为天下万民谋福利，而不是为君王一家办差。只要臣是以人民的利害为出发点做事，纵使君主强迫也绝不当从命；君主若非为国为民而死，则臣也万万没有义务杀身成仁。相反，如果臣没有做到这些的话，就与君主的奴婢没有区别了。在这里，黄宗羲强调了为臣者应该有独立的人格和尊严，君与臣同样都是为人民谋利益的，他们的地位无疑当是平等的，不存在"君为臣纲""君要臣死、臣不得不死"这些上下尊卑。

## 2. 从企业营销中偷师

企业对满足顾客需要真可谓做到了家。一些日本企业生产的汽车里面设置了一个塑料的托盘,驾驶员可以把饮料放在上面。这些塑料架子花不了多少钱,但对于那些早晨喜欢喝咖啡的人来说,这个小小的细节使他们开车去上班的旅途变得富有乐趣。

虽然这样一种改进可能并没有与顾客交流就作出了,但实际上企业观察了他们的行为,这种很容易得到满足的需求应很容易就被发现——企业虽以营利为目的,但受顾客驱使机制的约束,驱使它们不断提高服务水准(世界上最伟大的业务员吉拉德说:"相比多卖一辆车,我宁愿把售后服务做得再好些。无论什么样的顾客,只要愿意,你总会喜欢上他们的。我总是让顾客感到我喜欢他们,我爱他们。好的口碑总能带来回头客,所以,一定要让你的顾客满意。"[①])。

著名管理大师大前研一认为,专业的销售"不只是将公司已有的商品卖给客户那种传统的销售,而是能够根据客户的具体需求整合自身企业资源,为客户提供相应解决方案的专业化的销售。""区分销售专业还是业余的标准,取决于是否能够把握顾客至上的精髓。从这个意义上讲,大部分企业的销售人员,仍显业余。"[②]上节中提到的"业余水平的公务员",正是对这句话的理解延伸。

小米社会化营销推动全产品周期参与的案例,相信对于读者理解上面我们所说的这些观点会有帮助。2009年,雷军二次创业成立小米,小米手机成功总体说来包括两个层面:一是极致的产品体验,靠"铁人三项"——"软件+硬件+互联网";二是互联网驱动,包括营销互联网化、渠道互联网化、

---

① [日]大前研一.销售专业主义[M].北京:中信出版社,2014:20.

② [日]大前研一.销售专业主义[M].北京:中信出版社,2014:X.

供应链管理互联网化。在产品策略上,小米不搞机海,而是将少数几款产品的用户体验做到极致,大力搭建粉丝网络,在产品研发、生产和销售的全过程积极倾听和吸纳粉丝的意见;定价方面不再追求快速撇脂,而是改为均衡定价;渠道上,大多采用直达用户的互联网直销模式,快速将线上需求变现,零距离贴近用户;在营销上,实时监测用户反馈,引导粉丝成为产品和品牌的代言人。同时,将线上互动导引到线下,通过举办丰富的线下活动进一步固化粉丝关系,引发更多的线上交流。

雷军更看重两个数据,一是手机产品的销售额,300 亿(截至 2013 年)超过联想、华为等大公司的手机产品销售额,成为国产手机销售额第一;二是客户端活跃度高于其他国产手机,与三星并行在排行榜上。

如何不花钱拉到用户?唯一的办法就是在论坛做口碑。小米第一个产品是 MIUI 操作系统。截至 2013 年上半年,MIUI 用户超过 2000 万。起初,黎万强带领团队泡论坛、灌水、发广告、寻找资深用户,从最初的 1000 个人中选出 100 个作为超级用户,参与 MIUI 的设计、研发、反馈。这 100 人成为 MIUI 操作系统的"星星之火",也是最初的米粉。后来做手机,小米走的是同样的路子。在"零预算"的前提下,黎万强建立起小米手机的论坛,成为米粉的大本营。目前小米论坛注册已经超过 1000 万,日发帖量超过 10 万。在小米论坛上,米粉参与调研、产品开发、测试、传播、营销、公关等多个环节。米粉中重复购买 2～4 台手机的用户占 42%。

米粉的存在,还发展出一个庞大而分工合作的综合传播体系,不同社区渠道有明确的分工:微博拉新、论坛沉淀、微信或米聊客服。微博的强传播性适合在大范围人群中做快速感染、传播,获取新的用户;论坛适合沉淀、持续维护式的内容运营,保持已有用户的活跃度;而微信或米聊则是一个超级客服平台,微信负责对外,而米聊则通行于米粉圈中。不仅如此,通过整合同属雷军旗下多玩电玩的 YY 语音,既在功能上扩展了米聊软件的应用丰富度,同时也把基于 YY 语音独立成熟产品社区的庞大用户群及丰富的多媒体内容,包括大众娱乐节目、栏目和在线教育内容,接入米粉圈中——这一招实现了一举多得的效果。

有了用户,用户的参与感通过什么形式产生?小米的方法通常是两种:话题和活动。在销售上,小米极具争议的"抢售"成绩从来都是刷新之前纪录的奇迹；但这种销售模式并非是米粉们可参与活动的开始，当然也更非唯一。在小米论坛上，用户可以决定产品的创新方向或者功能的增减，众多米粉参与讨论产品功能，以在下一个版本中做改进；下一周的周二，小米会根据用户对新功能的投票产生上周做得最好的项目，然后给员工颁发"爆米花奖"。这种将员工奖惩直接与用户体验与反馈挂钩的完整体系，确保员工的所有驱动不是基于大项目组或者老板的个人爱好，而是用户的反馈。

这个活动已经持续了 3 年多。在整个产品开发过程中，无需小米主动引导，很多核心用户能够很清楚地知道手机的电话功能是哪位工程师做的，短信某个功能是谁做的，做得好的时候会说"牛"，做得不好的时候就说"滚蛋"。"并行模式、全产品周期参与"正是小米的秘诀：小米公司、"米粉"、小米供应商、小米电商、小米售后全程参与"小米手机"的所有环节，各个环节的各个参与者高频度互动、高度参与。可以说，小米的成功，根本上是"米粉们"的成功。

所以，政府应该向企业学习放权于顾客——民众，给服务对象更多的权利；顾客分析可以帮助政府机关利用自己掌握的资源来满足民众提出的要求。顾客中往往隐藏着解决组织问题的"灵丹妙药"，民众对公共服务问题最有发言权。反观官僚体制内的专家，不仅无法获得制定政策所需要的全部信息，甚至得不到正确的信息。"不论是公共部门还是私人部门，没有一个个体行动者能够拥有解决综合、动态、多样化问题所需要的全部知识和信息，也没有一个个体行动者有足够的知识和能力去应用所有有效的工具"（Kooiman，1993）。

当然，放权也不是说把所有权力一股脑儿地放手给低层公务员或民众，而是有针对性地吸收他们共同介入决策过程，共同协商问题。国外的案例为我们提供了参考。

# 3. 国外的成功案例参考

　　1993年克林顿就任美国总统以后,呼吁在政府内展开一场变革运动,以便使政府"效率更高、花费更少"。他要求副总统戈尔全面负责这项计划。戈尔接受任务以后,第一个工作就是召开"重塑政府"高层研讨会。参加者除了来自政府各部门的官员、学者外,还有来自企业界的人士,包括凯迪拉克、GE、摩托罗拉、西北航空等大公司的高级管理人员。会议的主题是请这些美国工商业界的杰出人士为政府创新献计献策。

　　在高层研讨会上,这些工商业界人士向政府传授了一条共同的成功秘诀:面向顾客,信任雇员。在竞争激烈、风云变幻的市场中,顾客的需要是第一位的,而工作在第一线的雇员最了解顾客。因此,一个成功的企业首先是善于把握消费者的需求潮流,而只有发挥一线雇员的主动性和创造性,才能迅速准确地感知和满足顾客的需要。

　　于是,戈尔领导的"政府绩效评估委员会"在1993年9月提交的报告《创造一个工作更好、花费更少的政府》中提出的两大目标之一是:要求政府各部门制定本部门的顾客服务标准。在这个报告的基础上,克林顿总统发布第12862号总统行政命令,要求政府各部门制定"顾客服务标准"。在命令中要求:

　　认清哪些人是或者应该是本机关服务的顾客对象;

　　征求顾客的意见,了解他们所要求的服务标准以及对现有服务的满意程度;

　　将服务标准和衡量方法公之于众;

　　用企业界的最佳标准衡量政府的顾客服务标准;

　　向顾客提供可供选择的服务资源和传送手段;

　　使信息、服务和意见系统更加方便快捷;

　　提供表达顾客意见的途径。

重塑政府

相近地，美国国会也通过一个法案，即《政府表现与绩效法》，要求联邦政府部门明确各自的工作目标和对象，制定围绕这些目标和对象的工作措施，提供可衡量的检验部门工作的绩效标准。法案要求政府在 5 年内完成上述工作，并且提供年度报告。国会将根据政府各部门的工作表现决定对该部门的财政拨款。这个法案首次将国会的拨款与政府的工作成绩联系起来，它在宗旨上与克林顿提出的变革主张是一致的，从法律上为"重塑政府"运动提供了支持。

按照第 12862 号总统命令，美国政府各部门展开了检讨、评估本部门工作、制定顾客服务标准的行动。在这个过程中，一些政府机构通过研讨会、培训班、参观、实习等方式积极求教企业界的管理经验。1993 年 10 月，400多名政府工作人员在马里兰州接受了 40 位高级企业管理专家的培训，这些专家来自迪士尼、联邦快递、施乐等美国著名企业。迪士尼公司总裁谈到，公司的高层管理人员为了面对面地了解顾客的爱好，亲自在迪士尼乐园里装扮成米老鼠、唐老鸭、古菲狗的形象与游客接触。

生动的事例给了这批政府官员极大的启发。1994 年 9 月 20 日，成千上万的政府工作人员走上街头，庆祝第一个政府"顾客服务日"。很多高级官员也从办公室里走出来，在街头散发宣传材料，听取市民的意见。总务局局长在加油站为公务车加油，内政部长在波士顿国家纪念馆的门口，欢迎前来参观的市民。副国务卿坐在国务院签证处的办公桌边，亲自为公民发放护照。显然，美国政府试图通过这样的行动来树立政府"顾客第一"的新形象。

不单是美国，其他地方的政府也有作出不断尝试和努力，例如美洲大陆的另一端国家——巴西。

1970 年以来，几乎每届巴西政府为降低国债而实施的国家改革都无法奏效；到 2004 年，32％的税收被养老金所占用，13％的税收用于偿还日益增长的国债。20 世纪 90 年代初期，巴西以商品出口为导向的州(比如南里奥格兰德)不仅承受着本币高估的消极影响，还遭遇了长期干旱所导致的农产品大量减产。南里奥格兰德是巴西最富有的州之一，但在 2005 年它却面临着破产的危险——公共投资出现了 35 年来的最低点。人们逐渐明白，没有哪个实体能够凭借自己的力量解决这个州所面临的重大结构问题。补救办法是利用"群体创造"治理模式来制定出一个全国适用的议程。①

2005 年年末,巴西全国工业联合会——一个权威的跨行业组织——提出了一个草案,要求开启一个为巴西可持续发展设定目标的对话机制。几个州政府和行政部门采纳了这一方案,其中包括南里奥格兰德州。2006 年,该州的著名企业家集合公民领袖提出了一个经济和社会复苏的全面计划。州联邦工业部、三家行业协会(FDCL、圣保罗州商业联合会和南大河州商业联合会)以及一家企业协会(FARSUL)聚到一起开始考虑如何扭转经济形势。与公共政策的被动角色完全不同,这些机构决定提出一个社会经济复苏的深化改革方案。

这些机构将这一改革命名为"2020 议程",旨在让更多人参与进来,不仅包括发起组织内部成员,还包括工会、非政府组织、政府、政治领袖、教育家等。该议程方案中 30%～40%的项目都是由私有企业和非政府组织来承担的。但如何解决各方的利益纠纷却是政府官员和立法者所面临的重大挑战——很多时候,这也是造成政治无能的最大原因。要想通过法律、公共政策、政府规划来对复杂问题达成一致意见或制定解决方案,恐怕要花上很多年的时间。

为了启动"2020 议程",发起人建立了一个"现场"参与平台,供不同的利益相关者参与、达成政治共识、协调游说活动。建立这个平台的目的是讨论政府规划,显然这个过程需要由代表大众利益的各方利益相关者达成共识、设立共同目标。在不同的阶段,志愿者、经济学家、政治家和外部咨询师都在协调和推动这个过程。

当政府制定一个公共议程时,总是自上而下地由领导者带领公务员解决经济和社会问题。而当这个公共议程是由政府以外的力量制定时,就需要各方利益相关者的参与——商界领袖和企业家、政治家、工人、教育家、社会活动家等,他们会明确共同的愿景和战略目标。这些参与者必须共同建设一个体系来管理和评估进度,要让选出来的官员承担责任。当各方一起"群体创造"议程时,这个议程其实就变成了一次社会公决,代表了挑战、目

---

① 文卡特·拉马斯瓦米,佛朗西斯·高哈特.众包 2——群体创造的力量[M].北京:中信出版社,2011:244-246.

标和建议措施的集体共识。当政府和私有部门合作建立共同战略议程时，群体创造的结果就会更加令人满意。

在"2020 议程"的第一个阶段，950 人进行现场会面，他们代表了所有的社会阶层，从社区、工会、协会的代表到商业、学术领袖，再到非政府组织工作人员和政府官员。这个会议被称为"南里奥格兰德 2020 未来愿景"（我们想要的南里奥格兰德），它动员领袖和市民探索他们的过去、现在和未来，以此为背景来制定本州的愿景。

在第二个阶段，参与者一起塑造共同愿景和战略议程，愿景和议程承载了各种为当代和下一代制定的目标、宗旨和行动，同时政府的注意力还集中在战略优先级上。一般来说，人们都认为从长远的角度制定经济和社会工程是很重要的，因为教育和其他基础设施建设的回报需要 10 多年的时间。与此同时，一个治理议程能够保持每届政府对倡议的承诺，降低由于政府更迭所导致的不连续性，这样才能保证 15 年计划的实施。议程需要确定一个社会愿景，以及与之对应的长期目标、宗旨和行动框架，这个框架既可以在政府内部建立，也可以由外部的利益相关者联合建立。

从"群体创造"领导力论坛的 11 个主题出发——市场开发、地区发展、创新与技术、公共行政、基础设施建设、制度和监管环境、财务资源可用性、公民权和社会责任、环境保护、教育和健康——一份战略议程草案浮出水面。5000 多人和 200 多个市政当局提出了意见，每个主题大约有 400 名参与者。这份共同议程可以作为合法工具来监督政府或公众的行为，政府利用议程进行自我监督，公众利用议程给政府施压使其不偏离正轨。议程的衡量标准包括联合国人类发展指数（测量生活质量）、基尼系数（测量收入不平等）和国内生产总值增长。论坛的参与方使用这些标准来公开监督结果，并跟踪各种相应措施。2006 年 10 月，战略议程被提交给两位州政府候选人，他们在 1000 多名群众和多家媒体面前作出承诺：要实现议程的目标。

然后是"2020 议程"的第三个阶段：系统实施和绩效管理。整个州以不同的形式讨论这个议程，包括与新上任的政府官员进行公开讨论，对措施和整体进度进行审核。相关协调小组帮忙制定战略的优先级，创建了一个包含在线公共论坛的网站，人们可以通过这个网站对议程中的话题进行公开表态和讨论，通过积极的行动体现民主化进程。用这种方法，议程成了治理和绩效管理的"公共观测台",鼓励每个公共经济实体在战略框架下安排自己的进度,促进公众讨论和对话。时事通讯和博客会定期向外公布"反馈的反馈",以推动持续对话和对议程的重新检验。"2020议程"是公有和私有部门齐心协力不断创新的成果,力求共同塑造出全国性的战略治理议程。

双向沟通、共同参与、相互作用——这是国外政府成功案例的共同特征。随着互联网思维的深入人心,这些共同特征的实现将越来越轻松,效果也会越来越明显。


# 4. 政务互动:信息公开和民众参与

如同原子裂变需要引爆中子一样,要使民众中蕴藏的参政积极性得以发挥,并成功地与政府的决策对接,需要搭建沟通、理解、交流的平台,需要信息的公开、透明。

公众对政府的信任是2008年这次西方国家金融危机的重要"牺牲品"。不同于战争牺牲生命,金融危机真正牺牲的是信任。这种信任既包括公司与公司之间的货币金融信任,也包括公民对政府的政治信任。2008年经济危机导致经济持续低迷,经济危机加深了原本公民对政府的信任危机,西方国家民众对政府的信任度大幅下跌。据相关学者对欧洲20个国家公共部门雇员开展的问卷调研结果显示,公民对政府信任是过去5年中政府公共管理绩效最低的项目和方面。在西方国家,公民与政府信任关系还直接体现在,选民与政治家的"投票"信任关系上。在2009年的欧洲议会大选中,由于金融危机导致社会问题此起彼伏,选民对欧洲议会选举的投票率仅为43.5%,这是自欧洲议会1979年实行直接选举以来的最低水平。如此高的选举弃权率说明了西方国家公民对政府存有深深忧虑和质疑。在一些西方国家,公民对政府信任的变化状态已经从简单的信任下降演变成信任危机。

在后危机时代,推进政府透明化是西方国家政府重新获取信任的普遍做法。从理论上看,公开透明是政府要重新获取公民信任的最直接手段。

为提升公民对政府的信任,后危机时代,西方国家政府纷纷把政府公开透明作为重塑信任的工具和手段。一方面,大力建设开放政府(openness government)。使公共管理更加透明化,建设开放政府已经被认为是最为重要的公共管理改革趋势。2009年,奥巴马政府发布建设开放政府的总统行政命令,强调从"透明性""公众参与""合作"等方面,促进政府透明和开放。从政府管理信息化的理论视角看,开放政府的做法已经远远超越原有的电子政府建设阶段,将公众参与嵌入到政府决策提案过程中。另一方面,西方国家积极推进财政透明化。2007—2010年,陆克文政府执政期间,澳大利亚政府改革更加重视预算透明化概念。在英国政府发布的《开放政府合作伙伴2013—2015英国国家行动方案》中,政府实施建设开放政府的21项承诺,其中3项是财政透明度承诺,帮助公民跟踪财政开支的最终去向①。

韩国首尔的案例是一个较佳的示范②。

2006年10月,应首尔市长吴世勋号召,首尔推出了一个名叫"绿洲"的网络建议平台,旨在"提高行政管理的创造力和想象力",并让首尔市民成为政府政策和决策制定过程的积极参与者。此平台的原型是一个名叫"创新首尔项目总部"的内部网络计划,市长鼓励公务员在政府内部网络上围绕3个问题提出建设性意见,分别是:改进工作方法、鼓励市民参与和城市管理透明化。

"绿洲"是一个简称,新网站的名称其实叫"千万畅想之洲",旨在吸引1030万首尔市民提出创造性的决策想法。"绿洲"网站不是一个静态的建议系统,而是一个动态的参与平台,其参与者包括3个主要群体:市民、公务员、公有企业。政府鼓励市民参与到与地方政府官员的公开讨论之中,并通过这种方式参与政策制定和政府决策。首先,在"创意和建议"阶段,任何人都能提出关于改善政策的建议。市民可以回复其他人提出的建议,以此来显示对某一问题感兴趣。首尔市政府通过这些信息了解市民的需要,判断市民对每个想法的兴趣。此外,一个想法或建议在网站上发布后,便会立即被

---

① 赖先进.当前西方国家政府改革的新理念[M].学习时报,2015-01-05(A6):战略管理.

② 文卡特·拉马斯瓦米,佛朗西斯·高哈特.众包2——群体创造的力量[M].北京:中信出版社,2011:240-243.

通报到与之相关的政府部门，该部门有责任对这一建议的可行性作出评价。

该网站开放后的第一年中，平均每个月都收到 3 000 条建议，这些建议都由首尔发展研究院收集并评估。例如，政府公务员的工作考核系统以往都是基于工龄和资历，如今加入了一个绩效指标——那就是要考察公务员在内网上提出了多少意见和建议。这就为普通公民参与决策过程奠定了基础。

下一个阶段是"网上讨论"。政府精挑细选了一群参与者，包括政策专家、公务员，还有一个由志愿者组成的"市民委员会"，他们负责评估提交上来的创意，并将好的创意详细展开，付诸实践。委员会成员是根据市民在"绿洲"项目中的参与度和表现选拔出来的，包括想法和创意的提交、审阅及讨论。"市民委员会"有 6 个下属分支机构，所负责的领域分别是：经济、文化、交通、环境、福利和市民。截至 2009 年，委员会拥有超过 450 名成员，会员人选每 6 个月更新一次。在"绿洲"网站上提出的每个月 1 050 个创意中，平均有 120 条会进入"讨论阶段"。在这一阶段，"绿洲"网站会把类似的创意加以融合。2008 年 8 月，首尔市政府推出了"自行车友好计划"，"绿洲"网上的那些关于自行车的建议和意见都是在这样的大背景下提出的。

"绿洲"项目的第三阶段是"离线初步测试"，在这一阶段，"绿洲"会根据创意的可行性和市民的反映情况来评估这些挑选出的创意。每个月大约有 40 个创意能进入这一阶段。然后，市政府的高层官员会参加一个"头脑风暴"过程，将这些创意和想法融入政策，并付诸实践。局长、主任以及外部专家都会参与，负责执行政策的副手们也在适当的时候加入讨论。讨论过后，市政府召开一次实际工作会议，决定哪些可行的想法和创意能够采纳。通常，有 7 个创意能突出重围，杀入最后一关。

参与过程的第四阶段，也就是最后一个阶段，就是"首尔政策采纳大会"。这是一个实时的公开会议，大约 200 人共聚一堂，包括创意的提出者、"市民委员会"的成员、非政府组织、政府外部专家、市民以及市政府的高层官员。大会由首尔市长主持，在互联网上现场直播，由创意的提出者发起讨论。

2006 年 10 月至 2009 年 5 月间，超过 425 万市民访问了"绿洲"网站，提交了 33 737 个创意（平均每个月有 1 050 条）。截至 2009 年 5 月，有 75 条建议通过"绿洲"计划得到了政府的采纳,其中 55 条得以完成并付诸实践。诸多创意通过"绿洲"计划最终得以贯彻执行,比如,公园中设置免费婴儿车和免费轮椅,缩小井盖上格栅的宽度,以及在汉江上修建人行天桥。被采纳的建议都会发布在"绿洲"网站上,并附有完成计划的截止日期,还有进度条显示其施工进度。建议一经采纳,提出该建议的市民将会获得 100 美元的奖励,而且每个建议都有可能为该市民带来更大的创意大奖,奖金由 500 美元至 3 000 美元不等。没有被采纳的建议和想法也会被张贴在网站上。没被采纳,自有原因,有更加适合的政策已经得以执行,网站会附上关于这些政策的详细解释。市民可以在网站上进行进一步讨论,寻求替代方法,以实现建议中最基本的初衷。

当世界上其他"电子政务系统"都在关注市民的怨言时,"绿洲"计划却让持续不断的行政改革成为可能,提升了公务员的形象,提高了市民对政府的总体信任——这不失为一种很好的尝试。这种企业里目前很时尚的众包模式,其实完全可以借用到政府的"众包"里,通过激励机制的建立,百姓更有积极性为政府的决策建言献策。同时,信息公开透明令政府运作更为流畅高效,也有助于民众取信、参与政府治理,更避免了隐患与猜测,一举数得。

# 5. 互联网思维与文化营销

网络时代经济学的核心是点击量,因为点击之后就会形成流量。对于互联网,点击量可以带来广告收入和影响力,关乎生死[1]。流量巨大时汇成江海,能引导舆论导向,能够形成大众的意识——在企业,这可以拿来作为营利的手段、成为变现的通路;在慈善公益组织,这可以扩大公益项目的影响力,整合社会各个层面、群体的资源,使得公益项目取得最佳、最大化的社

① [美]瑞安·霍利迪.一个媒体推手的自白[M].广州:广东人民出版社,2013(6):218.

会效果,用柔软的爱的力量来改变中国。如近期发生的"免费午餐"公益项目,截至 2013 年 11 月,募款超过 7 000 万元,参加者人数突破千万,项目惠及全国 18 个省市自治区、328 个学校、7 万多名学生。这场全民公益活动,媒体记者编辑、学生、工人、农民、知识分子、企业老板、社会名流、政府官员、国家领导纷纷参与其中,是网络时代的中国社会深刻变革的一项标志性事件[①]。而在政府,这种大众意识可以用作公共管理服务推广、政府营销的工具和手段——这就是文化营销。

以黄龙县检察院检察官周末发微博请农民工吃饭的尝试为例,2014 年 11 月 30 日中午 13 时 04 分,黄龙县检察院助理检察员赵国栋在自己的新浪实名微博上发出"请农民工吃饭"的微博。他是受现在中央政法委宣教室工作的陈里主任(前陕西省公安厅副厅长)等人的启发,又正值周末恰好在西安,他就考虑"请几位农民工朋友一起吃个每位 68 元的自助餐",自己掏钱,想和农民工朋友聊一聊,了解其遇到过的法律问题。该微博一经发出,立即引起了数十万网友的极大关注,不少外地的网友也积极加入,表示要参与这个活动。相比陈里两年前在微博上邀请农民工吃饭的情况来看,不到 4 个小时的时间,就征集到 4 名真正意义上的农民工;而当年陈里征集了 3 名真正的农民工则用了两天。

现场参与的一名网友称,去的 4 名农民工网友,有水电工、建筑工、搞运输的等。

"赵国栋检察官还给我们聊了很多劳动法的知识,让我们学到了一些实用的维权法律知识。"赵国栋和大家相互认识后,就开始让在场的每一个人谈谈自己到城市的感受等等,吃饭共用了将近 3 个小时。

在吃饭期间,农民工们谈得最多的还是年末讨薪问题,"目前,虽然国家一直很重视我们的工资问题,但是还是时不时在其他工友中间会出现年末领不到工资的问题。"这位农民工网友的话,一下子也让赵国栋回想起去年春节前在山西打工的父亲及 200 多名工友的讨薪事件,他深深地觉得父亲和其他农民工的不易,于是他向 4 位网友讲述了一些基本的维权方式,比如如

---

① 　免费午餐:柔软改变中国.华文出版社,2014-01.(笔者推荐:该书对这个公益项目的前后经过该书做了全景式的描述,是一本不可多得的政府公务员辅助培训读物)

何向劳动监察大队反映等通过法律渠道解决拖欠工资问题的途径。网友"孤独的天马"2012 在吃饭期间把现场和赵国栋吃饭的事发在了微博上,并配发了照片,并写道"不认识的人请吃饭,你相信吗?我开始也不相信,但的确是真的,赵国栋检察官就请我们几个人吃饭了,非常感谢!"

在听完每一个人谈自己进城打工的感受后,赵国栋还专门有针对性地提出了问题,给现场的农民工鼓劲,增强他们的自信心,边吃饭边座谈一直持续到近 3 个小时才结束,最后赵国栋和大家合影留念,并告诉大家,以后有法律问题或其他生活上的问题,可随时与他电话或微博联系。

这只是一次个人尝试的事件,虽然其背后代表着基层公务员的时代意识、科技运用技巧的提升,以及用于开展工作尝试的努力;而在个人之上,尤其是整个社会的参与,其作用力及影响力都是巨大而深远的。合理运用,推广其中合适的内容,如积极正面的文化内容,将是助推政府营销革新的重要基石。

简单地说,文化营销就是利用文化力进行营销,是指营销发起人在思想核心价值观念的影响下,所形成的营销理念,以及所塑造出的营销形象,并将两者在具体的市场运作过程中形成一种独特而有效的营销模式。而在政府或国家层面的文化营销中,其具体表现就是政府形象与国家形象及国家文化。

政府层面的文化营销是一个很大的系统,也是一个包罗万象的内容集群。在后面的第 14 章中,将有对政府文化创新的详细论述。而在本节当中,我们只作一些概述介绍。一般而言,政府的文化营销主要集中于打造自身当届政府形象,以及主导提升国家形象,主导推广国家文化三部分内容。

当届政府形象如同商业企业的高层团队形象,正面、积极、高效的团队总能增加各方对其运营的期望与信心,这对于发展不无裨益。同时,政府形象一定程度上还会对国家形象产生连带作用——政府的雷厉风行、诚信高效,一定程度上会令人对其国家产生敬畏;而一个出尔反尔,负面丛生的政府,也会令人对其国家反感。在这一方面,民众仅能提供导向与监督,关键还需要政府自身团队的努力。

相对而言,在国家形象方面,民众的可参与度则大得多。美国政治学家布丁(Boulding, K.E.)认为:国家形象是一个国家对自己的认知以及国际体系中其他行为体对它的认知的结合;它是一系列信息输入和输出产生的结果,是一个"结构十分明确的信息资本"。作为反映在媒介和人们心理中的对于一个国家及其民众的历史、现实,政治、经济、文化、生活方式和价值观的综合印象,"是国家的外部公众和内部公众对国家本身、国家行为、国家的各项活动及其成果所给予的总的评价和认定",其中既包含着对于国家的认识,同时也包含着理性评价和感性态度,"具有极大的影响力、凝聚力,是一个国家整体实力的体现。国家形象是国家"软实力"的重要组成部分之一,可以从一个方面体现这个国家的综合实力和影响力。因此,国家形象的塑造与传播深受各国政府的重视。

国家形象,作为一种主观印象,实际上构成了人们对于一个国家及其民众的心理预设。负面的国家形象,会使人们对这个国家及其民众的所有相关信息和行为的认知和评价带有或多或少、有意无意的敌对性、排斥性和刻板印象;而正面的国家形象则往往使人愿意用更理解、更亲和、更接纳的方式对待该国及其民众的信息和行为。因此,国家形象的塑造,其实就是对人们认识和评价一个国家及其民众的正面预设的塑造,不但需要政府努力,民众与社会的参与更为重要。

至于国家文化,则更多可理解为国家整体价值观与区域文化的混合体。价值观作为主导,对区域内文化的传承、推广及传播产生干预。事实上,国家文化更多是对国家形象产生基础渗透性的影响。从目前国家文化输出的成功案例,诸如美国影视、日本动漫、英国政治体制等,不难看出其对国家形象的渗透延伸作用。作为政府主导,主要依靠民众社会,以综合成果体现为最终结果的一环,其甚至还衍生出一个严重的国家安全风险。对于在此领域严重落后的我国来说,这是个不得不引起严重关注的问题。

# 6. 警惕政府营销的文化趋向性——关注国家文化安全

由于在任何文化体系包括任何一个国家的文化体系中,其文化特质都不是唯一的,而是多方面的——只有从本质上理解文化特质,才能真正把握文化安全的本质——在文化的差异与冲突中如何保持和延续自身文化的问题,避免文化同化、文化渗透与文化侵略,成为值得我们思考的问题①。

任何国家和民族现存的多方面文化特质,都是在其以往历史发展中逐渐形成和内化的,文化特质的保持和延续就是对传统文化的继承和推进,是保持国家和国民的"根"和"源",因而它不仅对满足国民之现实物质需要具有重要意义,而且对满足国民的情感寄托和精神需要具有更深刻的意义。文化特质的保持和延续保证了一个国家文化的连续性。所以说,文化安全就是文化特质的保持与延续,而国家文化安全就是一个国家现存文化特质的保持与延续。这正是国家文化安全的本质所在,因为离开了文化特质的保持与延续,也就没有了文化安全问题。

国家文化安全客观要求的文化特质的保持与延续,一方面是指文化之深层本质方面的特殊性的保持与延续,而不是指文化表层之特殊性的保持和延续;另一方面是指现存文化中总会有某些特质得以保持和延续,而不是指所有文化特质都必然得以保持与延续。这也就是说,文化安全客观要求的是文化特质尽可能多地保持延续以不至完全丧失,而不是一切具有特殊性的文化都得以保持和延续。在历史发展必然存在的文化更新过程中,一个国家多方面文化特质中究竟何种文化特质得以保持和延续,何种文化特质被淘汰出局,这取决于历史选择,并且在整体上和长远过程中体现出人类历史进步和发展的要求。

国家文化特质的保持是国家文化安全基本的内在前提和构成要素,国

---

① 刘跃进.国家安全学[M].北京:中国政法大学出版社,2004.

家文化特质的延续是国家文化安全的长久保障,保持与延续的统一才能构成国家文化安全在时间跨度上的全面要求。国家文化安全包括了多方面的内容,其中主要有语言文字的安全、风俗习惯的安全、价值观念的安全和生活方式的安全等,其"主战场"是全面的,不仅需要抵御国外文化霸权的强势渗透、干扰与冲击,同时也需要防范国内官僚主义、拜金主义、涉外细作等的捣乱、破坏行为。在现今科技发达、网络普及的年代,一味靠一刀切地"堵"、"限"、"禁"已经难以发挥作用,甚至起到了反效果。随着民众知识与意识的日渐提高,政府对国家文化安全的保护需要调整战略,而面向民众、开放参与,则是一个较好的选择。

### 讨论话题

为了体现"面向顾客",你所在的政府机关可以做哪些工作?

# 第 12 章

## 整合营销管理模式进入政府

# 1. 让政府进入整合营销管理模式时代

美国总统特别顾问戴维·阿布希尔认为,美国经济之所以振兴,秘密在于总统任命那些曾经担任企业 CEO、创造了实际成果的商界领袖担任内阁成员。克林顿政府在经济政策上的成功,很大程度上归功于罗伯特·鲁宾。罗伯特·鲁宾曾经担任过高盛集团的共同营运总监,他作为克林顿政府的内阁成员,先担任了美国国家经济委员会的主席,后来又被任命为美国财政部部长,因为他深谙资本市场。小布什总统也同样任命了 4 位企业前任 CEO 进入内阁,以此谋求国防、社会保障、竞争力等领域的改革①。

在这个过程中,在企业得到广泛应用的全面质量管理(TQM)、规划—项目—预算系统(PPBS)等一系列对应整合营销管理模式的机制,被美国政府引入政府管理中。由此,通过结合民众参与、第一线人员的自我分析与建议、专家整合的服务改进,不仅改善了政府的服务质量与服务成本,而且开始了良好的政府服务整合营销管理的开端。

整合营销模式是以客户为中心构筑的,以客户整合法,通过建立客户价值核心,整合企业各环节资源综合运用的营销主导体系。整合营销管理则是在整合营销模式基础上,运营主体以由外而内的战略观点为基础,与利害关系者进行有效的沟通,从而展开的营销主导体系运营管理工作。相比传统以运营主体为核心基于市场细分法构筑的市场营销模式,整合营销管理模式更能在服务(产品)中重点满足客户需求,由本质上、根源上促进运营主体围绕客户需求去不断改进、发展,并从中形成具有运营主体自身特色的主体文化体系,实现长远的营销效果。

长期以来,政府一直处于行政管理和规划经济角色下,逐渐形成"官本位"和社会资本"召集人"的角色,陷入脱离社会民众、脱离市场的地位而不

---

① [日]稻盛和夫.对话稻盛和夫:领导者的资质[M].北京:东方出版社,2013-05:19-20.

自知;即使到了职能角色转变的时候,政府服务体系仍然选择了类似于市场营销模式的自我中心细分法为调整基点,这就令政府服务体系不仅庞大繁复,而且脱离、远远落后于社会民众的实际需求。长远而言,坚持这种模式只会令政府治理质量大打折扣甚至失去民众的信心。

由于政府服务的特殊性,社会民众无法自由选择和评价政府服务,也难以对其提出改进建议——这种垄断属性甚至使政府在从前从未认真考虑过营销诉求。这样的危机成为一种社会发展的不良因素,助长了小规模利益的滋长,更在一定程度上对政府自身构成了风险。

整合营销管理模式可以从根本上打破这一局面,并从根本上解决问题——通过一场全面的改革,让政府重新回到民众身边,并让民众从改革开始就参与到政府管理当中来。这一改革将使政府一步到位回归到当前"公共服务与公共治理"的实际需求与角色中,并能迅速调整产出符合社会民众需要的服务(产品),还为持续的营销导向改进奠定基础与开端。这将会是一件很有意义和价值的事情。

## 2. 政府管理高层如何适应政府整合营销管理模式的转变

对于政府管理高层,如何适应整合营销管理模式走进政府是一个极大的问题:这种模式不仅改变了他们身边的一切——包括熟悉的工作环境以及长期积累"成熟"的工作经验,同时还需要从技能操作层面到思维角色层面全面做颠覆性的改变。这对任何一个人来说,都是不容易做到的。但也因为这样,政府更能从这一过程中发掘保留更多的精英力量。

基于技能操作层面,需要政府管理高层去适应的改变主要包括两方面:从无到有掌握以民众为中心的公开化公共服务体系管理才能,以及从独立疏离到紧密默契的公共政府体系协作技能。这与现行政府工作模式设置比较是完全颠覆的,而且其背后所需要的专业知识及整合营销运作经验支持也都是极高的。这意味着政府管理高层可能需要有引入社会商业智囊提供意见,或接受商业精英的专业培训的准备。这一步只是作为未来终身学习的开始,却对政府迈进整合营销管理模式至关重要。

而相比技能层面的高难度,思维角色层面的变化则更多集中在心理角色的转变与适应——从高高在上支配一切的当权者,转变为专注为民众提供服务配套的"总管家"角色。尽管在现行体系下同样提倡"公仆"的定位,但基于两者不一样的定位高度与操作自由度,这个角色的心理转变包括其背后相关联的工作态度、思维角度等,将成为政府管理高层所必须面对而且不易克服的一道关口,也从深层影响着政府整合营销管理模式。

此外,随着科技进步和社会创新飞速发展,也令以民众为核心及服务主体的公共服务响应与公共管理跟进持续受到挑战和考验。因此,作为政府管理高层还需要积极培养自己的创新科技敏感度和学习能力,结合专家顾问智囊机制双重保障政府系统的先进性及服务能力的与时俱进,才能让自己不至于陷入被动。

# 3. 利用全面质量管理(TQM)机制试打开政府整合营销管理思路

政府整合营销管理是一个复杂的整合管理机制体系,对机制设计和切入步骤都有着严谨专业的操作需求和来自基层数据的支持——这需要借助外部专家顾问与全体政府公务员的共同努力。而推进全面质量管理(TQM)机制则可能会是一个好的尝试和开端。TQM 可以提供一种途径,将普通工作人员的知识和经验变成可以利用开发的资源。它可以使员工们找出问题,并且共同来解决问题,不必为说实话而担心打击报复。只要采用这种方法,大多数问题都可以得到有效的解决。

一个管理有方的组织必须充分利用它全部的智能,要在它的文化中体现出这样的前景:任何事情都能被改善,一个组织的基本目标更应被确认为是可以改进的。为了做到这一点,组织就必须重新制定奖赏制度。提出一种更好的工作方法的人通常会得到奖励,那些发现了工作中无谓浪费的人也应该得到奖励。

根据戴明的观点,管理人员必须"将恐惧从工作场所赶出去",必须建立一种体制,使得人们能像讨论成功一样公开地讨论失败和不足。对于发表自己看法的工作人员,不仅不惩罚,而且还要给予奖励。对于经历过"反右"等历次政治运动的中国人来说,要做到这一点,比美国等西方国家来说,更为不易。每次领导鼓励大家给自己提意见,但真的提了意见和建议的工作人员会发现,自己在领导心目中的形象不如以前了。

可以说,要改进政府所提供的服务质量,最好的方法就是将注意力集中在真正的工作上,放手让员工们去发现并改进不足,取得进步。政府机关里不应设专门用于搞管理创新的部门,管理创新需要所有政府工作人员一起参与。

政府整合营销管理需要建基于一套能反馈基层、满足基层的良好监管机制———一线基层人员的反馈与社会民众个体意见又是同等重要,甚至更为清晰。第一线人员的自我分析有许多优点。它鼓励大家把自己的聪明才智发挥到工作中去,而不是"深藏不露";它可以激发人们的创造性,鼓舞士气,更好地为组织效力,并对自己的工作更有责任心。而士气对于政府组织的管理创新成功来说,是必不可少的前提条件。只需要一些激励,政府中的普通工作人员就可以成为了不起的管理创新问题诊断专家;为一件原本无聊乏味的工作找到一种更快捷、更不易出错的解决方法———这是最能激发人的积极性的。

工作人员们不是以个人方式进行工作分析,而是作为质量改进小组的一分子来参与这种工作。这些小组包括同一工作区的其他雇员,一些问题专家和 TQM 技术分析方面的专家,以使实施工作更加容易。团体分析可以激发出创造性的解决问题的方式,而这一点是个人分析做不到的。此外,这种工作改进小组还可以增进组织中不同部门的成员之间的交流沟通,并帮助明确组织的任务和使命。政府工作人员与企业生产一线的工人做 TQM有很大的不同:政府工作人员早已习惯做分析工作,只是他们习惯于分析其他的事情,偏偏就没有分析自己的工作方式,尽管他们肯定比别人更了解自己的工作并且是从事这项工作的专家。

政府全面质量管理(TQM)主要包括以下几项内容：

• 与政府管理层、公共服务提供方、协作方等沟通协作,确保服务过程中实施效果满足设计需要；

• 与第一线基层公务员作持续沟通跟进,对工作过程作详细分析改进,减少工作繁复与周折；

• 与民众密切交流,明确和理解他们的要求,并据此对质量作出评定标准；

• 试点推行并作出改进,完善后全面推广铺开；

• 根据进程监控信息了解是否存在变化,并定期检讨是否需要更新改进。

需要指出的是,在与民众交流采集诉求时,需要照顾到民众的广泛性。通过第三方数据调查机构面向社会公开调研数据,以及通过媒体、网络等协助面向社会公开征集意见等,这些都是好方法。而对于调研结果,也有必要深度分析,明确其选择与动机的关系,才能有助于确立最公正有效的标准。公民参与管理是现代政府改革运动的主要特征,也是社会和谐的一个基本前提。在西方发达国家,公民参与管理是公共机构治理的基本手段,是提高政府绩效、增加政府透明度、防止政府腐败、限制政府权力、完善政府与公民沟通渠道、实现社会和谐的最基本的制度安排。

2000年以来,欧洲大陆掀起了"政府全面质量管理"运动,提出了"共同管理、自我管理、透明管理"的口号,进一步科学化、规范化了对公共机构绩效评估的方法。公共机构(包括政府和事业单位)里的普通职工对于公共机构内部的管理,包括人、财、物的使用有了实质性的发言权。参与管理提高公务人员的自觉性、向心力和凝聚力,提高了组织效率,减少了决策失误。民主参与管理是公共机构的本质要求,这样做有利于从根本上限制公共机构管理层的权力,扩大群众管理公共机构的自主权,从而增加组织内部的沟通,实现组织目标,为全社会实现和谐发展建立坚实的基础。

组织里所有的员工都要参加培训,然后能进行工作过程分析,并能为改进工作而通力合作。例如,一个部门在上级规定的期限内按照标准百分之百地完成了给委托人的答复,然而,他们仍在继续寻找、发现更快的答复方式,同时,他们在函件内附上所有需要的材料,这样对方就不需要再求助于其他信息来源。通过各种方式他们提高了答复的质量。

# 4. 怎样面对既得利益群体的抵制

改革从来都是敏感的,因为改革总会涉及并影响到现行模式下的既得利益群体;因此,政府要重塑,就必须做好两手准备:一是对过渡时期对支持改革的现有体系作出鼓励;二是对改革的施行表示决心,对抗拒改革者示出强势。

历史上任何一次变法维新,都不仅是一种治国方略的重新选择,而且是一种利益关系的重新调整,这也便是改革会遭到阻力的真正原因[①]。战国时期秦国商鞅变法的故事,完整示范了执行改革的过程——从"立木为信",到"重典法治",再到"赏军""农本",之后"废除贵族",最后"规范风俗"。诚信先行,依法治国,这既是政府改革所必须要做的第一步,实际上也是当前政府所强调的重要一步。

# 5. 政府整合营销管理模式强制推广底线

改革的强制性可以保证改革的全面推动——不全面的改革,只会为改革的成果带来颠覆的危机,更是产生种种不公平的因由。明确政府整合营销管理模式强制推广底线,一定程度上也是促进改革的重要激励步骤之一。

---

① 黄朴民.历史上重大改革回眸(历史选修 1)[M].北京:人民教育出版社 ,2004.

政府整合营销管理模式强制推广底线主要包括以下几部分：

- 政府管理高层以身作则表态对改革的配合与支持；
- 结合第三方全面配合推进改革的施行；
- 通过公平、公正的监察机制，以及严厉的奖惩制度，表明政府改革的决心和毅力，警示顽固的既得利益势力投身改革浪潮；
- 活用公民监督能力，助力改革的推进，严防种种"不改革""假改革"行为。

综合而言，政府整合营销管理模式强制推广底线是一个政府全面公开改革的过程，除了可在政府内部促进全面改革的开展，也可向社会公众示范改革决心、争取公众支持。政府整合营销管理模式强制推广底线和激励机制，将为推进改革奠定基础，并提供良好发展空间，助推改革成功的速度。

# 6. 关于引入外部支援机制

如前节提到，政府整合营销管理是一个复杂的整合管理机制体系，对机制设计和切入步骤都有着严谨专业的操作需求，所以，引入外部支援机制不可或缺。外部支援机制体现了政府改革新模式下的整合力与管理思维，所以在机制设计上要更着重强调这两个方面。

基于对政府整合营销管理模式的揣摩，可以并且需要引入外部之源力量的部分主要有：引入顶层设计层面的专业智囊，以支援对大体系的整体设计与切入推进引导；引入独立第三方调研机构，以协助取得基础调研数据，协助标准与流程的建立，以及机制的长效监控等；引入外部第三方组织机构，以补充政府有限能力所造成的不足，协同保障公共服务的开展。由于接入的层面各不相同，所以引入机制的设定也会有所差异。

如引入顶层设计层面的专业智囊，其引入机制应注重选拔专家顾问的身份资质，以及所提供专业意见的数量与质量。对专家顾问的身份资质选拔应该着重于保障其背景的独立性、专业水平、实际经历经验及客观胜任能力;对提供的专业意见的评价应集中在意见的整体数量、分层面范围数量、意见实效性、时效性、涉及面广度、意见问题深度、客观度等。对于这种层面的专家顾问引入,在机制上除了要保障其应得的物质报酬外,还要保障其相应的荣誉落实。机制的存在,最大的价值应该是保障双方的利益及共同产出的质量。

又如引入第三方组织机构作为公共服务补充力量,其引入机制则应该注重对公共服务实施衔接与质量保证的约定、双方利益的保障及失误补偿的议定上。由于切入层面为基层服务,第三方组织机构的服务能力、稳定性应该作为基本要求;而政府作为公共服务主导方,应该对公共服务的内容、标准、要求、业务对接等方面内容有所规定。另外双方开展公平合作,机制必须对双方利益作公平保障,并就第三方(服务受众等)提出的异议解决提供协商操作指引、危机处理预案等有所共识。

最后,需要指出政府应该在所有引入第三方支援机制上加入主观责任追溯内容,以保障民众的集体利益受到最大限度的保护。整合与管理既是政府的任务又是其应该所扮演的角色,政府应该对此谨而慎之。

# 7. 利用标杆管理深入政府整合营销管理

在商业管理范畴中,标杆管理是指企业在某一领域确定最佳企业,然后把自己与它的工作标准相比较的管理方法。施乐复印机公司较早采用这种办法,而美国通用汽车公司 1996 年对其 AC 德科系统燃油抽油泵实行了标杆管理后,完美实现了 3 项突破性的改进:(1)比采用模式前一年的效益翻了一番;(2)震动减少了 80%;(3)耐久性由 4 200 小时增加到 10 000 小时。企业通过标杆管理所获得的质量和效益方面的改善是非常显著的,以至于政府组织也开始意识到学习企业这种做法的必要性了。

1993 年,当时的美国总统克林顿签署了 12862 号行政命令,指示政府机构调查各自顾客的情况,查明他们需要什么、相应设置服务标准,并且将自身的服务与商业领域的最佳组织进行比较。其理念是公民应得到与其缴纳的税金相称的高质量服务。

美国的邮政系统,与我国的邮政系统类似,有着效率低的坏名声。不过他们为了挽回名声,给自己规定了邮递标准:500 英里范围内的一级邮件95%将在一个工作日内送到;在 501 英里与 2 500 英里之间的邮件,将在两天之内送到;更长距离的邮件,三日内送到。在得到最终的调查结果认定这些做法是优良做法之后,美国邮政部门的官员制定了这些标准。这些标准适用于全美国的所有邮递机构①。

而美国空军作战司令部(ACC)对照美国陆军、海军、海军陆战队和其他国家的空军部门,甚至私营企业内的相似单位的绩效标准,对其自身的绩效展开评估②。在标杆管理开始以前,F-16 战斗机的加油时间平均为 45 分钟;采用之后减少到 36 分钟,然后又减少到 28 分钟。

在另一次成功的标杆管理中,克里夫兰荣军医院在 3 个月的时间里,病人信息资料的准确度增加了 5%,每年的加班时间减少了 200 个小时③。众多的事实说明,标杆管理对于系统性服务范畴有着较优秀的实用效果。

那么,最佳标杆的标准是什么? 美国的研究者就此提出一个参考④:

(1)成功地跨越时限。最佳实践必须有一个能被证实的跟踪记录。特别是在引进技术时,一些做法需要较长时间才会产生结果,所以需要持续较长的跟踪记录。

(2)可量化的结果。最佳实践的成果必须是可以量化的。

(3)创新性。一种做法应被其同行认为具有创新性或革新性。这种做法应该代表着对规范标准的一种重大改变。许多具有开拓性的计划都具有最佳实践的内涵,另外一些则不过是想尝试一下大家都知道的可以发挥作用的措施。

(4)具有可重复性。最佳实践应可以在修改的基础上重复再现。应描

---

① [美]帕特里夏·基利等.公共部门标杆管理——突破政府绩效的瓶颈[M].北京:中国人民大学出版社,2002.

② 参见上书,2 页.

③ 参见上书,3 页。

④ 参见上书,23 页。

绘出一幅清晰的流程图,描述这种做法是如何逐步发展的,以及对其他采用这种做法的人可能产生什么益处。

(5)具有局部的重要性。

(6)不要与特定的人口统计方式联系起来。

如何施行标杆管理才能获得较佳的效果?其主要步骤如下:

第一步:确认目标。到底对什么进行标杆测试。

第二步:为目前的工作准备文件。需要准备的问题包括:你的过程是什么样的?你想要你的系统做什么?你的部门结构如何?从整个组织中找到可相比较的信息数据。

第三步:找到最佳事例,也就是本地区最好的组织。还可以去请教专家。

第四步:规定所需要数据、收集方法并收集资料。一旦确定了最佳组织,你就需要决定收集哪些资料,如何收集。你是要到该单位参观还是进行电话调查、邮件调查?

第五步:分析资料信息。你需要问以下问题:他们比我们做得好吗?好在哪里?我们可以向他们学习什么?怎样把我们学到的知识用到我们的组织中?[①]

现在我国政府和全社会对国民幸福感越来越重视,而且国家的善治程度与国民幸福程度有着高度的相关性。我们就需要找到幸福国家的标杆:全球最具幸福感的前5个国家是丹麦、芬兰、挪威、瑞典和荷兰。这是"盖洛普世界民意调查"对155个国家及地区在2005到2009年间的幸福指数所作测评和排序的结果。按照联合国的《2010年人类发展报告》可以看到,这5个国家也是世界上发达程度最高、公共治理最好的国家。而反观深圳近年做的居民幸福感调查显示,10项最不满意的指标依次是:"道德风气和社会公平"的得分最低,接下来是社区噪音、卫生医疗、社会治安、社区居民参与[②]。这些就成为我们可以参考的标杆。

---

① [美]马克·G.波波维奇.创建高绩效政府组织[M].北京:中国人民大学出版社,2012:80-81.

② 郑英.让幸福脸谱成为深圳社区群像[N].深圳商报,2010-12-02.

## 8. 绩效考核是检验工作的基本标准

在前面的章节里我们已经论述过绩效考核的重要性,所以这节我们只是简单强调绩效考核在政府整合营销管理模式中的作用。政府采用整合营销管理模式的目的,在于从公共服务与公共管理(产品)中重点满足民众的需求;促进政府主体围绕民众需求不断改进、发展,并为形成具有政府自身特色的政府文化体系,实现长远的营销效果提供基础数理支持。要实现这个目的,就需要一个标准工具作为参照对比。政府工作绩效考核正好是这样一个检验工具,不论是在全面质量管理(TQM)抑或标杆管理下,它都能完美体现使用效果。

政府工作绩效考核作为检验政府工作的基本标准,意义就在于直接通过指标与标准对比值,直接反映效果和成绩,而其使用的指标与标准,可以是与全面质量管理(TQM)抑或标杆管理指定的指标标准相同的。同时,绩效考核本身具备的公平、严谨、客观、公开、反馈等属性,无一不符合甚至延伸政府整合营销管理模式的基本纠错、日常监察等要求,另外在阶段性上也能符合模式使用需要。

当然绩效考核只是一个基本标准,还需要配合更重要的内容例如沟通、激励等才能更有效推进政府整合营销管理模式的稳定发展。政府整合营销管理模式是政府营销创新的线下执行管控基础,还需要与线上的政府文化创新内容相结合才能成就政府营销创新的整体发展。在后面的章节,我们会就线上部分内容继续讨论。

**讨论话题**

1. 企业管理与政府管理有哪些相通之处？有哪些显著区别？

2. 你觉得公务员培训时,是否可以邀请成功的企业家来介绍一下企业的管理经验？

3. 你还知道哪些企业的管理模式对政府有借鉴意义？

# 第 13 章

## "大数据＋行动学习"
## 打造智慧政府

# 1. 大数据技术使政府更智慧

随着互联网技术和数据分析技术的快速发展,政府、市场、社会各要素都呈现出和以往不同的新特征,西方公共管理模式开始面临一系列新情况,大数据时代的到来加深了西方公共管理的变革。

新公共管理模式强调政府应提高工作效率,以有限的资源提供尽可能多的公共服务。信息技术的发展使得信息交换的速度、信息利用的频率得到了快速提高,政府对信息资源的利用方式、利用频率也在这个过程中发生了改变。大数据时代,政府要充分发挥政府职能,传统的纸质文件已无法作为信息传递的主要渠道,以信息资源数字化和信息交换网络化为特征的电子政务得到了比之前更快的发展。政府通过海量数据的存储、交换和共享,实现了为公众提供容量更大、速度更快的公共信息的目标。

美国的数据开放一直走在世界前列。美国前总统奥巴马认为:"人民知道得越多,政府官员才可能更加负责任。"在这种以信息公开促进官员责任的理念下,奥巴马提出将把政府数据用通用的格式推上互联网,"让公民可以跟踪、查询政府的资金、合同、专门款项和游说人员的信息"。2012 年 5 月,美国公布了数字政府战略,提出要以信息和客户为中心,改变政府工作模式,为公众提供更加优质的公共服务。公众可以随时随地通过任何设备来获取政府信息和公共服务信息成为美国数字政府战略的核心。信息技术的发展使数据开放的目标得以实现,例如美国于 2014 年建立了税收方面的共享数据库,通过该数据库,纳税人可以查询个人近 3 年的纳税记录,更加便捷地进行抵押、贷款。除美国外,加拿大也是由传统政务向电子政务转型的主要代表国家。加拿大推行的"政府在线"项目旨在为公众提供在线服务。通过整合各种分散的信息资源,对各种公共服务项目进行汇总编排,公众能够更加便捷地获取公共服务资讯。

开放的数据带来了开放的政府,从传统政务到电子政务的快速转变有利于构建更加开放透明的公共部门。基于海量数据的政务公开保障了公民的知情权，也为公众提供了更全面的数据服务。把信息的力量放到公众的手中，大数据时代的电子政务无疑有助于政府公信力的提升。

"服务行政"的提出改变了传统模式下政府和公众之间的关系。新公共管理运动以来，西方发达国家的公共部门注重以公民满意度为导向，注重对效率的追求并实施明确的绩效目标管理。坚持服务取向使政府不再是高高在上的发号施令者，而成为优质、高效公共产品的提供者。信息技术和数据分析技术的进步为提供更加优质、高效的公共服务奠定了技术基础，政府能够运用更先进的技术手段改变公共管理的方式，实现以往很难实现的公共服务目标。

应急管理是其中的重要内容。大数据时代，利用大空间尺度的数据库和传感器，政府能够快速获取地理、人口、灾害等方面的数据，更快捷地为应灾、救灾奠定基础。美国在黄石火山安装了数百个观测仪器，仪器观测的数据分为常规数据和异常数据，异常数据越多，自然灾害发生的可能性就越大。观测数据实时传递到预警系统，由预警系统进行快速甄别并通过网络对外发布。日本"3·11"大地震后的海啸预警也是大数据运用的典范。"3·11"地震后，美国国家海洋和大气管理局快速发布了海啸预警。之所以反应迅速，在于美国建立了覆盖全球的庞大的海洋传感器网络。通过海洋传感器，美国国家海洋和大气管理局能够及时获取并分析大量海洋信息，促进灾害预警的及时发布，为公众的人身安全和财产转移赢取时间。

大数据也带来了公共服务方式的转变，降低了服务成本。随着数据存储成本的降低和数据读取速度的加快，警方能更多地存储各种社会信息以备执法和犯罪预警使用。如洛杉矶警方将基于数据分析的"犯罪热点图"运用到了日常工作中，在犯罪热点区域加强巡逻的警力，有效地降低了辖区的犯罪数量，维护了辖区的治安。

对于政府决策而言，大数据的一个重要价值在于提供尽可能多的详尽信息并对信息进行有效分析，促进决策科学化和管理精细化。例如，美国国防部高级研究局推动了大数据在辅助决策上的作用，通过在情报、侦查领域建立决策支持系统，推动了数据分析基础上的决策自动化。美国一些地方政府建立了县政工作数据系统，为减少交通拥堵、提升公共安全、资源管理

重塑政府

等方面的公共决策提供了更全面的数据支持。德国凭借自身较高的信息化水平,通过大型基础数据库和地方数据库的建设,重视在政府管理中运用数据资源服务公众和服务决策。德国的一些州政府建立了覆盖人口分布、地理数据、矿藏信息等领域的"中央数据库",并提供相应分析软件。通过数据分析,州政府的各部门能获得很多有价值的信息,促进了决策的科学化。

同时,大数据的发展使政府更加快速地由单向的公共服务提供方向政民互动导向的公共服务提供方转变。信息交流的便捷和频繁,让公共部门和公众更为紧密地联系在一起。政府在做一项公共决策时,再也不能仅仅只考虑自身的决策偏好和执行能力,而是要深入了解公众偏好,对公众的政策诉求作出及时回应。大数据时代的到来使公众在公共政策施行过程中变得更加积极主动,公众对公共服务的需求被更多地纳入到政府的决策视野中来。在此情景下,依赖传统的对社会进行分析的方式已经不能完全适应时代的发展,如何利用好大数据资源,发挥网络和信息技术的优势,进行管理方式创新,成为政府避不开的重要话题。这种公共部门和公众的互动导向也成为目前西方公共管理模式的新动向。

随着信息沟通的便捷化,不同组织之间联系得愈加紧密,国家和社会变得越来越相互依赖。荷兰学者瓦尔特认为:"作为治理的公共管理,遇到的主要挑战是处理网络状,即相互依存的环境。"而大数据时代为处理网络状的环境提供了进一步的可能。

首先是政府各部门之间的协作程度得以加深,整体政府的改革趋向得以加速。网络状的环境和扁平化的社会要求不同的公共部门之间能够加强合作,充分而不重叠地利用资源,以公众需求为导向,提供无缝隙的而不是碎片化的公共服务。数据搜集和处理技术的发展能够为部门之间降低协调成本提供信息基础,并使进一步的部门整合成为可能。美国的交通管理局和治安管理局原是两个独立的部门,在一次数据分析中,他们发现治安案件发生的地点、时间和交通事故发生的案件、地点、时间有着高度重合的特征,因此两个部门开始了联合执勤并取得了良好的效果。

其次是政府、市场、社会合作共治的治理模式进一步深化。治理理念的出现,源于集权化和官僚制的管理手段在实践中所出现的一系列问题。治理相对于管理而言,有着更为丰富的内涵,它既注重政府机制的使用,也注重非正式、非政府的机制在提供公共产品上的作用。从管理到治理，单一的政府主体地位被打破，取而代之的是多种公共产品供给主体的新模式。大数据时代，一些企业在数据存储和挖掘上已经走到了政府前面。企业有着对大数据运用的天然敏感性，基于消费数据、信用卡数据挖掘的精准营销即是一例。谷歌公司通过大数据分析成功预测流感爆发更是企业可能通过大数据分析在公共服务上发挥作用的典型案例。社会也在运用大数据参与公共管理上发挥了越来越大的作用。一个位于华盛顿的公益组织将美国联邦政府的全部开支数据统一发布在同一个网站，使公众能够更好地查询和监督联邦政府的开支和预算。这种来自社会力量的监督对政府行为构成了有力规范。

如美国前总统奥巴马所说："政府应该是多方协作的。各行政部门和机构应利用新的工具、方法和系统，在各部门之间、各级政府之间全面协作。此外，还要与非营利组织、企业和个人进行协作。"今天，大数据的发展正在加速这一进程[①]。


# 2. 信息通信技术成就创新 2.0

如前一章所述，互联网、智能移动终端等新科技的诞生改变了人们传统的习惯、生活方式甚至认知，信息通信技术（ICT）的融合与发展改变了知识的获取、传承、积累和创造方式，加速了创新由生产范式向服务范式的转变。我们正处于一场全面的科技变革之中，身边的一切似乎都会随着这场科技变革的发生而更新、升级、改变，这场变革叫创新 2.0。

不同于创新 1.0 的以生产为导向、以技术为出发点，创新 2.0 是以人为本、以需求和相应服务为导向、以应用和价值实现为核心的创新。信息通信技术的融合与发展，推动了信息共享与知识扩散；互联网 Web2.0 及在其之

---

① 马丽.大数据时代的西方公共管理变革[N].学习时报,2014-12-08(A6):战略管理.

上产生的众多延伸技术与理念、互联网服务及智能化产品等,都是引爆创新2.0 诞生的导火索。维基、微博等社会工具和方法的应用越来越普遍,移动技术更为公众随时随地随意地在线连接、交互和协同提供了可能,正因为这些技术、理念、服务和产品的迅速广泛渗透人们日常生活,创新 2.0 也随之得以作为面向知识社会的、以用户为中心、社会为舞台、以人为本的下一代创新形态,正为更多的人所熟知并运用。

系统说来,创新 2.0 以用户创新、开放创新、协同创新、大众创新为特征,通过知识 2.0、技术 2.0、管理 2.0 的协同和互动,将用户及大众的价值实现提升到一个新的高度[①]。其不仅打破了物理空间上的局限,倍数提升了同等时间上的效率价值,更突破了人类个体效应的约束,为群体智慧打开新的出路和新的发展方向。

创新 2.0 的核心是开放式创新,用户在当中不仅是使用者而且还是创新的参与者,基于融合了人文和技术基因的用户体验,以及不同用户在参与创新当中的平等性与协同性,不仅推动了创新的民主化进程,为更广泛和深入的民主参与提供了新的契机,同时也为新的民主范式出现提供了新机遇。


# 3. 创新 2.0 推动合作民主的成长


创新 2.0 的改变并不局限于科技,相反由于其以人为本,以开放式群体智慧为核心形态的特性,使其迅速渗透社会的方方面面,甚至对传统政府治理带来前所未有的挑战和机遇。

创新 2.0 在社会治理层面强调各方参与,互动协商,形成公共利益共识,促进协同一致集体行动,所以其两面性也非常明显——既可以急速提升社会治理的效率,迅速成就从前难以比拟的、极大的社会价值,同时对传统思

---

① 宋刚.钱学森开放复杂巨系统理论视角下的科技创新体系——以城市管理科技创新体系构建为例[J].科学管理研究,2009,27(6).

维构成较大冲击,对传统政府而言需要调整和学习去适应。尽管如此,考虑到目前创新 2.0 发展的不可抗性,一些国家和地方政府正逐步将创新 2.0 导入并越来越多地运用到治理中来,它们以云计算、维基、社交网络等为技术和社会工具,搭建整体、开放平台,让民众更自由和主动地进行交流和互动,更加深入地参与政府和社会的合作共治①。

合作民主是新一代信息技术的快速发展和创新 2.0 环境下的民主形态,通过信息技术的应用和创新的制度设计来引导民众的全程深度参与协作,有效吸纳集体智慧,形成群体智能,实现政府、公众、社会组织等多元主体合作共治。合作民主的先驱理论包括社会有机理论、民主社会的公民权理论及新公共服务理论。

合作民主更注重公众的有效参与和公共价值的塑造,合作民主发生在整个决策过程中,通过汇聚来自社会各方面的智慧和力量提升公共决策质量②,在一定程度上解决了选举民主对边缘文化和少数群体利益的漠视问题,同时也解决了协商民主对大众参与决策过程中知识和能力的忽视问题。

我们以信息技术演进为脉络,分析创新形态、政府形态、民主范式与三种社会拓扑的关系(见表 13-1)。

表 13-1　地域、网络、流体社会拓扑结构多维度分析③

| 社会拓扑 | 地域 | 网络 | 流体 |
|---|---|---|---|
| 特征 | 边界 | 关系 | 变化和转型 |
| 典型信息通信技术应用 | 主机、局域网(以及前 ICT 时代) | 个人计算机、电话、互联网 | 移动技术、普适计算、泛在网络(物联网、云计算、大数据、维基、微博等) |
| 交互 | 物质、同一地点 | 虚拟 | 虚拟＋物质 |

---

① 宋刚,孟庆国. 政府 2.0:创新 2.0 视野下的政府创新[J].电子政务,2012,(2/3).

② Dimitar Tchurovsky. Collaborative Democracy: The Transition from Money－Driven to Knowledge－Based Society.CreateSpace Independent Publishing Platform,2011:10.

③ 宋刚,万鹏飞,朱慧.从政务维基到维基政府:创新 2.0 视野下的合作民主.http://www.mgov.cn/ complexity/complexity26.htm.

| 社会拓扑 | 地域 | 网络 | 流体 |
|---|---|---|---|
| 服务提供 | 官僚制、基于办公室 | 标准"交易"、信息的 | 用户中心、行动导向、开放、定制、协同、实时 |
| 全球化 | 国家 | 企业 | 个人 |
| 政务模式 | 科层制 | 电子政府 | 移动政府、流畅政府、维基政府、智慧政府 |
| 创新形态 | 创新1.0(精英范式)→以用户为中心,以人为本,大众参与→创新2.0(大众范式) | | |
| 政府形态 | 政府1.0(生产范式)→以用户为中心,以人为本,大众参与→政府2.0(服务范式) | | |
| 民主范式 | 城邦民主 → 选举民主 → 协商民主 → 合作民主 | | |

从上表可以看出,基于创新2.0产生的合作民主与从前的民主范式并不处于同一量体上,而是有了根本性、质层面的提升,这无疑令人充满期待。

# 4. 合作民主的领先性

马克思指出,现实的社会"是一个能够变化并且经常处于变化过程中的机体"[①],在有机体社会中,民主其实是一种生活方式,民主的基础是"对人性之能量的信赖,对人的理智、对集中的合作性的经验之力量的信赖"[②]。

桑德尔指出,公民有超越自身利益去关注更大的公共利益愿望[③]。

---

① 马克思恩格斯选集(第1卷)[M].北京:人民出版社,1995:89.
② [美]杜威.新旧个人主义——杜威文选[M].孙有文,蓝克林,译.上海:上海社会科学院出版社,1997:4.
③ Sandel, Michael. Democracy's Discontent[M]. Cambridge: Belknap Press of Harvard University Press, 1996:27.

金和斯迪沃斯则主张,行政官员应当分享权威并减少控制,把公民当作公民来看待,并相信合作的效力①。

罗伯特·B.登哈特与珍妮特·V.登哈特在新公共服务理论中强调,政府关注的是公共利益,注重的应是服务而非掌舵,应确保所提出解决方案的过程和方案本身符合公正、公平和平等原则②。

上述观点为合作民主提供了广泛的理论基础。创新 2.0 视野下的合作民主具有用户创新、开放创新、协同创新、大众创新 4 个特征:

第一,用户创新。发挥用户主体作用和在场优势,真切了解问题的真实情形,把握问题症结,寻求有效对策,创造用户独特价值。合作民主并不主张精英要完全被群众取代,而是注重优势互补,充分利用和吸纳各界精英浩瀚而分散的专业知识储备,真正实现举众人之力,集众人之智③。

第二,开放创新。决策不再是管理精英的封闭行为,每个公民及外部机构都能有机会参与开放政府行政决策。参与者不仅有民主表达权,更有奉献专业才干与智慧学识的行动权。

第三,协同创新。通过汇聚政府、市场、社会、公民等各方力量,形成虚拟互动对话空间和协作平台,形塑公共价值,增强社会共识,推进各方协同。

第四,大众创新。通过维基、掘客、云计算、大数据等技术的应用,形成群体智能,实现大众智慧汇聚和创新的涌现,实现以人为本的可持续创新。

在这些特征背后,创新 2.0 时代的合作民主与直接民主、选举民主、协商民主在参与方式、参与的过程设计、侧重点和对决策的影响等方面有何质的差异呢? 我们通过下面的对比表(表 13-2)来作简要分析。

---

① King, Cheryl Sirnrell, and Camilla Stivers. Government Is Us: Public Administration in an Anti-Government Era. CA: Sage Publications, 1998:50.

② [美]罗伯特·B.丹哈特,珍妮特·V.登哈特. 新公共服务:服务,而不是掌舵[M].丁煌,译.北京:中国人民大学出版社,2010:81.

③ Kevin R. Kosar, Karl T L. Collaborative Democracy on the Move. Public Administration Review, 2010, 70(4).

重塑政府

**表 13-2 信息技术支撑下民主范式的对比**

| 民主范式 | 直接民主 | 选举民主 | 协商民主 | 合作民主 |
|---|---|---|---|---|
| 出发点 | 通过信息技术提供更多的信息，并为公众提供更为便捷的投票方式。 | 通过信息技术提供更多的信息，缩小数字鸿沟，降低选举成本、扩大参与主体。 | 通过信息技术的支撑，提供公众协商的工具，以形成一致性意见和普遍意愿。 | 以解决问题为出发点，利用新技术实现信息收集、评价、群体任务分配，更好解决现实问题。 |
| 参与过程设计 | 根据公开信息的范围，设计提议或接近公众观点的投票选项。 | 选举人信息的发布、选举过程优化；对表决信息的发布及对选民意见的采集。 | 设计日程表，有序安排协商讨论。 | 从问题出发，拆分问题，并分配给参与过程中的公众和官员。 |
| 公众参与节点 | 在决策方案形成之后。 | 在决策方案实施之前，或决策方案形成之后。 | 在决策方案实施之前，或决策方案形成之后。 | 贯穿决策方案形成的全过程。 |
| 参与形式 | 通过投票亭、投票网站电子投票。 | 通过网站、手机应用表达意愿。 | 通过邮件、论坛、微博等方式支撑意愿表达。 | 通过维基、掘客等工具支撑的合作参与。 |
| 参与性 | 较低 | 较低 | 较高 | 高 |
| 侧重点 | 信息公开程度 | 信息公开及传播 | 民主过程程序的统一和信息输入的质量 | 决策形成及信息输出的效率和效果 |
| 改善决策程度 | 弱。公众只能选择基于决策方案提供的限定提议或观点。 | 较弱。公众只能通过选举出来的"精英阶层"来实现治理。 | 较弱。公众的讨论与权力存在脱节，目标为交流和利益协调而非改善决策。 | 强。以解决问题为出发点，体现在决策的行动实践上，注重公共价值的塑造。 |

总之,合作民主为社会管理创新提供了新的视野,有助于培育积极公民意识,增强决策的透明度,提升决策质量效能,促进行政的民主化,重塑创新2.0时代的行政民主和政治民主。相比而言,协商民主提倡全体公民平等地参与协商讨论,自由表达自身的偏好,并倾听他人的不同观点,在政治互动中达成共识,但面对各种利益的较量和博弈,协商民主还需要多样化的方式及制度化的探索。

民主总是具参与性和包容性的,无论是直接民主、选举民主、协商民主还是合作民主,它们在目标、宗旨、原则上有很多共同之处,在现实生活中它们可以相互交融,相互促进,协同发展。


# 5. 从发展趋势预研未来智慧政府


从技术发展的视角,我们早已跨入信息时代。进入 21 世纪,伴随网络社会的崛起、移动技术的融合发展和创新的民主化进程,工业时代以生产为中心的创新 1.0 模式正进化到知识时代以服务为中心的创新 2.0 模式,作为传统改变世界力量的主体,国家、企业作用有缩小的趋势,而个人主体的作用正在进一步增强,社会形态已从工业文明向信息文明转变。一如前文曾提到,谷歌、维基甚至国内的阿里巴巴、腾讯等从 Web2.0 基础建立的互联网企业,其用户数量甚至超出了全球任何一个国家的人口;而现代的政府创新,也正进一步超越传统电子政府而进入移动政府、流畅政府、智慧政府、维基政府时代,以实现更好的自我改进。我们可以根据目前一些已投入运营,并且发展平稳而良好,基于创新 2.0 的应用,预研未来智慧政府的发展路向。

政务维基,即维基技术在政府治理中的应用。维基模式及与其相关的 Web2.0 技术可能带来信息革命的新浪潮,在各类与互联网相关的产品和各类服务中都体现了重要的影响①。通过支持社群协同创作的开放文档编辑

---

① 　张树人,方美琪.Web2.0 与信息系统复杂性变革[M].北京:科学出版社,2008:25.

重塑政府

技术,维基在政府治理中的应用方便了公民的集体协作及与政府之间的协同互动,有效推动了创新 2.0 时代社会公共事务的公众参与。以维基为代表的新一代信息技术在政府中的应用正推动政府由生产范式向服务范式转变①。维基模式已经引起国内外先行政府管理者的注意,也在尝试在政府治理中采用维基技术以提升工作效率、深化公共参与、提升公共服务能力,其中就包括美国专利和商标局的专利审核案例,以及北京城管基于政务维基的开放知识管理案例。

在美国,56%的人认为政府没有对他们的决策给予足够的科学分析。而消弭政治和科学之间的鸿沟,其中一个方法就是同行审核。传统的同行审核由于参与者选择的不透明性和封闭性,存在滥用和操纵的风险,且组织和运行相当耗时,存在诸多不足。信息技术的普及为公民参政提供了便利,却更容易导致政府被淹没在没有价值的信息洪流中。"信息畅达的广泛参与的网络民主的美好前景让位于在不了解情况的人群中进行的快餐式的垃圾邮件的发送、误传误报的不经深思熟虑的所谓研讨式的机械对话"。由此,《维基政府:运用互联网技术提高政府管理能力》(以下简称《维基政府》)的作者基于"同行专利审核"信息共建模式的实例,提出了一个基于同样设计原则的以群体为基础的新的合作政策,主张通过开放的标准、技术和实践创新来促进政府与公众的合作。

维基,是一种 1995 年提出的、支持面向社群的协作式写作技术,也是目前日渐风靡的"众包"社会工作模式的始祖。维基为人们所熟知,并真正在公众生活中发生作用,全部得益于维基百科网站的创建与蓬勃发展。该网站通过支持由民众自发编辑词条,实现了人类历史上最大的免费百科全书。可以说,维基技术释放了隐匿于公众头脑中的"认知盈余",并通过协作的方式,革新了人们获取、表达知识的手段。

《维基政府》为数字时代的民主政治提供了一种彻底的重新思考。奥巴马创新和政府管理顾问贝丝·西蒙·诺维克通过讲述她创建美国联邦政府

---

① Song Gang, Cornford Tony. Mobile Government: Towards a Service Paradigm, in Proceedings of the 2nd International Conference on e-Government. USA: University of Pittsburgh, 2006.

的第一个社会网络革新办法——同行专利审核计划的故事,告诉我们技术如何将众人的知识与少数人的权力结合起来,将创新带入政府管理中。

同行专利审核计划的实践为政府管理提供了值得借鉴的经验:如何设计更好的方法使公众参与到政府的管理中,如何创造政府内部以及政府、企业和个人联成一体的新的合作机会。通过技术手段对公民参与的鼓励、协调,可以使政府在解决今天复杂的社会和经济问题方面变得既公开又高效。《维基政府》描述如何将这种模式应用于更广泛的公共管理领域,并为21世纪提供一个有关政府管理和民主政治的基本思想。

该书探讨如何将维基技术应用于政府的公共事务处理中,即如何发动网络民众的力量改良政治制度。作者提出了合作民主的方法,即通过网络,采取志工媒合(volunteer match)的方式,将具有专业知识的人们汇集起来,贡献他们的知识,为决策提供参考。最终,政府与民众之间的"等级制度转化为知识合作生态系统,并彻底把政府文化从专业集权的模式转变为组织与个人共同合作解决问题的模式"。

维基政府代表着一种更加灵活、高效、与时俱进的政治制度,倡导着新的政府信息政策,使搜集和发布信息能成为促进公民参与的途径。在信息时代的今天,在中国,公民意识已逐渐崛起,公民影响或参与到政府决策进程的事例已是越来越常见。倘若政府依旧故步自封、循规蹈矩,不试图在历史洪流中开辟出迎合人们需求的、透明、公开、民主的服务模式,就一定会危及自己的生存;而维基政府,则是一个有前途、顺民意的模式。在后文中,对相关内容将有更为详尽的介绍。

### 5.1 美国专利和商标局的专利审核

传统的专利审核是秘密而且封闭的,审核员必须独自完成冗长而繁复的工作,以致专利审核时间长达3～5年,在技术高速发展的今天,已超过了技术和产品的生存周期。美国专利和商标局通过专利审核政务维基系统的建设支撑同行专利审核模式,通过创建自选公民专家网络,并通过基于政务维基的任务的分包和可视化协商平台,将他们的知识和热情转变成一种可以被专利审核员轻松利用的形式,通过技术的应用释放了隐匿于公众头脑中的"认知盈余",有效缩短了专利审核周期。同行专利审核计划推出的第一年,约 2 000 多名志愿者进行了注册并通过网站奉献其专业知识,计划通过荣誉设计制度和信用评价给参与者提供反馈,传递团队归属感,进一步增进合作。在计划第一年结束时 89% 参与的专利审核员报告说他们从公众那里获得的资料是有价值的,这也证明了维基模式在专利审核中的成功,提升了专利领域的政府与公众的合作水平,极大地提高了专利审核的效率与透明度。维基模式在专利领域的应用强调信息设计、以群体为基础的合作政策和开放的标准,这是新时代背景下政府治理的一种重新思考,也是一种新型的合作模式和民主行政形态。

### 5.2 北京城管政务维基

北京城管按照“人民城市人民管”的理念,以创新 2.0 环境下的政府知识管理为理论内涵,依托城管地图公共服务平台建设,开发了“我爱北京”城管政务维基系统①。该系统利用维基技术,开发开放的政府知识管理系统,问计于民、问需于民、问政于民,是创新 2.0 模式在智慧城市建设中的重要体现②。第一,开放城管决策过程。通过城管维基系统,征集市民、志愿者和社会各界对相关政策文件、工作方案的意见,集众人之智于决策过程。第二,构建创新知识平台。针对社会各界热点关注问题,构建开放的城市管理知识平台,促进各方知识的获取、创造、分享、整合、记录、存取、更新能力,推动城市管理的可持续创新。第三,汇聚各方专家智慧。北京市城管执法局还依托政务维基,邀请专家学者共同出谋划策,完成了《智慧城管顶层设计》的编制。第四,数据驱动多方参与服务民生。依据公共服务和维基互动数据,全市城管系统会同相关部门以及市场和社会力量共同形成了一系列疏堵结合方案,新建一大批便民菜站、便民市场、信息岛、信息栏,走出城管的两难境地,更好服务民生③。北京城管政务维基系统作为国内第一个政务维基系统,有效探索了社会“自管理”与政府公共管理的相互融合,是发挥市民“自

---

① 宋刚.面向创新 2.0 的城管地图公共服务平台的研究与实现[J].工程勘察,2012(2).
② 宋刚,邬伦.创新 2.0 视野下的智慧城市[J].城市发展研究,2012(9).
③ 宋刚,张帅功,刘志,赵文漾,吴洁.基于创新 2.0 的城管政务维基系统研究与实现[J].电子政务,2014(4).

管理"功能的一种创举,是对基于创新 2.0 的智慧城市系统建设的重要先行实践①。

　　不论是在我国抑或在国外,政务维基的应用对政府改革都有着极大的促进作用与正面意义,尽管现阶段政务维基还只是处于初始尝试发展阶段。技术的实现与改进是持续优化改变的,但令民众参与并得益的核心动机与动力是不变的,及早把握住机遇与价值对政府而言有百利而无一害。


# 6. 维基政府的成长:政府治理领域的合作化民主行政


　　美国专利和商标局以及北京城管的案例说明,基于支撑多人协同创作的维基技术,有着广泛的应用潜力。这种模式应用到政府治理过程中形成的新的政府治理形态,即维基政府。新一代信息技术及创新 2.0 的交互作用与发展推动了这种转变。以维基为代表的新一代信息技术的应用使民主参与更加多样化,社会协作生态更趋网络化,众人之智的汇聚过程更趋便利化;而用户创新、开放创新、协同创新、大众创新过程,可驱动各方共同致力于创造参与,汇聚来自社会各方面的智慧,培养和凸显更多的公民创新人才,激发公民自豪感和社会责任感,增进政府与公民之间、公民与公民之间的信任与合作关系,形塑利益共识和协作治理。

　　维基政府的基本特征可概括如下:

　　第一,"以公民为中心"。强调平等的民主自荐和参与。

　　第二,开放决策。打破原有相对封闭的政府管理模式,认同散落社会各个角落的智慧和力量,鼓励决策过程中的外部合作与参与。

　　第三,合作治理。营造良好的社会协作生态,强调公共价值塑造,形成政府、市场、社会多元主体合作治理新格局。

　　第四,大众创新。创新大众参与的知识产生、收集、管理、共享模式,形

---

① 　王运宝.城市自管理:北京探路智慧城管[J].决策,2013(6).

成群体智能,激发大众智慧,促进创新涌现,推动公共决策、公共治理能力的持续提升。

维基政府是开放的、敏捷的政府,其运作的宗旨是服务于公民。维基政府脱离了"掌控社会"控制角色,而是通过维护一定的投票、协作等程序运作及公民权利的保障,与公民合作共同寻找解决问题之路。在此过程中,维基政府还肩负激励、调解、协调、裁决的角色,使政策方案的产生更符合公正和公平的要求,同时保障程序的执行。在程序执行过程中,维基等大众协作技术、社交工具扮演了重要的角色,开放设计、可视化技术让政府内部以及政府、企业和公民的合作更方便,积分、荣誉奖励及社交工具的应用可以更有效激发公民自豪感和社会责任感,实现更高质量的治理产出。维基政府可将维基模式应用于更广泛的公共管理领域。

维基政府作为一种合作民主,正处于不断探索和发展进程中。但综合美国及中国的实践,要将维基政府模式应用于公共治理,必须注意以下几点:

(1)注重目标设计管理。要将技术与法律和政策相结合,构建政府和公民合作制度,设计参与程序,方便用户参与。没有相应的多方专业人士及意见参与,绝对难以保障目标设计管理的质量。

(2)汇聚专家,引领用户。承上一点所述,通过如自荐、推荐、评价等程序的设计,充分吸纳散落于社会各个角落的各领域专家,引领用户参与到政府管理中来,并通过信用机制设计、可视化协商并利用荣誉的力量等可用因素作为综合,才能更好地发挥专家和大众的积极性。

(3)支撑群体沟通与协作。充分利用Web2.0等创新2.0视野下的技术与观点,公平设计并实现群体沟通和协作,做好任务与角色的划分,实现互补、共享、合作与成果保护。

(4)明确参与问题。这也是承接上一点"成果保护"延伸出来的。问题的设计将决定所获得的答案,问题越具体,答案的指向性和相关性越强,价值也越高。以解决实际问题为导向对参与过程进行设计,亦可使用分类及标签工具,让具体问题和提交的答案更容易搜索。综合两点可以有效解决答案同工化、同质化及原创版权归属问题。

维基政府通过用户创新、开放创新、协同创新、大众创新机制的构建,可以使得民众的声音和知识转化成有效的行动和有价值的结果，可以集合民众的集体智慧共创联系更紧密的民主社会。这是目前阶段的创新 2.0 视野下，较为突出的一个参考案例。


# 7. 创新的源泉：开放的力量


　　不仅只有维基政府，在创新 2.0 时代，政府治理模式应更关注用户的参与、互动协作和开放的平台架构，通过政府、企业、社会多方互动协同，塑造公共价值，提升政府治理能力。前章中介绍过，英国《卫报》的编辑们与软件开发人员合作利用全世界第一款大型多人新闻调查游戏实践项目——《调查你处议员的开支》，顺利联手 20 000 多名英国人在网上众包调查英国政府"抹黑门"（Blackout gate）事件并取得成功的案例，就表明了开放的力量，不论政府、企业、社会抑或个人，基于其义务都可以有能力改善政府治理模式效果，兑现巨大的公共价值——这也是创新的源泉所在。

　　传承中国传统文化中的民本基因，同时吸纳马克思主义中的民主思想，当下我们形成了中国特色的民主治理方式。毛泽东认为群众路线是中国特色的民主路径，"在我党的一切实际工作中，凡属正确的领导，必须是从群众中来，到群众中去"。这反映了中国特色人民民主对群众参与广度与深度的要求，也体现了与人民群众共同塑造社会公共价值的要求。群众路线表达了一种民众主义的倾向，表达了与人民相认同和向人民负责的观点①。这与合作民主强调的举众人之力、集各方智慧有异曲同工之意。

　　技术发展所推动的维基等新一代信息技术，以及创新 2.0 驱动的以维基政府为代表的合作民主形态，为我国推进具有中国特色的民主提供了新的视角和技术支撑。而技术之外，我们更要看到创新 2.0 对集体智慧、群众路

---

① ［美］詹姆斯・R.汤森，布兰特利・沃马克.中国政治［M］.顾速，董方，译.南京：江苏人民出版社，2004:57.

线等理念,在时代优化与思维拓宽后的最新诠释。站在新的历史起点,把握创新2.0时代合作民主的新机遇,时代正为我们创新群众路线的新模式,发展更加广泛、更加充分、更加健全的人民民主提供了新的方向与道路。

正如新公共服务理论及政府2.0所强调的"公共利益是目标而非副产品","中国式"合作民主运作的宗旨是服务于民。借鉴以维基政府为代表的合作民主建设理论和经验,为解决群众路线中"来自谁""为了谁""依靠谁"的问题提供了新的视野。注重公共价值塑造,强调公共利益,这是创新2.0在导向上为我们提供的最佳指引。

在扩大公众参与广度的基础上,维基政府的实践为公众的平等参与和合作建立了快捷而有效的互动方式。在过程中,强调各方参与及合作协同的制度设计,注重维基等新一代信息技术的利用,活用移动端设备、Web2.0、物联网、云计算、大数据等新一代信息技术,搭建开放的平台,并鼓励公民参与,通过开放设计,激发公民的自豪感与社会责任感,从而汇聚来自社会各方面的智慧和力量,形成群体智慧,并产生协调一致的行动,这是创新2.0在路径上为我们提供的最佳提示。

公众不仅可及时获取客观、权威的信息,社会不同阶层、不同地区居民还可以表达愿望和要求,形塑共同的公共利益观念,协同致力于公共问题的解决,贡献自己的智慧和力量,这就是理想的社会状态。正如习近平总书记所指出的:"人民是我们力量的源泉。只要与人民同甘共苦,与人民团结奋斗,就没有克服不了的困难,就没有完成不了的任务。"以维基政府为代表的合作民主实践,对于建立和完善创新2.0时代的民主行政管理,凝聚社会共识,汇聚各方智慧和力量,体现权力属于人民、管理依靠人民、服务为了人民的指导思想,都具有重要的借鉴意义。在2015年两会发表的政府工作报告中,对创新2.0更是颇为看重。要做世界创新工场,要把一批新兴产业培育成主导产业,制定"互联网+"行动计划,互联网和现代制造业要"热恋",工业化和信息化要深度融合,开发利用网络化、数字化、智能化等技术,还有支持基础平台发展如智能机器人、云计算、大数据、物联网……可以预期,未来的创新变化并不遥远;而我们更期待的,是在此之后并依托其上的,社会民主治理创新及创新政府重塑等的尝试与实现。

# 8. 智慧政府的关键：活用科技，更要活用科技智慧

信息通信技术成就创新 2.0，但创新 2.0 的根本却在于以人为本、以需求和相应服务为导向、以应用和价值实现为核心，这也示意我们不能过于迷信科技，以避免错失"为人"的本心。

在本书的编撰中，我们也活用了包括众筹集议和众包评议两种新手段，以便令本书内容更能反映民众心声。笔者认为这就是一个活用科技的实例：利用流行并高效的工具实现作品（本书）的贴近实际，但并不影响本书作为政府治理参考材料的专业性与严谨性。笔者认为，实现智慧政府的关键，不仅要活用科技，更要培养活用科技的智慧。

在本书的众筹、众包尝试开展过程中，笔者有幸得到了许多热心朋友和企业的支持、帮助和意见，从中更学到了新的知识和收获。这些宝贵的财富其实一定程度上也值得我们的政府官员、公务员朋友在实际中举一反三地学习和参考。

举个企业活用科技智慧的实际例子。本书众包支持者之一，广州天万霓昀信息咨询有限公司（下文简称：天万霓昀公司）所采用的公共化运营模式。

天万霓昀公司主要以面向社会服务业、新兴产业及基层政务单位，提供企业组织形式应用研究、企业战略咨询、产业特色策划、品牌塑造运营、企业文化建设，以及面向民间公益组织、民间文化保育提供非营利性团队成长支持服务等主营业务。这样一家以战略力及执行力延伸为产品链的企业，却一直没有搭建网上办公平台，甚至没有采用任何管理软件协助运营；即使在2014 年企业自我社会化变革后，情况依旧没有变化。那么他们是怎样维持同时开展近 10 个中型以上项目这样大规模团队的共同运作呢？

答案是开放性公共平台软件应用。他们基于"印象笔记"平台，结合通过从实际运营中提炼设计，整合独立分工环境与团队协助沟通的工作模式，

顺利解决了单一项目团队协作问题。基于扁平知识团队组合,单一项目团队成员设置一般在10人以内,分属5种身份:企业顾问、客聘常务专家、客聘特殊专家、项目监理及项目方代表。身份背后的条件与团队运营的保密性、协调性,对团队运营本是一个极大难题,但开放性协助是解决答案。基于优秀的模式设置,每个成员只需要参照分工总纲要求在自己的工作笔记中完成相关内容,并在工作笔记中记下备注描述,再管住自己的提问笔记内容,这就是工作的全部;而不同身份对不同工作性质笔记本的权限设计,满足了良好的保密性要求。由于"印象笔记"本身的云平台属性以及丰富的语音、照片、文件、定位等强大多媒体支持,基本已足够支持团队跨时空协作的基础要求,应用智慧成为天万霓昀公司团队对自身最大的回报和成绩。

企业若自建在线办公平台,不仅高投入低可靠,而且养护成本极为高昂,绝非其可以接受的范围;而利用开放性公共平台软件不仅便利高效,其安全性、稳定性也远高于自建平台,更便于对跨时空协作的开放性身份团队成员使用,具有极高的性价比。自2012年初企业第一次内部改革使用了这种基于免费开放公共平台软件的工作模式,3年多来几乎未发生过因沟通错失而产生配合问题,并逐步被一些客户参考模仿;随着2014年企业开展社会化变革,原来的各事业部门被扶植为事业平台并引入社会众包竞稿机制,这一公共化运营模式也由此延展出更大的、面向群组应用范畴的模板,这从反面印证其可靠性。在普遍运营成本高昂,创意利润空间微薄的中高端咨询服务业,这样的低成本可靠应用设计对集中资源保障服务质量有着极大的优势。这种活用科技智慧的思维值得参考借鉴。

另外,由于服务提供渠道面向的是服务对象而非载体,这从不同的侧面印证我们更需要活用科技智慧,去响应我们所提供的服务。近年来喜见我国政府开展电子政务建设成果落地,同时政务微博、政务微信等与时俱进,和现实接轨的亲民便民创新涌现;不过也需要注意到,以人人网为代表的SNS平台网站在2008年开始兴起,但在2010年左右已基本被新浪微博抢去了风头;新浪微博鼎盛于2010年,但只持续到2012年底已被微信平台所超过……科技推动产品与平台革新,但过快的交替速度令我们不得不考虑清楚如何选择与介入。毕竟作为智慧政府,一切的努力不仅必须"取之于民,用之于民",还要能体现政府智慧,让民众信服、安心。

# 9. 创新 2.0 带来的学习革命

维基政务的潜力很大,但维基技术的最大价值却在于颠覆了传统知识传播模式,打破时空载体等局限引发一场学习的革命,无须再一波三折,直接实现点对点双向的知识分享传播,以及高效的群体智慧解惑。这种改变学习模式而实现的加速,经过生产力发展的连锁反应叠增效果,会带来相比传统状态下提速数十上百倍的效果。

不同于谷歌搜索的泛面信息轰炸——夹杂大量过时、虚假信息等无价值因素而制约了实际效率,维基真正的重大突破在于其开放性,它的每一个条目,全是世界各地对此感兴趣的用户精心制作和编辑的。这是一部民有、民享、复制和散布完全免费的百科全书,越来越多致力于此道的用户确保了词条的权威性,同时审查机制被简化到最低程度。它通过一种唯有互联网才能实现的民主方式组织信息,创造了一种社会性的在线环境,在这里人们不仅浏览内容,而且积极自由地交流信息,并受到鼓励不断改变和完善它的内容。①

开放、共识、中立、合作,是维基成功的关键,也是其作为线上社区体现社会性稳定的核心因素。维基阐扬"知识自由取用、修改、传播"的理念,并将之贯彻到整个维基社区。当知识的传播不再单向转折,不需要被反复解读,不再只有单一观点的强势灌输,不再受到物理因素而抵消了时效,这时的知识才具有最大化的价值,才最适合我们使用。

维基这样的工具是我们变被动为主动,丰富自己知识阅历,提升自己能力水平的好选择。对公务员而言,开阔视野、博见广益有助于日常工作的开展,也有助于保持良好的学习习惯及强大的竞争力。对政府而言,借鉴维基

---

① [美] Andrew Lih.编纂电子百科,人人均可参与.黄燕(北京),译.校者:田方萌(北京),电子刊物"耶鲁全球",2004-05-05,http://yaleglobal.yale.edu/display.article? id=3808.

技术建立内部公务员团队的学习交流机制与氛围,不仅有利于整体提升政府治理的经验,改善政府治理能力,更能发挥集体智慧的优势,满足智慧政府、创新政府持续自我改进、主动自我完善的要求。

**创新 2.0 打破体制的约束**

我国此前一直沿用的传统政府模式主导着许多方面的发展,但体制的束缚令政府主导在社会发展中反而变成主要拖累的包袱,同时也令政府规模变得臃肿庞大。从前社会的一元角色极为简单纯朴,一定程度上的确需要政府进行主导规划;但现今社会一元角色早已不复存在,多元角色的身份令责任、义务与权利等意识日益在公民、企业等单一个体上体现,政府不再独大但同时也有了帮手,打破体制约束迎接开放成为必然的期待。

2015 新年伊始,一场关于"互联网专车"的争论,在网上发酵。[①] 一些城市简单叫停"专车"服务的做法,引来舆论的批评。"互联网专车"的好处,有目共睹。如果说乘客看到的还只是叫车的便捷、乘坐的舒适、司机的友善,那么站在更大视野,互联网技术带来的则是对现代城市出行模式的变革。专家预言这将是一次推动业态革新的整体革命,还在于大量"专车"通过叫车软件与乘客需求实时对接,将大大提高车辆的集约化使用程度,减少城市中心区居民对于私家车的需求,从长远来讲,有利于减轻交通拥堵压力,缓解日益严重的环境污染。

从出租车行业管理来看,当前的行业垄断模式已经久受诟病。这场争议背后凸显的,是传统出租车管理体制的困局。由于出租车市场实行严格管制,尤其是一些大城市,出租车牌照数量实行严格限制,因此此前形成了一定垄断效益。但市场需求总是客观存在的,落后的体制和依附其上的垄断利益必然会受到触碰,并最终被打破。

技术的进步,时常成为改善治理的得力推手。当年,税控机的推出,让偷逃纳税难以施展;海关联网,让走私犯罪尽现原形。而今的移动互联网技术,超越了单纯的技术升级,传递出全新的商业模式与理念。世间无不变之法;应对创新的脚步,治理不能原地踏步。

---

① 人民日报:让"专车"服务撬动行业改革,2015-01-12.

## 10. 集体智慧激发数据红利造福全社会

如前文所介绍,创新 2.0 已经为我们的社会带来了许多的颠覆性改变,但这只是一个开始。诸如前面提及到 Web2.0、维基技术、移动端设备、物联网、云计算等等,都仅仅属于直接价值前端体现的范围内;而作为才开始投入现实应用,尚未真正发挥完全实力的众多后价值中端体现,例如大数据、后数字化生存、智能社会、物联世界治理等技术应用与价值实现,将会把创新 2.0 甚至社会、人类文明推到另一个前所未有的新高度。

以大数据技术为例,大数据指的是所涉及的数据量规模巨大到无法通过人工,在合理时间内达到截取、管理、处理,并整理成为人类所能解读的信息;在总数据量相同的情况下,与个别分析独立的小型数据集(data set)相比,将各个小型数据集合并后进行分析可得出许多额外的信息和数据关系性,可用来察觉商业趋势、判定研究质量、避免疾病扩散、打击犯罪或测定实时交通路况等不同用途的大型数据集①。基于众多前端体现技术的积累,短短两三年间的社会化大数据积累已经远超过了此前所有数据记录的叠加。一方面,潜在的数据红利已经生成,大数据持有者(企业)也因此而拥有了极为强大的能力潜质,可以完成从前甚至不敢想象、无从想象的改变;另一方面,有待激发的数据红利也成为一种作用力,迫使企业主动意识和承担更多的社会创新义务,实现更好的社会优化。

---

① White, Tom. O'Reilly Media. 2012-05-10: 3. ISBN 978-1-4493-3877-0. & /wiki/Big_Data _ Definition MIKE2.0, Big Data Definition & Kusnetzky, Dan.. ZDNet. & Vance, Ashley. New York Times Blog. 2010-04-22. & The Economist. 2010-02-25 [2012-12-09]. & Cat Casey and Alejandra Perez & [/sites/ benkerschberg/ 2012/01 /09/ what — technology — assisted — electronic — discovery — teaches — us — about — the — role — of — humans—in—technology/ What Technology—Assisted Electronic Discovery Teaches Us About The Role Of Humans In Technology — Re — Humanizing Technology—Assisted Review]. Forbes. [1 July 2012].

以常见的城市交通管理为例,在创新 2.0 带来改变以前,城市交通管理属于并只能依赖政府单方面努力。只有城市综合管理者才拥有综合调度资源、微量局部掌控城市实时交通变化并相应开展调配疏导的能力;实际上,这对城市综合管理者来说也是有心无力,即使倾其所能,也仅能维持短时应急的限行引流以避免恶化,并等待堵塞随出行时间的变化而自行缓解,更遑论对之进行实时解决了。但如今大数据技术令创新企业获取了强大能力,进而得以主动承担相应义务去造福社会。在 2014 中国互联网大会上,高德首席交通数据分析师董振宁介绍了互联网地图的功能①。通过与高质量的分析模式相挂钩,将众包获得的大数据与最实用的解决方法对接,从而在用户出行中充分发挥大数据的价值。10 余年来高德地图在大数据分析模式闭环上的磨合,使之可以有效地处理 3 亿高德用户生成的众包数据和全国几十万辆出租车及几百万辆物流车的数据;当面对随时会有改变的城市交通状况,基于大数据而形成的动态的解决方案的实用程度是超值的,而这个新的应用也为高德地图收获了较此前 3 倍的躲避拥堵功能使用率。

以城际高速的信息为例,因为政府拿不到相关数据,所以无法及时了解具体情况;但是在移动互联网时代,高德地图通过众包,每个月从用户那里收到超过 60 亿公里的检测,每天推送给高德,高德再以大数据为桥梁通过这些信息完善地图数据,并最终真正反哺用户。据高德地图自己的抽样统计估算,使用高德地图躲避拥堵功能,平均每月为用户节省的时长总计可达 700 年,节省的油耗高达 1840 万升,折合人民币 1.3 亿。

企业通过创新 2.0 的应用得到强大能力,进而承担起政府力所不能及的社会义务造福大众,然后又从其中得以培育更多客户发展自己,这一良性循环在大数据应用开始广泛化的今天正不断涌现。而部分意识领先的地方政府也在开始积极与企业合作,以实现政府治理能力的创新与提升,同时也从侧面帮助企业兑现社会义务价值的最大化与实施规范化。以 2014 年 6 月 25 日新上线的浙江政务服务网和 10 月 17 日正式上线的"云上贵州"为例②,

---

① 叶丹."大数据红利'变现'众厂商火拼体验式创新"[N].南方日报,2014-09-04.http://tech.sina.com.cn/it/2014-09-04/07289594775.shtml.
② 东方早报:"云计算解决政务'超市'大问题有关部门牵头阿里云助力公众共享大数据红利".2014-10-20.http://epaper.dfdaily.com/dfzb/html/2014-10/20/content_932902.htm.

就是有关部门牵头结合"阿里云"服务,共享公众大数据红利的良好示范。

如何用网络服务好纳税人,电子政务的1.0时代存在系统设备重复建设、数据"鸿沟"、运营缺乏标准化等问题,"政府汇聚了极其丰富的数据资源,但是各个部门都把数据资源锁在抽屉里,所以各个部门相互之间盲人摸象"。为此,据相关领导表示,把政务服务网建设在云端,是希望真正重塑公共服务模式,推进集约建设。据相关领导介绍,新上线的浙江政务服务网将为大众提供教育培训、医疗保险、交通旅游、纳税缴费、办证办件等行政服务、便民服务与阳光政务。"所有行政机关就像在淘宝网上开店,不光把行政权力清单晒出来,而且每一个行政权力的事项都在线运营,大众可以投诉咨询,9000多个事项可以在线办理。"为加速落实云平台应用,浙江省政府还宣布以后凡是政府信息化项目,尽可能用政务服务网的云平台。至此,政府电子政务"自给自足的机房时代应该落幕了"。

而"云上贵州",是贵州省借助阿里云"飞天"大规模分布式计算系统打造的基础平台,实现大数据资源开放、互通、共享。目前,贵州有关部门已经梳理出7个领域的数据资源目录,在政府数据资源安全前提下逐步有序开放。该平台的上线,将为实现数据应用、衍生产业提供强有力的支撑。根据在阿里云开发者大会上"云上贵州"的介绍,依托阿里云计算基础平台,贵州正在展开工业云、智能交通云、智慧旅游云、食品安全云、环保云等"7+N"朵云建设,并将从2014年底开始提供云服务。继在全国率先开放政府数据目录之后,贵州省也如浙江省政府同样要求省级政府部门将数据资源迁上"云上贵州"系统平台,并引导省内、省外企业的数据资源上云。贵州省政府希望,在多个领域的数据集中存储在"云上贵州"的平台上,在保障各自数字安全的前提下,达成省级平台上政府和不同企业之间、政府的各个部门之间数据资源的互通、共享、开放。例如通过交通的实时数据,就可以用来对旅游行业的现状进行分析和预测,为酒店、景区,包括客运企业,甚至治安状况等提供决策支持。

只要有追求创新的精神和持之以恒的努力,大多数城市都可以实现可持续发展的智能技术解决方案,从而降低成本,提高市政服务水平,改善市民的生活质量。微软委托IDC进行的一项最新研究指出,通过整合零散数据,采用新型数据分析工具,并向更多人传递有用的洞察信息,全球各国的政府机构在未来 4 年内从数据挖掘中获得的数据红利将高达 2060 亿美元，并且越早采用，收益越大。事实上，就通过利用科技而言，大多数城市现在都能以低于预期的投入实现理想。① 尽管各个城市情况不一，但几乎每个城市都可以从以下三大原则入手。

## 10.1 从优先领域入手

　　成功的城市都是从利用数据去解决某一具体难题开始的。这一难题可能是公众安全的改善，也可能是让水、电等资源得到更好的利用。市政府应考察这些场景，根据城市的整体环境、优先领域和综合能力等因素找到最佳的切入点，然后制定出针对某一领域的目标明确的计划和实施方案。一般从 8 个主要领域入手：建筑和基础设施、教育、能源和水资源、政府管理、医疗和社会福利、公共安全和司法、旅游和娱乐、交通运输。

## 10.2 在流程和资源上应用数据及分析

　　如今，每个城市都在试图从纷繁的数据中洞察出有价值的信息。虽说一切皆有可能，不过有一种方法可以帮助识别出数据的应用领域。

　　首先，要从现实的流程、设施或资源入手，思考数据如何能够更好地改善现有情况。移动设备和传感器可以应用在很多方面，去收集或传播现场数据。通过结合使用云服务和分析技术，各城市可以处理和识别数据模式，确定触发机器或人为干预的阈值。这构成了城市解决一系列挑战和运营效率低下症状的基本框架。例如，美国纽约市采用传感器来监测空气质量。如果一个传感器感应到异常，那么它将自动创建一个"事件"（即警报）进而产生指导行动的响应。还有一些其他城市正在应用一种基于光线和体感传感器的手段，使街灯能够更加智能地根据一年四季的状况提供强度适当的光线，从而为城市在能源方面节约数百万美元的费用。芬兰赫尔辛基市则正将传感器应用在公共汽车中，并结合分析技术，提高客户满意度，同时降低燃料消耗量。

---

① 　Gary Wachowicz－"三大原则激活现代城市数据红利"［N］.科技日报，2014-07-09.http://finance.ifeng.com/a/20140709/12679422_0.shtml.

### 10.3 确保数据和技术使用一致的语言

确保数据和技术使用一致的语言虽然在这里列在了第三位,但实际上它却是实现一切的基础。试想如果城市的交通传感器无法与后端服务器通信,那么数据仍会处于堵塞状态;如果宝贵的数据库只是存放在密室里某个角落而无人问津,那么它就成了淹没在森林中的一枝孤木。如果想让数据发挥作用,首先要让数据具备可用性和联通性。

云计算、移动、社交和大数据这四大趋势对城市建设起到了巨大的作用;而一个成熟的、开放的、端到端密切配合运行的云平台是真正把这些技术连接起来的唯一途径。安全的云平台,强大、现代的分析工具,熟悉的生产力工具共同构成了"未来城市"的 IT 基础架构。这样的架构应能够让城市管理者从遍布在城市中的传感器、移动设备,甚至台式电脑、笔记本电脑和平板电脑中收集来的数据从一开始就物尽其用。

满足了这三大原则,几乎任何一个城市都能够开始向"未来城市"转型。事实证明,天气资讯、社交媒体和道路上的传感器都能为交通管理带来诸多益处。而在教育领域,设备和软件则可以助力教育机构提高学校的效率。在公共安全领域,把移动设备和社交媒体连接到报警中心,可以实现功能更为强大的协同应急响应能力。当一座城市雄心勃勃地迈向其未来愿景的时候,精心制订并认真管理的成功的数据计划将能有效推进城市发展的进程。没有做不到,只有想不到!


## 讨论话题

1. 如果请每个人举出一个身边属于创新 2.0 技术的普及应用,而且又是值得政府组织创新借鉴的案例,你会举哪个例子?

2. 环境有哪些改变需要我们引入政府组织与创新 2.0 时代的对接?

3. 现实当中,这种对接已经存在了吗?

4. 当下你所处的组织是否已经对创新 2.0 有足够重视并有所行动?

5. 什么样的变革是你希望政府在创新中实现的?

# 第 14 章

用政府文化创新
打造幸福国家形象

360 公司总裁周鸿祎有段话对党政干部具有跨界的启示。他说："要学会把复杂的问题简单化。很多东西看起来复杂,但是用很简单的标准去判断,就是用户怎么想,对用户是否有利。最终你的判断还是要靠你有一个正确的价值观,一个人要有价值观,公司要有价值观,国家社会要有价值观。我们的价值观很简单,什么事都可以干,只要对用户好;什么人都不要怕得罪,但是不能得罪用户。"如果是按照这种用户至上的价值观当公务员,相信周鸿祎比很多现有的干部更胜任、称职。

# 1. 国家的价值观——民众的幸福度

　　社会主义制度的优越性并不首先表现为经济增长比资本主义快,而是体现在其社会成员的能力、素质、积极性得到极大挖掘、提升,人尽其才。只有其成员的民主权利(包括政治、经济权利)得到保证,他们的潜能才可能得到最大限度发挥。苏联的失败就在于缺乏群众的主动性和创造性,短期可以高速增长,但却不能持久[1]。

　　按照美国贝勒大学詹姆斯·A.罗伯茨教授在他 2011 年的著作《幸福为什么买不到——破解物质时代的幸福密码》一书里的说法:"物质主义是一种思维方式,一种对获取和花费的兴趣,对物质的崇拜,给物质财富赋予至高无上的重要性。"信奉物质主义的人认为物质财富至关重要,被认为是幸福感的主要来源。他们将金钱和物质财富本身视为目的,而不是达到目的的手段。

　　全球民意调查机构盖洛普发布的"2010 年全球幸福度调查"数据显示,3/4 的中国人表示对自己的生活不满意。据 2011 年 4 月 23 日出版的《环球时报》报道,中国人整体幸福度创历史新低。全球民意调查机构盖洛普发布的"2010 年全球幸福度调查"数据显示,71%的中国人表示自己"生活艰难",

---

① 　刘永佶.民主中国 法制经济[M].北京:中国经济出版社,2002:125-126.

17%的人认为自己"生活困苦",只有12%的中国人认为自己"生活美满",虽然印度的数据也与此类似。即便考虑到中国房价和食品价格不断上涨,但近3/4的中国人认为自己生活艰难仍然让人感到疑惑不解。盖洛普此项民调涉及全球124个国家,中国的幸福度排名列第92位,丹麦、瑞典、加拿大位列前三①。

人们的幸福度是由相对收入决定,而非绝对收入。一般来说,国家越富裕,人民越幸福;而当经济发展到一定程度之后,幸福度将不再与其平行上升,其相关度将逐渐下降。甚至,经济增长速度过快会对国民幸福感产生负面影响,尤其是经济快速发展时期,不断拉大的财富差距将导致民众幸福度降低。

幸福度是一种心理体验,它既是对生活的客观条件和所处状态的一种事实判断,又是对于生活的主观意义和满足程度的一种价值判断,它表现为在生活满意度基础上产生的一种积极心理体验。在主观幸福度与社会心理体系诸多因素和层面之间的密切联系中,以下几点是十分独特而重要的:心理参照系、成就动机程度及本体安全感。这几点分别由高层往底层与马斯洛的5个层次需求理论相对应。所以幸福度包含了个体性和社会性,属于一种社会价值观表象的感性反映。

幸福体验能否成为一种切实的政策目标,关键在于政策可以在多大程度上影响民众的幸福体验。一个国家能够为民众提供的生存与发展条件与该国民众的幸福体验息息相关,而民众所具有的生存和发展条件恰恰是政策可以关注并能够发挥作用的。所以幸福度这种感性指标,其实同样可以纳入政府绩效考核的内容当中。

2010年英国首相卡梅伦一上任,就提出其主张:政府应该注重国民的总体生活质量和家庭幸福,而不是单纯注重国民的财富增长。

---

① 孟昭莉.未来销售造什么.人力资源[J].2011-08:83-85.

## 2. 官僚主义障碍

政府机构好像一部机器。政府组织把思想与行动的部门分开,严格按职能划分各自的工作;由于各个部门只需要对自己的部门负责,必然导致"部门主义"和"地方保护主义"。它贬低了人的价值,每个成员像机器上的齿轮一样,不需要具备学习的能力,只需要正确执行上级的指示就行了,结果导致了麻木不仁,人们缺乏想象,反应迟钝[①]。

偏偏政府又处于垄断地位。因为对绩效没有规定后果,政府组织都是以内部为中心;它们所担心的是预算、人事和官僚等级,而不是如何改善结果。它们不会对效能或创新进行嘉奖。公务员得到嘉奖很可能是因为又平安挨过了一年,没有犯错误;结果是很多公务员期望值很低,很少对工作成就和创新引以为豪。又或是即使政府规定了业绩目标,一般也都是自己给自己制定的,就像先往树上开一枪,再在弹孔边画一个靶子,所以民众极少听说政府没有完成自己的目标,所得到的信息总是每年都很好地完成了任务。在绩效目标的评判上,政府与企业有太大的不同。企业的绩效指标比较客观,互相容易比较,业绩不好的企业面临亏损、破产;政府的指标则比较主观,因为政府是个多目标的组织,它可以挑选一个对自己有利的目标,将其制定为主要目标,而把难以完成、兑现的目标忽略不计。

政府组织的这些天生因素形成了政府的"官僚文化",在这种文化里面,大家都存在如此表现:

- 相互指责,或指责外人(在西方竞争环境中);好好先生,一团和气,表扬与自我表扬(在东方平和、中庸的环境里)。
- 生活在担心犯错误的恐惧之中,不去创新。
- 拒绝变革而不是适应变革;打击创新的个体而不是鼓励创新的个体。

---

① [美]戴维·奥斯本,彼德·普拉斯特里克.摒弃官僚制:政府重塑的五项战略[M].北京:中国人民大学出版社,2002:256.

- 接受平庸,而不是创造性地追求优秀。

- 人们之间的真诚被毁掉,组织内部效率低下。

- 庸人得到满足,官迷们如鱼得水,而真正有才干、有实干精神的人却无法脱颖而出。

引用企业家、德胜公司老总聂圣哲给官僚文化下的一个定义:

当你有了权力牛哄哄时就是官僚文化;

当你有了权力对别人漠视就是官僚文化;

当你有了权力对别人不尊重就是官僚文化;

当你很多的事情不想亲自去做,就是官僚文化。

单独看来,官僚文化与民众幸福度似乎风马牛不相及;但实际上由于官僚文化的不作为、乱作为、一言堂、好大喜功等乱象,既深度侵扰了民众的基本生活,同时也会严重拖累民众幸福度的感受与提升。要想洗刷政府机关"官僚文化"的坏名声,就必须变革政府组织的文化。在 20 世纪 80 年代早期,彼得斯研发指出,美国最好的和最成功的公司并不是运用理性管理模式的,而是运用人性化、个体化、浓厚的文化氛围进行管理的公司。许多研究者将这种人本主义的观点运用到政府管理领域中,产生了许多有价值的研究成果。

刘军宁曾在《南方周末》上发表文章,强调国人的道德前景,不能指望政治家,不能只指望道德宗师,而是需要立足日常的社会生活,立足于貌似普通的众生(员工与企业家)和貌似商业的机构(企业与公司)[①]。戴维·奥斯本和彼德·普拉斯特里克在《摒弃官僚制:政府重塑的五项战略》一书中建议采取 4C 战略:

- 明确政府组织的目标。

- 为绩效创设后果。

- 使组织对顾客更加负责。

- 改变控制的位置和形式。

不过,戴维·奥斯本和彼德·普拉斯特里克也承认,通过这 4C 战略所进行的变革难以持久,除非 4C 战略成为组织文化的一部分。

---

① 周志友.德胜员工守则[M].北京:机械工业出版社,2013.

重塑政府

# 3. 如何提升民众幸福度

近 30 年,城市化进程完全改变了人们的生活模式[①]:人们选择住进商品房,邻里之间甚至能做到老死不相往来。网络成为年轻一代的社交突破口,越来越多的年轻人选择社交网络开展自己的社交活动,虚拟网络与现实随着科技发展结合得越来越紧密,网络社交将成为满足人们社交需求的主要途径。社会不平等现象加剧;社会底层人群尊重需求得不到满足,高房价导致年轻一代很难放手去做自己想做的工作,工作中得到的成就感较弱;中国贫富差距在最近 10 年急剧拉大,社会整体价值观开始用钱来衡量。有权有钱阶级形成了特权阶级。在人们意识形态还没有发展到较高层次的时候,很多炫富的人,不以为耻反以为荣。他们能从炫富的过程中,得到别人羡慕的目光,而不是鄙夷的态度。在社会整体以钱为成功的唯一度量标准之下,收入较低的体力劳动者被视为不成功的人,很难得到应有的尊重。高房价打碎了年轻一代的梦想。他们从 20 多岁开始就被迫选择踏踏实实、安稳地工作,以此来保证每个月都能够及时还清房贷月供。由于缺少了为理想而奋斗的勇气,年轻一代多半选择的工作并不是自己喜爱的工作,因而能够从工作中得到的成就感和幸福感极为有限,恶性循环。

中国社会中,儿童和青少年的幸福感缺失开始日益突出,成为社会整体潜在的最大忧患。优秀的教育资源非常有限,激化了整体人群的竞争意识,导致天价幼儿园、天价赞助费连续创新高。家长从孩子未出生时就开始被灌输不能输在起跑线上的观念,整体的教育功利性太强,小学生开始就要参加各种各样的特长班,繁多的课程给孩子带来了巨大的负担。为了能够上更好的初中、高中、大学,孩子们从小就要面对各种激烈的竞争、选拔与淘汰,幸福童年的缺失,造成整个人生追求幸福的能力都被弱化。

---

① 　孟昭莉.人力资源[J].2011-08:83-85.

中国传统文化提倡延迟幸福体验。从孩提时期起,"今天勤俭奋斗为的是明天能够高枕无忧"的思想就已经深入人心;然而,这种思想灌输得太过彻底,就会走向极端。很多人辛苦一辈子忘记了每天应有的幸福享受,永远都是为了"明天"在奋斗。

要解决这样复杂的"社会民生"问题,政府应该,也有义务划拨更多的资源投入到能够使人们基本幸福水平提高的项目上。平等的人际关系和公平的竞争环境,可以大大加强人民的幸福度。同时,政府通过引导和鼓励年轻人寻找一份真正适合自己的工作,从工作中寻找成就感和满足感,进而为社会导入创新的动力与较高的产出品质,并最终带动社会整体质量与幸福度提升。另外,政府可以通过倡导适当享受幸福,感受"活在当下",造就条件提升民众的小幸福提升,从而从基点层面化解社会压力与积怨,由细微处提升民众幸福度,推动社会积极向上的良性氛围。最后,通过改变政府治理观念与方式,在邀请民众参与社会事务过程中适当改变人们的生活态度、生活方式,让其在帮助别人的过程中体现自身价值并促进社会良性生态的形成、保持与延续……围绕马斯洛"五个层次需求"的不同目标,作为政府治理与创新的感性评价指标,发挥民众幸福度的公共价值和意义,实现社会得益与国家增值的双赢。这是政府文化创新的根本要求。

# 4. 打造政府文化创新

文化,是非常重要的人类现象,是人类社会发展进步的一个重要内容和精神动力,也是这种发展进步在精神领域的一个重要标志。广义的文化概念,即所谓的大文化,是指人类改造客观世界和主观世界的活动及其成果的总和。它包括物质文化和精神文化两大类。物质文化是通过物质活动及其成果来体现的人类文化;精神文化是通过人的精神活动及其成果来体现的人类文化,包括思想道德和科学文化。

而政府文化则是从管理学的角度,来研究文化作为一种管理手段对政府行政的影响。政府文化研究对象的角色感,对行政行为方式、价值观念及道德规范,甚至行政人员的思维都起着规范作用。政府文化同样是一个由物质层和精神层共同构成的复合体系:物质层可以观察到政府的组织结构、组织过程和组织制度规范,是现代行政管理的基础;精神层则更为明确,同时具有群体性和层级性。由于政府文化是在不同程度上为政府运作和政府行为提供合法性论证的,因而从这样的角度审视行政体制,必将更为集中和深刻,能够介入前所未有的研究层面,实现理论创新。

目前,行政文化的研究相对成熟,而政府文化的研究还未引起学界充分的重视;但需要指出,政府文化创新是我国行政管理现代化的必然趋势。政府文化是政府体制的深层结构,是政府管理的灵魂。任何一个政府体系的组织结构、执行程序、决策运营过程,以及相关行政人员的行为、态度、价值等,都直接或间接地受到政府文化的影响和制约。政府文化从微观层面探讨政府应建设怎样的文化来提高行政效果,推进政府改革以适应时代发展的需要。总之,它是加快政府职能转变、整合与重塑的要求体现。

一般而言,政府部门作为传统的大型科层制组织,特别是在中国的文化背景下,是比较缺乏创新意识和创新动力的[1]。因而,中国地方政府的许多创新往往是产生于危机的压力之下,或是回应某个迫切需要解决的现实问题[2]。这种压力型的激励固然重要;但对于政府重塑而言,更需要的是让政府从被动创新调整到主动创新的轨道上来,以更加积极的姿态来应对经济社会发展带来的变化和挑战。因此,政府文化创新的首要目标,即是通过建立政府创新的规则体系,引导政府官员树立正确认知,既克服创新动力不足的问题,又防止出现过度追求创新的风险,保证整体政府创新的含金量。

文化自身的继承与发展,是一个新陈代谢、不断创新的过程。一方面,社会实践不断出现新情况,提出新问题,需要文化不断创新,以适应新情况,回答新问题;另一方面,社会实践的发展,为文化创新提供了更为丰富的资源,准备了更加充足的条件。所以,社会实践是文化创新的动力和基础。文化创新可以推动社会实践的发展。文化源于社会实践,又引导、制约着社会

---

① 林冠平.地方政府创新的现存障碍与推动机制[J].中国行政管理,2014(2).

② 杨雪冬.简论中国地方政府创新研究的十个问题[J].公共管理学报,2008(1).

实践的发展。推动社会实践的发展,促进人的全面发展,是文化创新的根本目的,也是检验文化创新的标准所在。政府文化创新所涉及范围的特殊性,以及其本身具有的群体性和层级性,将进一步凸显政府文化与社会实践之间的关系。

文化创新能够促进民族文化的繁荣。只有在实践中不断创新,传统文化才能焕发生机、历久弥新,民族文化才能充满活力、日益丰富。文化创新,是一个民族永葆生命力和富有凝聚力的重要保证。而作为导向因素之一的政府文化创新,将起着重要的控制作用。在后面几节中,我们将从不同方面详细讨论政府文化创新的具体内容。

# 5. 打造国家形象

随着中国的崛起,世界似乎越来越不理解中国。当中国已经活动在世界舞台中心的时候,世界对中国的"不理解"必然对中国产生巨大的负面影响[①]。因此,中国出台了诸多大型国家形象工程,花费大量的人、财、物,希望为国家塑造出一个正面形象,至少是一个世界可以接受的形象,但效果差强人意。从根本上说,国家形象工程是一个国家软力量建设的需要。

改革开放后,中国的对外援助也发生了很大的改变。突出了"平等互利、形式多样、注意实效、共同发展"的内容,对外援助的经济意义超越了对政治利益的诉求。考虑到中国的经济实力和国内的实际状况,对外援助金额并没有相应大幅增加。1995年以后,金融机构提供的优惠贷款成为中国对外援助的主要形式,合资合作项目开始受到更大的重视和鼓励。

自2008年金融海啸冲击全球之后,拥有庞大外汇储备的中国成为世界各国的救命稻草,同时也令中国陷入了外忧内患的两难处境。一方面是需要克服金融海啸后全球经济疲弱对国内出口外贸为主的传统产业经济所造

---

① 郑永年.中国形象工程为何适得其反[N].联合早报,2014-12-16.

成的影响,保持国家持续发展的平稳;另一方面需要利用机遇积极推进国际化战略发展,同时规避无处不在的风险。

事实上,各种因素包括文明和文化差异、政治体制和意识形态的不同、世界对一个崛起中国的不确定性甚至恐惧等等,都在影响着中国的国家形象塑造。但作为主体,中国也必须对自己的努力深刻反思。

就如最大的国家形象工程"孔子学院",这些年可以说是遍地开花,在不长的时间里已经扩展到 120 多个国家和地区,成绩不小。不过,孔子学院从一开始就是各国争议的话题,尤其在西方。在早期,这样那样的争议可以归咎为人们不了解;但那么多年下来,争议越来越大。最近海外一些名牌大学中止了和孔子学院的合约,尽管背后有很多复杂的因素,但这始终是需要反思的。

又如国家形象工程的另一大领域——"媒体走出去",也出现了诸多不小的问题。为了让海外理解中国,把一些党政理论刊物翻译成英文或者其他文字,绝对是必要的;但不考虑实际发布环境的简单直译甚至只是简单增加一个转帖发布展示的渠道,就令亮点变成了不作为、乱作为。更有不少媒体"走出去"之后不知道"走出去"的目标是什么,以及为增加在海外的影响而收购海外没有什么影响力的华文媒体,中国的大媒体经常引用一些只有中国人才知道的外国媒体等。这更是典型的浪费人、财、物,没有附加值。

塑造国家形象不是容易的事。随着国家的崛起,这方面的投入已经很大,也会越来越大。也就是说,这是一块很大的利益,不仅既得利益要追求更大的财政投入,而且也吸引着更多的新利益来加入分享;更为重要的是,这个领域大多属于意识形态和政治性比较敏感的,各种利益都可以高举"爱国主义"旗帜。爱国有理,出了一些问题又怎么样?"爱国主义"是这个领域人们的保护伞。没有人会质疑批评。但现状在于,投入越大,越是适得其反。

为什么会出现这样的情况?这里仅仅举一些容易观察得到的因素。

首先是缺乏专业主义精神,过度政治化。国家形象工程当然是政治,不讲政治不行。问题在于,怎样讲政治。可以通过专业主义来讲政治,也可以通过政治方法来讲政治。在中国,人们习惯了用政治方法讲政治,也很自然把它延伸到了海外。这种高度政治化的形象工程一到海外,要么到处碰壁,要么效果不好。如果专业主义精神不能弘扬,国家形象会越来越不好。其实,如同所有其他领域,提高中国人所说的"文化精神"的是专业主义精神。

其次,GDP主义也一直主导着国家形象工程,已经成为衡量国家形象工程是否成功的标准。对GDP主义者来说,质量不重要,重要的是数量。结果,第一,国家形象工程要多。各个部门要做,各级政府也要做。第二,数量扩张也表现在每一个具体的项目上。对孔子学院来说,是学习汉语的人数和各种项目的数目;对海外宣传来说,是文字和文章的数量(撰写、发表、转载等);对文化走出去来说,是演出的数量,等等。

再次,中国机构不协调。国家形象工程几乎已经成为全社会工程,不知道有多少部门和机构在做。在众多的部门和机构中,没有一个有权力的机构来协调。结果,大家都互相竞争,谁都不去重视质量。再者,无论是国家形象的塑造还是国家形象的"走出去",都要求具有充分的海外知识。但那些懂得外部事务的部门和机构没有权力,不懂的却权力大得惊人,这就造成了"外行领导内行"的局面,结果是可想而知的。国家形象工程迫切需要一个有权力的协调机构。

中国刚刚崛起,在学做大国,任何大国在其走向大国过程中,都会发生这样那样的事情。学做大国需要交很多学费。但是,对中国来说,要尽量少交学费,尤其是要避免交了学费还导向反面效果的情形。

# 6. 外国的成功案例

经济发达是日本文明开化最突出的表现,但社会安定,政治民主,法治代替人治,才是其进步的实质。在这个意义上说,二战后美军占领日本,是日本的第二次开国,从宪法到社会组织各方面推进民主与法治,甚至把天皇从现人神降为俗人,内战分裂与农民起义从此不再出现,彻底消除了军人暴乱及藩镇割据之类的历史遗迹,建成了欧美式的稳定民主制度,国家与人民永无分裂战乱之虞。在这方面,日本是现代西方的唯一合格学生,使所有亚非拉国家瞠乎其后,优秀的民族素质于此表露无遗。

日本学习西方所走过的道路,中国亦步亦趋照样尝试过,先是改良武器,引进洋船洋炮,然后是开工厂,办学校,渐渐走上制度改良,直到政治民主革命和文化革命,其激烈程度有过之而无不及。时至今日,两国人均收入差距达30多倍,其中必有原因。从日本一方看,它成功的原因可以列举很多,像单一的民族、教育的普及、辽阔的海域,乃至美国的占领和朝鲜战争的机遇,都是有利条件。不过,这些都不足以揭示本质,比如中国,国土面积和矿产资源等自然条件都比日本要好得多,可经济发展远远落后于日本。日本成功之谜,众说纷纭,见仁见智,各执一端,很难讲清楚。但起决定作用的,笔者认为是日本民族的"善学"精神。

日本社会到了中古武人执政时代,形成了"天皇至尊未必至强,武人至强未必至尊"的局面,武人北条氏之流虽"视万乘之尊如孤豚",但天皇至尊的地位仍然不可动摇。于是,在至强至尊之间形成对立,任何思想都不能形成垄断,给思想自由留下了发展空间。不像中国,自秦汉以来就形成君主专制和思想偏执,除了君父至上不知还有其他道理。相对于中国一元化的狭隘贫乏的思想,日本多元化的复杂丰富的思想,给西洋文明进步思想的进入留有余地,为探求救国富民的真理开辟了道路。从这点讲,日本是偶然而幸运的。

日本人多元的思想是柔性的,好像水一样能紧贴各种复杂的容器表面,他们在复杂多变的现实世界里从不固执己见,不预立永远不变的原则束缚自己,而是灵活应对外界的任何变化,随时修正自己的认识以适应现实和发展需要。与此相反,中国人的思想是刚性的,坚硬得像石头,放在任何容器里都不能贴合实际。中国人自古以来习惯于经学原则,对任何事喜欢先下结论,面对复杂的世界预立某些最高教义,凡事都按原则而不是现实办,而且认定任何人无论怎样努力,充其量只能接近而永远不能达到或超越圣人。如果现实与自己的原则或认识不相符,只要总体有利,日本人马上修改原则或认识;中国则宁可遭受重大损失,也要坚持原则,否认现实。

在汲取西洋文明方面,日本就比中国容易得多。中国人总是把洋人看作妖鬼,把主张学西洋文明看作崇洋媚外,把提倡西洋文明的人看作洋奴西崽。日本则大相径庭,从一开始就认定西洋文明是当今人类智慧所能达到的最高程度,如果要想使日本免于亡国,人民文明进步,就必须以欧美文明为目标,以此标准来衡量一切事物的利害得失,凡有利于文明进步的就鼓励培养,凡有碍于文明进步的就破除扫清。而且,在学习仿效西洋文明之初,就明确认识到文明分为物质和精神两个方面,外在的文明易取,内在的文明难求,必须首先变革人心,然后修改政令,最后达到高度物质文明,建设洋房、铁桥、火车、军舰、大炮。

从大的方面讲,日本的法律在历史上有两次重要变化:一次是输入汉学,继承中国法律。圣德太子颁布的《十七条宪法》以及其他法令,都用汉字书写,从体裁到内容都采用中国法律,最显著的是模写唐律,从篇目、条文到名词语句全盘模仿,以致因与日本社会生活实际不合,有的律条难以实施,成为死法。另一次是明治维新时,因急于采用西洋法律,司法大臣江藤新平命令箕作麟禅博士翻译法国民法,稍作删削就直接作为日本民法实施。而且十分巧合的是,中古时期的唐律,以及近代的法国民法,恰好就是当时最先进文明的法律代表,可见日本人眼光独具,善于学习先进。

东、西文明不是一个谁对谁错的问题,而是一个谁强谁弱的问题,说到底仍然是一个物竞天择,适者生存的问题。而复兴中华,实现现代化的当务之急是要学会遵纪守法,克服散漫无羁的小农习惯;学会尊重他人的成就①。

特别需要重视我国传统儒家文化对于腐败现象的影响。中国由于受几千年来的儒家文化的影响,一直就是一个宗族社会、一个人情社会,按照血缘、亲戚、朋友、老乡、同学等关系来划分交往的圈子,各种社会关系错综复杂,是一个由各种关系构成的关系社会。关系好不好?关系社会好不好?不能说一点不好,家庭还是温暖一点好,社会还是温暖一点好。正常的社会关系能给人带来温暖。不能说任何家庭和亲友之间都是冷冰冰的才好。但任何关系都要有一个限度,不能超越道德的约束和法律的规则。如果超越了法律的界限,像那些腐败官员一样,把好处都给了自己家人,老乡、同事结成紧密圈层,破坏公平,违反法律,那当然就不行了。令计划等腐败分子以山西老乡的关系搞所谓西山俱乐部,老乡一起搞腐败,这个教训十分深刻。反腐败,除了从根本上要完善我们的法律制度,完善我们的市场经济,还要

---

① 资料来源:http://blog.sina.com.cn/s/blog_5efda9da0100ckmn.html.

从根子上改造社会习俗,解决中国人情社会带来的各种问题。显然,这是一个广泛的社会变革。


# 7. 整体与局部: 地方政府文化创新的基点


怎样才能衡量经营城市的效果?"城市的富裕,应该是真正对老百姓有利的富裕。"

作为韩国首尔早前的 CEO,李明博经营的对象或品牌,是首尔这座城市。李明博在担任市长之前,"有过多次访问世界一流城市的机会。在接触、了解这些城市的行政、交通、福利、文化的同时,我也感触到了各个城市在提升品牌形象上的努力。"(其回忆录第 198 页)所以,李明博期望"把首尔的城市形象、城市品牌、城市历史培养成我们的文化资本。"(其回忆录第 197 页)。换言之,李明博不仅经营首尔这个品牌,还致力于在这个品牌中注入丰富的内涵,主要是文化的内涵。这与李明博市政目标之一的"创造首尔文化"是一致的。

"在现实生活中,'文化'是一个广泛运用的概念,几乎在所有的领域都有所谓文化的概念,例如经营文化、政治文化、生活文化、组织文化、酒桌文化等等。"(其回忆录第 161 页)而文化的本质意义,就是"让人享受幸福生活"(其回忆录第 160 页)。于是,李明博提出,"首尔要成为世界一流的城市,不能只停留在功能和效率方面的成就,更要开创具有首尔特色的文化环境。"他是怎样做到的呢? 他的答案,是给城市品牌一个文化的内涵。

第一是绿色文化。所谓绿色文化,也就是生态文化,环境文化,包括园林文化。

第二是广场文化,也就是广场本身蕴含着文化元素或通过广场展示文化元素。广场文化以首尔广场为代表。

第三是景观文化,也就是特定的景观承载着一定的文化元素。

第四是庆典文化,也就是通过具有特殊意义的庆典活动,承载或弘扬历史的、政治的、文化的传统。首尔有自己的文化节;而值得李明博骄傲的,是其主导的光复 60 年庆典活动。

第五是标识文化,也就是通过必要的城市标识体现特定的文化元素。为此,李明博将城市的名称"汉城"改为"首尔"。

第六是效益文化,也就是政府的行政过程和价值取向体现出自身的文化特质,而首尔的特质,是给市民一份实在。李明博在"在市政中引入企业经营"的理念,因而,李明博把 1000 万的首尔市民称作"股东",作为首尔株式会社的"顾客"。

此外,李明博深知,人才的积极性和创造性,也需要在竞争中加以激发。"我上任伊始,就新设立了新闻局下属的营销负责官。在我的理念中,管理城市和管理企业一样,都需要有积极的营销意识和科学的营销手段。"

李明博于首尔的城市经营实现了这样一个效果:让市民有被服务、被尊重的感觉。这种感觉,不仅是市民对于就业、读书、住房、交通等合理要求得到满足,更有保障市民对于自己城市事务有建言和参与决策的权利。在城市建设和发展的过程中,提供市民文化服务,满足市民的精神需求,提高市民的文化品位;同时,在城市开发和市政决策的过程中,还要尊重市民权益。另外,在城市开发和市政决策的过程中,还需要引导市民贡献——有参与,就更有了主人翁的意识和自豪。这是很经典,也是值得我们学习的案例。

城市与国家,等同于局部与整体的关系。作为在国家形象基础上的特色展示延伸,地方政府文化创新应该有着相同的国家形象内涵,以及各自独有的特色。这种特色应该是地方文化的精髓与代表,应该是能凸显地方文化同时又能展示地方人文环境最优秀一面的综合亮点;是既能代表过去也适合现在的,更或许能长远流传至将来的;是能为地方文化与形象增值的;是政府与地方民众,尤其是土生土长的地方民众所认可的,充分代表地方本土的内容。在当下众多地方城镇广泛开展,却又千篇一律简单抄袭的地方文化建设之下,地方政府必须优先了解这一点,并就这一点对当前的工作做好合理调整,以免造成难以挽回的严重损失。

# 8. 传统与传承：政府文化创新中的文化延续

山西省大同市原市长耿彦波在《政府工作报告》中指出,记忆是城市的灵魂,留住了城市记忆就是留住了城市历史,这是城市文化建设的基础①。如前节提及,地方政府文化创新作为在国家形象基础上的特色展示延伸,应该有着与国家形象相同的内涵,以及各自独有的特色。而城市与国家,等同于局部与整体的关系,所以国家层面上的政府文化创新同样不能抛弃传统,遗忘传承。

在当代的世界格局和文化语境中,文明的传承创新面临前所未有的挑战和机遇,一个重要的问题是在全球化背景下,如何保护文化的多样性,尊重个性,包容差异,做到"和而不同"。特别是在文化的传承创新中,如何有效地保护历史文化遗迹,如何避免文化的同质化、单一性和重复雷同,世界各国都面临同样的问题。而把优势的文化资源转化为现实的文化生产力和经济实力,以文化建设为主题,以经济结构战略性调整和经济发展方式根本性转变为主线的发展思路,这是很有见地的。这个思路,既契合国家发展的战略布局,同时又可以结合地方的特点,因地制宜,抓住新的历史发展机遇。党的十八大报告指出,建设社会主义文化强国,关键是增强全民族文化创造活力。要真正增强全体人民文化创造活力,需要调动一切可以调动的力量积极参与,激发全社会参与的积极性,使传统文化资源得到保护传承和创新发展②。

文化兴则民族兴,文化强则国家强。2012 年 11 月 29 日,习近平总书记在中国国家博物馆参观《复兴之路》展出时倡言"中国梦",发出了民族振兴

---

① 资料来源:政府工作报告解读之四——文化:文化传承＋创新. 中国大同—大同市人民政府门户网.http://www.dt.gov.cn/zwgk/bmdt/201106/5319.asp.

② 资料来源:蔡武:在中华文化的传承创新中实现"中国梦".中央政府门户网.2013-08-05 http://www.gov.cn/gzdt/2013-08-05/content_2461433.htm.

的时代最强音。文化复兴是中华民族伟大复兴的重要组成部分。"中国梦"的提出,在为文化建设提供新的机遇的同时,也赋予文化建设新的使命。优秀传统文化凝聚着中华民族自强不息的精神追求和历久弥新的精神财富,是发展社会主义先进文化的深厚基础,是建设中华民族共有精神家园的重要支撑。推动文化的传承创新,是增强文化自信、提高民族素质的迫切需要,是满足人民群众日益增长的精神文化需求、让人民共享文化发展成果的一项重要举措。

文化现象纷繁复杂,文化工作千头万绪,但放到历史的长河中看,就是文化的传承与创新。用"传承创新"统揽文化建设,体现了历史意识、未来眼光和对现实方位的准确把握。

# 9. 文化增值:实现政府文化创新推动国家发展与增值

价值是客观事物满足人的需要的属性,满足的程度越高,其价值也就越大。相反,与人的需要无关就是无价值。价值说到底是个关系的属性,是客体满足主体需要的关系质。这就是价值所在,也是价值的增值关系,以及价值的关系属性和相对性。

就文化而言,亦复如此。说到底,增值就是对象、主体、对象与主体之间关系的系统组合所带来的质变和量变。增值理论的最大意义在于,要人们从实物中心论的束缚中解放出来,不要囿于实物,而要关注关系。因为单纯的相对个体都不能构成增值,只有将它们与人的需求结合起来,才有价值,才有兴旺,才有增值①。

增值既是结果,也是过程;是目的,也是方法。增值本身是对人的本质力量的肯定,是实践的目的和愿望。但作为增值的方法和过程,即如何才能增值,却是一门学问。通过创意、产业链延伸,甚至公关、造势等手段而实现

---

① 王建疆.论文化艺术的增值[N].甘肃日报,2012-02-03.

文化价值倍增,则是一道推动国家经济发展与增值的良方。在世界力量大转移的当代,"文化已经成为一种高质量的力量"。企业文化理论和实践反复证明:与产业、与企业高度契合的文化就是创造性活力持续迸发和财富不断涌流的源泉[①]。该观点同样适用于政府。

在社会竞争与合作瞬息万变的今天,社会整体创造活力最重要。社会学家的普遍共识是,优良的社会环境应源源不断生产出 3 种特色优秀产品:物质产品、精神产品和社会组织;特别是富有创造活力的社会组织平台及其机制的形成,会显得更为重要。生产这 3 种产品的互动能力和持续能力,昭示着社会的美好未来。这不是政府单方面的职责,但却是必须政府牵头引导的义务。只有政府牵头,全社会积极参与,才能实现政府文化创新推动国家发展与增值的最理想效果。


# 10. 社会参与:善用民间力量有效助推政府文化传播


随着"全球化"进程的日益加深,国家间的相互依存关系表现得更加突出,这就使得一国的政治经济行为必然要受到国际体系中他国认知体系的影响。良好的政府形象不仅是提升政府公信力和感召力、促进社会经济繁荣与和谐稳定的基础,而且对政府的治理及政府文化传播、外界社会对国家评价乃至民族认知等内容的认识都有高品质的帮助。从文化传播的视角,通过柔性构建地方政府品牌文化,在建立专业政府传播管理机构和组建高级智囊团的前提下,从借力文化体验传播、巧用大众传媒、助推民间互动等方面对地方政府的海外形象进行全方位提升,对于增强地方及国家的国际综合力,具有相当重要的作用。

中国有句古话"人太急则无智"。基于我们不可抗拒的潜意识保护,用灌输手段强迫别人全盘直接接受自己主导的观点与价值观是不可行的。只

---

① 夏有恒.引发"蝴蝶效应"实现文化增值[N].江城日报,2011-09-15.

有相同群体圈子中有公信魅力的人说出来的话,民众才可能相信。所以,政府应该放弃主导文化的想法,要鼓励民间交流,要容忍、鼓励并扶持民间多元思想的发展。只有民间文化真正兴盛了,我们国家的文化才真正强大。人类在任何时期的核心文化都不是由政府主导的,而是由思想家、学者、宗教领袖主导的,只有最普通的民众才能代表最真实的中华文化①。

如果说我们在推广文化的时候抱有一种官方立场的话,官方的声音一定是一元的,很多时候文化传播中的困境就是和官方立场联系在一起的。其实今天中国的文化已经远远不能用儒家,甚至儒释道这三家诠释它,它已经融入了非常多的外来文化的因素,这里面体现的就是一种个人本位主义的价值观,这在我们传统里没有或者是非常稀缺的。所以在中国这种不断更新的文化当中,多元文化的碰撞中也许会产生一个有力量的,有吸引力的,有传播力的文化,但是这需要拭目以待,需要一个自由的文化土壤才能慢慢成长出来②。

在文化传播的这个问题上,要"无为而治",解限解禁让民间组织去做,让真正代表中华文化的最普通的中国民众去做! 只有这样,才能更容易为人民所接收;政府做得越多,帮的倒忙越大。民间才是文化传播的最好途径。这一点,不论是从民间商业文化传播持续发展改进,还是从互联网上激烈持久的自我表达,都可以看出民间力量远胜政府的优势。

应该说目前中华文化的国际传播形式上是非常好的,首先中国政府现在高度重视中华文化的传播,近几年连续出台了一系列的政策文件,而且从发展战略的高度出台了中国文化发展战略的规划,提出了中国文化走出去战略、向世界推广汉语、把中华文化推向世界等等一系列的政策决定,这对促进中华文化以多种形式走向世界是非常重要的,奠定了非常好的政策环境和基础。另外,我们看到近些年来中华文化国际传播的内容和形式也在逐渐丰富多样,参与中华文化国际传播的团体机构和企业的投入等等各个

---

① 政府不是传播文化的载体[N].凤凰博报,2009-07-11. http://blog. ifeng. com/article/2920995.html.

② 刘瑜.民间是文化传播的最好渠道.腾讯文化—思想报道,2014-12-08.http://cul.qq.com/a/20141208/071761.htm.

方面,应该说呈现全方位的发展态势,我想这是值得我们高兴的。[①] 正因为如此,政府活用社会参与,善用民间力量有效助推政府文化传播,就成为承接这一良好开端的关键。

## 讨论话题

你认为在政府管理文化当中存在哪些可以创新的方面?

---

[①] 贾益民.中华文化国际传播对民间方式重视不足.凤凰网,2014-01-06.http://phtv.ifeng.com/program/xwjrt/detail_2014_01/06/32759150_1.shtml.

# 参考文献

1.[美]戴维·奥斯本,等.改革政府——企业家精神如何改革着公共部门[M].上海:上海译文出版社,1996.

2.[美]戴维·奥斯本,彼德·普拉斯特里克.摒弃官僚制:政府重塑的五项战略[M].北京:中国人民大学出版社,2002.

3.[美]戴维·奥斯本,彼德·普拉斯特里克.重塑政府[M].北京:中国人民大学出版社,2010.

4.[美]唐纳德·凯特尔.权力共享:公共治理与私人市场[M].北京:北京大学出版社,2009年.

5.石国亮,梁莹,李延伟.国外政府管理创新要略与前瞻[M].北京:中国言实出版社,2012.

6.竹立家.直面风险社会——中国改革形势与走向[M].北京:电子工业出版社,2013.

7.秦晖.南非的启示[M].南京:凤凰出版传媒集团江苏文艺出版社,2013:9.

8.孙立平.重建社会——转型社会的秩序重塑[M].北京:社会科学文献出版社,2009.

9.孙学玉.企业型政府论[M].北京:社会科学文献出版社,2013.

10.郑永年.关键时刻:中国改革何处去[M].北京:东方出版社,2014:6.

11.俞可平.国家底线:公平正义与依法治国[M].北京:中央编译出版社,2014.

12.俞可平.敬畏民意:中国的民主治理与政治改革[M].北京:中央编译出版社,2012:3.

13.俞可平.幸福与尊严——一种关于未来的设计[M].北京:中央编译出版社,2012:11.

14.俞可平,等.政府创新的理论与实践[M].杭州:浙江人民出版社,2005.

重塑政府

15.俞可平.地方政府创新与善治——案例研究[M].北京:社会科学文献出版社,2003.

16.俞可平.改革开放 30 年政府创新的若干经验教训[J].国家行政学院学报,2008,(3).

17.俞可平.政府创新的中国经验:基于"中国地方政府创新奖"的研究[M].北京:中央编译出版社,2011.

18.俞可平.中国地方政府创新案例研究报告(2011-2012)[M].北京:北京大学出版社,2014.

19.马骏.治国与理财:公共预算与国家建设[M].北京:三联书店,2011.

20.赵光勇.政府改革:制度创新与参与式治理——地方政府治道变革的杭州经验研究[M].杭州:浙江大学出版社,2013.

21.陈雪莲.效率政府[M].北京:中央编译出版社,2013:8.

22.王定云,王世雄.西方国家新公共管理理论综述与实务分析[M].上海:上海三联书店,2008.

23.金观涛,刘青峰.兴盛与危机:论中国社会超稳定结构[M].北京:法律出版社,2011:1.

24.吴敬琏,马国川.重启改革议程——中国经济改革二十讲[M].北京:三联书店,2013.

25.沈荣华,钟伟军.中国地方政府体制创新路径研究[M].北京:中国社会科学出版社,2009.

26.邓聿文.中国改革新观察[M].北京:新华出版社,2013.

27.周其仁.改革的逻辑[M].北京:中信出版社,2013.

28.王浦劬,莱斯特·M.萨拉蒙,等.政府向社会组织购买公共服务研究——中国与全球经验分析[M].北京:北京大学出版社,2010:3.

29.杨雪冬,陈雪莲主编.政府创新与政治发展[M].北京:社会科学文献出版社,2011.

30.曹现强.当代英国公共服务改革研究[M].济南:山东人民出版社,2009.

31.[美]约翰·奈斯比特.大趋势——改变我们生活的十个新方向[M].梅艳,译.北京:中国社会科学出版社,1984.

32.[美]尼古拉斯·伯格鲁恩,内森·加德尔斯.智慧治理——21 世纪东西方之间的中庸之道[M].上海:格致出版社,上海人民出版社,2013:8.

33.[澳]凯思·麦基.建设更好的政府:建立监控与评估系统[M].北京:中国人民大学出版社,2009:12.

34.[美]拉塞尔·M.林登.无缝隙政府:公共部门重塑指南[M].北京:中国人民大学出版社,2002.

35.[美]马克·G.波波维奇.创建高绩效的政府组织:公共管理者实用指南[M].北京:中国人民大学出版社,2002.

36.[美]史蒂文·科恩,威廉·埃米克.新有效公共管理者:在变革的政府中追求成功(第二版)[M].北京:中国人民大学出版社,2001.

37.[美]托马斯·R.戴伊.自上而下的政策制定[M].北京:中国人民大学出版社,2002.

38.[美]B.盖伊·彼得斯.政府未来的治理模式[M].北京:中国人民大学出版社,2001.

39.[美]E.S.萨瓦斯.民营化与公私部门的伙伴关系[M].北京:中国人民大学出版社,2002.

40.[美]罗伯特·B.登哈特,珍妮特·V.丹哈特.新公共服务:服务,而不是掌舵[M].丁煌,译.北京:中国人民大学出版社,2010:81.

41.[美]史蒂文·科恩,罗纳德·布兰德.政府全面质量管理——实践指南[M].北京:中国人民大学出版社,2002.

42.[英]克里斯托弗·波利特,[比利时]海尔特·鲍克尔特.公共管理改革——比较分析[M].上海:上海译文出版社,2003.

43.[美]史蒂文·凯尔曼.发动变革:政府组织重塑[M].上海:格致出版社,上海人民出版社,2013:6.

44.[美]贝丝·西蒙·诺维克.维基政府:运用互联网技术提高政府管理能力[M].李忠军,丁卉芹,译.北京:新华出版社,2010:209.

45.[美]帕特里夏·基利等.公共部门标杆管理:突破政府绩效的瓶颈[M].北京:中国人民大学出版社,2002.

46.[美]文卡特·拉马斯瓦米,佛朗西斯·高哈特.众包2——群体创造的力量[M].北京:中信出版社,2011.

47.孙柏瑛,杜英歌.地方治理中的有序公民参与[M].北京:中国人民大学出

重塑政府

版社,2013.

48.[新加坡]严崇涛.新加坡成功的奥秘——一位首席公务员的沉思[M].北京:人民出版社,2012:12.

49.[韩]李明博.经营未来:李明博自传[M].北京:人民出版社,2008:2.

50.[美]丹·比特那.去最幸福的四国找幸福[M].北京:中信出版社,2011:2.

51.易晓.不丹:GNH创造乐土[M].广州:南方日报出版社,2011:7.

52.[美]博克.幸福的政策:写给政府官员的幸福课[M].沈阳:万卷出版公司,2011.

53.[美]马丁·塞利格曼.真实的幸福[M].沈阳:万卷出版公司,2010.

54.黄苇町.苏共亡党二十年祭[M].南昌:江西高校出版社,2013:4.

55.朱云汉等.台湾民主转型的经验与启示[M].北京:社会科学文献出版社,2012:1.

56.刘杰,等.转型期的腐败治理——基于不同国家和地区经验的比较研究[M].上海:上海社会科学院出版社,2014.

57.黄铁鹰.海底捞你学不会[M].北京:中信出版社,2011.

58.谢国忠.不确定的世界——全球经济漩涡和中国经济的未来[M].北京:商务印书馆,2013.

59.程伟礼,马庆,等.中国一号问题:当代中国生态文明问题研究[M].上海:学林出版社,2012:8.

60.卓越,赵蕾.绩效评估:政府绩效管理系统中的元工具[A].公共管理研究(第6卷)[C].上海:上海人民出版社,2008.

61.[印度]苏布罗托·巴克奇.专业主义[M].北京:中华工商联合出版社,2012:10.

62.杨银禄.庭院深深钓鱼台——我给江青当秘书[M].北京:当代中国出版社,2014:1.

63.丁东.永远的质疑[M].重庆:重庆出版社,2013:8.

64.[美]瑞安·霍利迪.一个媒体推手的自白[M].广州:广东人民出版社,2013:6.

65.[美]博恩·崔西.让问题到你为止[M].北京:中信出版社,2013:5.

66.王福重.公平中国:开启未来十年新奇迹的钥匙[M].北京:东方出版

社,2013.

67.[美]约翰·拜伦,罗伯特·帕克.康生传.北京:中国社会科学出版社,1998:10.

68.[澳]雪珥.改革都有红利吗?[M].南京:江苏文艺出版社,2013:12.

69.叶淑兰.北欧:这里没有穷人[M].广州:南方日报出版社,2011.

70.[美]迈克尔·马奎特.行动学习——原理、技巧与案例[M].北京:中国人民大学出版社,2013:11.

71.王世英,吴能全,等.培训革命:世界著名公司企业大学的最佳实践[M].北京:机械工业出版社,2008.

72.胝榕.人才发展五星模型:全面提升企业人才竞争力[M].北京:机械工业出版社,2014:1.

73.[美]希尔伯曼.如何做好生动培训[M].北京:机械工业出版社,2013.

74.康至军.HR转型突破:跳出专业深井成为业务伙伴[M].北京:机械工业出版社,2013.

75.康至军,施琦,蒋天伦.人力资源开发阅读地图——如何让培训更有效[M].南京:江苏人民出版社,2013.

76.[日]大前研一.专业主义[M].北京:中信出版社,2010:10.

77.[日]稻盛和夫.提高心性,拓展经营[M].沈阳:万卷出版公司,2011.

78.[日]稻盛和夫.对话稻盛和夫:领导者的资质[M].北京:东方出版社,2013:5.

79.邓飞.免费午餐:柔软改变中国[M].北京:华文出版社,2014:1.

80.高强.国富了!幸福呢?[M].北京:中国友谊出版公司,2013:5.

81.[美]詹姆斯·A.罗伯茨.幸福为什么买不到——破解物质时代的幸福密码[M].北京:电子工业出版社,2013:9.

82.[美]乔纳森·海特.象与骑象人:幸福的假设[M].杭州:浙江大学出版社,2012:12.

83.茅于轼.公正透明——中国政府体制改革之路[M].北京:法律出版社,2004.

84.[美]肖恩·埃科尔.快乐竞争力:赢得优势的7个积极心理学法则[M].北京:中国人民大学出版社,2012:4.

85.钱穆.中国历代政治得失[M].北京:三联书店,2001.

86.[美]彼得·德鲁克.卓有成效的管理者[M].许是祥,译.北京:机械工业出版社,2009:9.

87.[日]大前研一.销售专业主义[M].北京:中信出版社,2014:1.

88.刘旭涛.政府绩效管理——制度、战略与方法[M].北京:机械工业出版社,2003.

89.徐贲.政治是每个人的副业[M].北京:东方出版社,2013:5.

90.徐贲.在傻子和英雄之间:群众社会的两张面孔[M].广州:花城出版社,2010:9.

91.[日]高濑武次郎.知行合一:王阳明详传[M].北京:时代出版传媒股份有限公司,北京时代华文书局,2013:10.

92.李洁非.天崩地解——黄宗羲传[M].北京:作家出版社,2014:7.

93.谢庆奎.政治·政府·社会[M].北京:北京大学出版社,2013:6.

94.刘靖华等.政府创新[M].北京:中国社会科学出版社,2002.

95.许木松.国家营销:新加坡国家品牌之路[M].杭州:浙江人民出版社,2012:11.

96.杨连宁.大避险:预警未来中国经济44个谜底[M].北京:九州出版社,2012:12.

97.[美]道格拉斯·W.哈伯德.数据化决策[M].广州:中国出版集团世界图书出版广东有限公司,2013:9.

98.[美]约翰·F.肯尼迪.肯尼迪:信仰在风中飘扬[M].北京:北京大学出版社,2013:10.

99.[德]马克斯·韦伯.新教伦理与资本主义精神[M].上海:世纪出版集团上海人民出版社,2010:9.

100.胡税根.公共部门绩效管理——迎接效能革命的挑战[M].杭州:浙江大学出版社,2005.

101.[美]科恩.论民主[M].北京:商务印书馆,1998.

102.范柏乃.政府绩效评估理论与实务[M].北京:人民出版社,2005.

103.高建华.笑着离开惠普[M].北京:商务印书馆,2006.

104.[法]托克维尔.旧制度与大革命[M].北京:商务印书馆,1992:9.

105.吴敬琏.中国增长模式抉择[M].上海:上海远东出版社,2006.

106.[美]史蒂文·凯尔曼.制定公共政策[M].北京:商务印书馆,1990.

107.[日]子安宣邦.福泽谕吉《文明论概略》精读[M].北京:清华大学出版社, 2010:4.

108.赵周.这样读书就够了[M].北京:中央广播电视大学出版社,2012:12.

109.夏镇平.跷跷板游戏——公共管理比较研究[M].上海:上海大学出版 社,2005.

110.李和中,陈广胜.西方国家行政机构与人事制度改革[M].北京:社会科学 文献出版社,2005.

111.崔卫平.正义之前[M].北京:新星出版社,2005:5.

112.刘炳香.西方国家政府管理新变革[M].北京:中央党校出版社,2003.

113.贾凌民.政府管理创新[M].北京:社会科学文献出版社,2012:11.

114.埃莉诺·奥斯特罗姆,等.制度激励与可持续发展:基础设施政策透视 [M].上海:上海三联书店,2000.

115.[澳]罗宾·艾克斯利.绿色国家——重思民主与主权[M].济南:山东大 学出版社,2012:4.

116.易虹,朱文浩.从培训管理到绩效改进[M].北京:机械工业出版社,2013.

117.周志友.德胜员工手册[M].北京:机械工业出版社,2013:8.

118.[美]迈克尔·马奎特.行动学习实务操作——设计、实施与评估[M].北 京:中国人民大学出版社,2013:11.

119.萨苏,[澳]雪珥.大国作手:清末政改与革命中的40人[M].北京:金城出 版社,2013:7.

120.[美]吉姆·克里夫顿.盖洛普写给中国官员的书[M].北京:中国青年出 版社,2012:7.

121.[美]金·伽塔丝.见证:国务卿希拉里·克林顿[M].北京:中国友谊出版 公司,2013:11.

122.邓聿文.幸福的权利[M].广州:南方日报出版社,2011.

123.邱家军.选举民主与协商民主:技术路线的沿革及协同[J].人大研究, 2008(3).

124.陈家刚.协商民主:概念、要素与价值[J].中共天津市委党校学报,2005(3).

重塑政府

125.宋刚,万鹏飞,朱慧.从政务维基到维基政府:创新 2.0 视野下的合作民主[J].中国行政管理,2014(10):60-63.

126.杨雪冬.简论中国地方政府创新研究的十个问题[J].公共管理学报,2008(1).

127.Sandel, Michael. Democracy's Discontent[M]. Cambridge：Belknap Press of Harvard University Press, 1996:27.

128.King, Cheryl Sirnrell, and Camilla Stivers. Government Is Us：Public Administration in an Anti-Government Era [M]. CA：Sage Publications, 1998:50.

129.Kevin R. Kosar, Karl T L. Collaborative Democracy on the Move [J]. Public Administration Review, 2010, 70(4).

130.Song Gang, Cornford Tony. Mobile Government：Towards a Service Paradigm, in Proceedings of the 2nd International Conference on e-Government[M].USA：University of Pittsburgh, 2006.

131.宋刚.面向创新 2.0 的城管地图公共服务平台的研究与实现[J].工程勘察,2012(2).

132.宋刚,邬伦.创新 2.0 视野下的智慧城市[J].城市发展研究,2012(9).

133.宋刚,张帅功,刘志,赵文漾,吴洁.基于创新 2.0 的城管政务维基系统研究与实现[J].电子政务,2014(4).

134.王运宝.城市自管理:北京探路智慧城管[J].决策, 2013(6).

135.蓝志勇.地方政府的治理创新战略——美国凤凰城的案例及经验[J].东南学术,2005(1).

136.陶文昭.看金泳三如何打老虎[J].南风窗,2014-09-1(523):43-45.

137.Jon Elster. Deliberative Democracy [M]. Oxford city：Cambridge University Press, 1998:63.

138.高新军.地方政府创新缘何难持续——以重庆市开县麻柳乡为例[J].中国改革,2008(5).

139.Dimitar Tchurovsky.Collaborative Democracy：The Transition from Money-Driven to Knowledge-Based Society[M].CreateSpace Independent Publishing Platform, 2011:10.

140. Maeve Cooke.Five Arguments for Deliberative Democracy[J].Political Studies，2000(48).

141. 宋刚,张楠.创新 2.0:知识社会环境下的创新民主化[J].中国软科学,2009(10).

142. 方益波.管理创新:杭州开放式决策效应[J].《瞭望》新闻周刊,2012-04-09.

143. 林冠平.地方政府创新的现存障碍与推动机制[J].中国行政管理,2014(2).

144. 史蒂夫·哈姆.杰弗里·吉安斯等三人组成救火队帮白宫提效[J].美国《商业周刊》,2010(3).

145. 覃爱玲.央地关系再定位[J].南风窗,2013-12(25).

146. 蔡如鹏.政绩考核转向[J].中国新闻周刊,47/2013,总第 641 期,2013-12-23.

147. 李克诚.纪委变革进入"新周期"[J].南风窗,2013-12(25).

148. 韩紫婵.习近平的商界"朋友圈"[J].博客天下,144.

149. 任寿根.论财政创新——兼论重新认识中国农村税费问题[J].管理世界,2001(6).

150. 陈国权,黄振威.地方政府创新研究的热点主题与理论前瞻[J].浙江大学学报(人文社科版),2010,(4).

151. 孙迎春.现代政府治理新趋势:整体政府跨界协同治理[J].中国发展观察杂志,2014-09-12.

152. 吴敬琏.农民向政府转移价值高达近 30 万亿 国进民退令人震惊[J].中国改革—财新网,2010-4-1.

153. 陈君.把纽约当公司:史上"最好市长"的治理之道[J].中国新闻周刊,2014-1-13(644):36-38.

154. 赖先进.当前西方国家政府改革的新理念[N].学习时报,2015-01-05(A6):战略管理.

155. 蒋升阳.厦门试点减负放权,创新基层治理[N].人民日报,2014-01-20(11).

156. 孙颖.共建美丽杭州 共享美好生活[N].杭州日报,2014-08-07.

157.郑永年.中国市场化的经济改革需要制度突破[N].联合早报,2013-11-16.

158.郑永年.中国形象工程为何适得其反[N].联合早报,2014-12-16.

159.卓越,孟蕾,林敏娟.构建整体性绩效管理框架:西方政府绩效管理的新视点[N].中国行政管理,2011(4).

160.李树忠.优化政府整体工作流程[N].学习时报,2014-09-01(A10):领导论苑.

161.黄振威.公共服务供给精细化新动向[N].学习时报,2014-11-10(A6):战略管理.

162.勾学玲.西方发达国家政府购买服务的经验启示[N].学习时报,2014-05-12(A4):社会观察.

163.马丽.大数据时代的西方公共管理变革[N].学习时报,2014-12-08(A6):战略管理.

164.亦林.制约行政立法中的本位主义倾向[N].学习时报,2015-03-02(A12):参考文摘.

165.凌杰.深圳福田改革成果亮点纷呈[N].学习时报,2015-02-09(A8):特别专题.

166.宋刚,万鹏飞,朱慧.从政务维基到维基政府:创新2.0视野下的合作民主[EB/OL].http://www.mgov.cn/complexity/complexity26.htm.

167.辽宁民心网搭建社会管理新平台[EB/OL].人民网,2014-06-25.http://leaders.people.com.cn/n/2014/0625/c382918-25199285.html.

168. Kanter. R. Moss. When a thousand flowers bloom: Structural, collective, and social conditions for innovation in organizations[J]. Research in Organizational Behavior,1988(10).

169.曹伟.政府创新管理的制度建构——基于杭州实践的研究[EB/OL]. http://www.21ccom.net/articles/china/ggzl/20141105115769 _ all. html.

170.李忠杰:把握改革规律,推进改革大势[EB/OL],来源:澎湃新闻供稿 作者:李忠杰,卢雁/采,2015-03-17. http://www.21ccom.net/articles/china/ggcx/20150317122314.html.

171. 中国政府创新网[EB/OL]:http://www.chinainnovations.org/.

172. 中国公务员制度的分析[EB/OL].中华会计网校[引用日期 2014-06-30].

173. 公务员制度[EB/OL].百度网 www.baidu.com[引用日期 2014-12-05].

174. 全国公务员人数四年连增:人不怕多 好使才行[N].北京晚报,2013-07-01.

175. 冯涛.中国政府需摆脱"危机斗士"角色[N]. FT 中文网,2013-12-25.

176. 杨玉华,张紫赟.安徽省级行政机关晒权力清单、消除权力暗门[EB/OL],新华网,合肥 12-14.

177. 郑英.让幸福脸谱成为深圳社区群像[N].深圳商报,2010-12-02.

# 后　记

2003 年 1 月本人与陈易难合写的《学习型政府——政府管理创新读本》，受到了读者的认同。此书是国内第一次系统提出科学政绩观和科学发展观的公共管理领域专业书籍；被评选入围深圳市 2003 年"优秀社会科学读物推荐书目"50 本之一，深圳第 5 届读书月推荐书目 100 本之一。

作为清华大学电机系毕业出来的工学博士，没有经受过公共管理的科班学术训练，反而成为笔者的一个优势。根据陈国权、黄振威的《地方政府创新研究的热点主题与理论前瞻》一文对"中文社会科学引文索引"（CSSCI）中的文献共被引分析，《学习型政府——政府管理创新读本》在"总被引频次前 20 位的作者表"中排名第 10（这前 20 位作者大部分都是"国内最早关注政府创新的学者，具有广泛的学术影响力"）；在"单篇文献被引频次前 15 位的作者表"中排名第 6，按陈国权文献分析论文的说法，该书同其他那些排名在前 20 位的文献一起，"具有研究领域的奠基作用"。

2006 年 9 月根据形势的发展，本人丰富了原书的内容，增加了 60 个新的案例，形成了《政府管理创新读本》——第一次对《学习型政府》做修订。

第 2 次修订于 2015 年 7 月，书名《政府 2.0——新常态下的政府治理创新》。

2017 年 7 月底，第 3 次修订《互联网＋政府：大数据时代政府如何创新？》在厦门大学出版社出版。

在过去的两年时间里（《互联网＋政府：大数据时代政府如何创新？》的书稿是 2015 年完成的），世界上特别是中国自身发生了太多崭新的政府创新的事。本人又对第 3 次修订做了彻底的修改、更新，形成了现在的第 4 次修订：《重塑政府》。

为了尽量使本书有一定系统性、完整性，本书受惠于许多专家学者的研究成果。书中参考、引用的绝大部分文献都在参考文献或脚注里予以说明，有个别遗漏、难以查找出处而尚未说明的,在此一并致以谢忱。对于书中的错误与不足,恳请读者批评指正。

对于书中不揣浅陋大胆提出的一点个人想法,真诚希望得到专家的指教——这里所说的专家不仅指研究专家,也包括工作在政府管理创新第一线的公务员。

欢迎读者朋友在读了此书后能继续提出改进、修改的意见,如有机会再版此书,我一定把大家的批评指正以及大家提供的新的创新案例、经验吸收进去。

我的联系方式:
电子邮件:wangq@tsinghua.org.cn
1152683656@qq.com
微信公众号:DrwangqCHO
新浪微博:磐石旗厦门

王　强

2017 年 7 月 23 日于厦门前埔会展南五路魔味咖啡馆